빠알리경전 읽기 네 번째 『쭐라삿짜까숫따』

『쭐라삿짜까숫따』

—니간타 삿짜까에게 설하신 붓다의 짧은 법문—

빠알리경전 읽기 네 번째 『쭐라삿짜까숫따』

니간타 삿짜까에게 설하신
붓다의 짧은 법문

CŪLASACCAKA SUTTA

쭐라삿짜까숫따

한글번역과 해설 / 범진

어의운하

| 시작하면서 |

본 해설서는 빠알리 경전 <맛지마니까야> 가운데 35번째 경인 『쭐라삿짜까숫따』를 한글로 번역하고 해설을 붙인 것으로, 필자의 '빠알리 경전 읽기' 시리즈에서는 네 번째로 출판되는 경전이다. 이 경전은 같은 제목의 짧은 경과 긴 경이 쌍으로 배치되어 있는 <맛지마니까야>의 네 번째 품인 『마하야마까 왁가*mahāyamaka vagga*』에 5번째로 배치되어져 있고, 쌍을 이루는 경인 『마하삿짜까숫따』는 6번째에 배치되어져 있다.

처음에 필자는 이처럼 쌍으로 배치된 이 두 개의 경을 한 데 묶어서 하나의 해설서로 출간하려는 계획을 세웠었다. 이유는 두 가지였다. 하나는, 이 두 경전이 어느 정도의 시간 간격을 두고 설해졌는지 정확히는 알 수 없지만, 두 경전 모두 같은 장소에서 '삿짜까'라는 이름의 한 니간타와의 토론을 통해 시작되었고 또 같은 사람을 대상으로 설해진 법문의 내용으로 이루어져 있다는 배경상의 공통점 때문이다. 두 경의 제목과 본문에서 붓다에게 토론을 제의했던 자로 등장하는 삿짜까라는 인물은, 웨살리 지역에서 릿차위족들 사이에서는 나름대로 논쟁의 달인으로, 그리고 종교 지도자로 추앙받던 한 니간타였다. '니간타niganthā'라는 호칭은 우리가 자이나교도, 혹은 자인교도라고 알고 있는, 고래로부터 인도에서 고행과 명상을 해탈의 수행방법으로 택하여 수행하던 사람들을 일컫는 말로서, 붓다와 동시대를 살았던 여섯 명의 대표적인 신흥사문 중의 하나인 '니간타 마하위라 nigantha mahāvira'의 가르침을 추종하는 자들을 당시의 불교도들은 이렇게 불러왔다.

또 하나의 이유는, 줄거리 전개의 연관성이다. 제35경에서 논쟁의 달인이라고 자임하던 니간타 삿짜까는 결국 붓다와의 논쟁에서 패하고는, 스스로 붓다를 논쟁에서 이기려 했던 것이 무모한 일이었음을 인정하게 된다. 그 후로 붓다와 승가에 사과의 뜻으로 공양을 올리고, 또 붓다의 법문을 다시 듣게 되지만, 끝내 붓다로부터 삼독심을 여의지 못한 자로 언급되면서, 경전의 말미에 상례적으로 등장하는 정형화된 문구조차 빠진 채, 경전은 바로 그 장면에서 끝이 났다. 이때 논쟁의 주제로 등장했던 것은 붓다의 핵심적인 가르침이었던 '오온五蘊의 무상無常과 무아無我'였는데, '우빠니샤드' 시대에 이르러서도 여전히 실체적 자아에 대한 유혹으로부터 벗어나지 못한 바라문들처럼 영혼(jiva)을 실체로서 인정하는 니간타의 전통적인 가르침에 따라, 삿짜까는 붓다의 이 가르침을 자신의 논리로서 적극적으로 비판했던 것이다. 하지만 자신이 논쟁에서 승리하는 것을 보여주기 위해 스스로 증인으로 소집했던 웨살리의 군중들에 의해서 오히려 그 자신의 패배가 입증되고 말았다. 그 후 무너진 자존심을 회복하려고 기회를 엿보던 삿짜까는 결국 좋은 시빗거리를 하나 찾았다고 생각하고는 (그 시빗거리란 '붓다께서도 오후에 낮잠을 자더라'라는 소문이었다.) 다시 붓다를 찾아와 토론을 제의하게 되는데, 이렇게 해서 다시 시작된 토론이 바로 제36경의 내용이다. 이처럼 두 경의 줄거리는 마치 토론의 전반부와 후반부 같은 구조로 전개되기 때문에 필자는 이 두 개의 경전을 하나로 연결해서 봐도 좋겠다는 판단을 했던 것이다.

이런 두 가지 이유로 인해서 두 경전을 한 데 묶어서 출판하려고 계획했으나 결국 처음의 계획을 접고, 먼저 『쭐라삿짜까숫따』 하나만을 해설하기로 했다. 분량이 너무 많아진 것이 계획을 접게 된 주된 이유이기는 하지만, 본경의 주제이면서 또 어찌 보면 모든 경전의 주제라고 할 수 있는 오온의 무상과 무아에 대해 좀 더 집중하자는 판단도 작용했던 것 같다.

이렇듯 필자가 본경 『쭐라삿짜까숫따』의 핵심 주제라고 판단한 '오온pañcakhandha'은, 붓다에 의해서 색 · 수 · 상 · 행 · 식이라는 다섯 가지 심신의 구분으로써 '인간 개체sakkāya'를 정의한 것이지만, 이런 형식으로의 정의는 사실 붓다만의 독창적인 것이었다기보다는 '우빠니샤드' 시대에 들어서면서 인류의 지성의 발전과 더불어 인도에서 자연스럽게 일어난 것이라고 보는 것이 더 합리적일 것이다. 비록 그렇게 형식적인 면에서는 독창성을 양보하더라도 붓다의 오온에 의한 인간 개체의 정의가 여전히 독창적이라고 주장할 수 있는 측면이 있다면, 그것은 온전히 '온khandha'이라는 개념 덕분일 것이다. 이 개념은 사실 표현만 서로 다를 뿐, '연기법paṭiccasamūpada'에 다름 아니기 때문이다. 자세한 것은 아마 본문을 통해서 확인할 수 있을 것이다.

필자는 2010년 첫 번째 빠알리 경전 해설서를 출간하면서 출간의 이유에 갈음하여 "부뚜막의 소금도 집어넣어야 짜다"라는 우리의 속담을 든 적이 있다. 이미 한국에서는 한국 빠알리성전협회의 전재성 씨 개인에 의해서 빠알리 경장 전체와 최근에는 율장의 한글번역까지 모두 완성되었고 '초기불전연구원'에서도 경장에 대한 한글 번역이 모두 완성되었다.(두 사람 모두 번역과정을 공개했더라면 더 좋았을 것이라는 생각은 들지만) 하지만 실력과 열정을 겸비한 그들의 헌신적인 노력은 이제 우리들 각자가 근기에 맞춰서 그들에 의해 번역된 경장이나 율장에서 하나씩을 꺼내서, 스스로 숙고하면서 찬찬히 그들의 노력을 되짚어 따라가는 지속적인 작업이 겸해졌을 때 비로소 우리 자신에게서 경전 번역의 진정한 '완성'이 이루어지는 것이고, 만약 이런 작업이 겸해지지 않는다면 그들의 작업은, 아니 붓다의 평생의 노고 자체가 우리에게는 여전히 '부뚜막의 소금'에 지나지 않을 것이라는 뜻에서 든 속담이었는데, 이런 생각은 지금도 변함이 없다.

언제까지 필자가 이 작업을 계속할 수 있을지는 모르겠지만, 아무쪼록 이러한 이유에서 시작된 이 작업이 필자가 의도한 곳에서건 아닌 곳에서건, 단 한 사람의 독자에게라도 빠알리 경전을 통해서 붓다의 가르침에 한 걸음 더 다가가서 자신의 삶을 완성하는 데 도움이 되기를 바랄 뿐이다.

출간 일정에 차질이 생기는 바람에 2년에 걸쳐서 북인도 쉬라와스띠의 한국 절 '천축선원'에서 거듭 신세를 졌다. 그리고 중간에 스리랑카 칸두보다 바와나센터와 데히왈라의 절에도 신세를 졌다. 세 곳 사찰의 책임자 스님과 대중들에게 감사의 마음을 전한다. 작년에는 그리도 활기차던 천축선원의 '자비'가 이번에 와보니 많이 아픈 것 같다. 목숨 있는 것들이야 사람이건 짐승이건 늙고 병들고 죽는 것이 당연한 일이겠지만, 바라보는 입장에서는 그 당연한 일들이 늘 여전히 새삼스럽다.

불기 2559년(서기 2015년) 12월 10일

인도 천축선원에서 범진 씀

| 차례 |

시작하면서 _4

일러두기 _10

1부

011 웨살리의 니간타 삿짜까, 논쟁의 달인임을 자처하다 _17

012 앗사지 존자, 삿짜까의 질문에 붓다의 가르침을 전하다 _78

2부

021 삿짜까, 붓다와의 논쟁에서의 승리를 장담하다 _105

022 붓다, 삿짜까의 물음에
오온의 무상과 무아로 답하시다 _111

023 삿짜까, 붓다의 설법에 반론을 펴다 _142

3부

031 붓다, 비유를 들어 유아론을 비판하심에,
삿짜까 침묵하다 _159

032 붓다, 삿짜까에게
유아론의 잘못을 확인시키시다 _173

033 붓다, 삿짜까에게 무아론을 설명하시다 _184

4부

041 붓다, 비유를 들어 삿짜까의 패배를 확인시키다 _193

042 둠무카, 삿짜까의 패배를 선언하다 _199

043 삿짜까, 비구들의 수행과정에 대해 묻고, 붓다 답하시다 _206

044 삿짜까, 비구들의 수행의 완성에 대해 묻고, 붓다 답하시다 _214

045 삿짜까, 자신의 잘못을 인정하고 승가에 공양을 올리다 _231

⊙ 미얀마 6차결집본 『쭐라삿짜까숫따』의 원문과 독송용 한글 해석본 _251

※ 일러두기

본경에 사용된 빠알리 경전 원문은 1954년 미얀마에서 편집된 제 6차 삼장결집본(Chattha ṣaṅgāyana tipitaka / CST 4.0)과 빠알리성전협회의 PTS본을 비교 검토하여 사용하였다. 한글 번역본으로는 '한국빠알리 성전협회' 전재성 씨의 번역본과 '초기불전연구원'의 대림스님 번역 본을 함께 참고하였고, 영어 번역본으로는 빅쿠보디 스님의 <맛지마 니까야>의 영어 번역서인 『*Middle Length Sayings of the Buddha*』의 해당 경전과 타니사로 스님의 번역본을 참고하였지만, 본서에 사용된 한글 번역의 책임 소재는 전적으로 필자 개인에게 있다. 또한 본서에서는 본문을 총 4장 13절로 나누었고, 각각의 절마다 소제목을 붙였지만, 이것은 텍스트로 삼은 삼장결집본의 구분과는 상관없이, 오직 필자 개인의 견해에 따른 것이다.

한문 번역본으로는 빠알리본 제35경에 대응하는 한역경인 동진東晉시대에 '담마난디' 스님이 번역한 <증일아함增壹阿含> 제30권에 들어있는 『살차薩遮』와 송나라 때 '구나발타라'가 번역한 <잡아함雜阿含> 제5권에 들어있는 내용이 있는데, 빠알리 경전의 문맥을 이해하는데 도움이 되겠다고 판단된 경우에 이것들을 비교해서 소개했다. 이 두 한역 경전 가운데 <잡아함>은 '상좌부theravādin'의 문헌이 아닌 '설일체유부sarvastivādin'의 문헌을 텍스트로 해서 번역된 것이고 <증일아함>의 경우는 '대중부mahāsaṅghika'의 문헌을 번역한 것으로 알려져 있는데, 불교에 대한 이들 부파간의 관점 차이는 생각보다 더 많은 것 같다. 본서의 주석에서의 인용은 독자들이 찾아보기 쉽게 PTS본과 대정신수대장경大正新修大藏經본으로 출전을 적었다. 그리고 <맛지

마니까야> 전체에 대한 붓다고사의 주석서인 『빠빤짜수다니』에서 해당되는 항목도 참고했지만, 이것을 번역의 기준으로 삼지는 않았다. 납득되지 않는 경전의 내용은 주로 빠알리 경전에서의 겹쳐지는 용례를 통해서 해결하려고 했다.

니간타의 경전은 온라인상에 공개된 헤르만 야코비의 『*Jaina Sutras*』와, 대만의 CBETA 전자불전집성電子佛典集成에서 온라인상에 공개한 『제의증득경諦義證得經』을 참고로 하였다. 이 한역 경전은 니간타 우마스와띠umāsvāti의 저술로 알려진 『*tattvārthāddhigama*』를 중국의 불교문헌학자인 방광창方廣錩 교수가 한문으로 번역하고 주석을 단 것이다. 그리고 개론서로는 나까노기쇼中野義照 교수의 『자이나교 문헌ジャイナ教文献』을 참고하였으며, 그 외에 자이나교 웹사이트에서 제공하는 여러 문서들과, ISS에서 검색된 몇 가지 국내외 자료들을 참고하였다.

아울러 본경에 등장하는 불교 용어는 특별히 규칙을 정하지 않고, 필자가 보기에 가장 적절하다고 여겨지는 기존의 한글 번역어와 한문 번역어를 선택해서 사용하였다. 예를 들자면, 빠알리어의 루빠rūpa와 같은 경우는, 한글로는 '물질'로 번역되고 영어로는 'material form'이라는 번역이 정착되고 있지만, 어떤 식으로 번역을 하더라도 빠알리어 용어들이 담고 있는 여러 가지 의미와 역사를 다 담아낼 수 없다면, 빠알리어를 지금처럼 한글이나 영어로 번역하는 현재의 번역환경에 비하자면 비교할 수 없을 만큼 좋은 조건 속에서 번역된 한문의 번역 용어를 당분간은 그대로 사용하는 것이 우리들에게는 더 실용적이라는 생각이 든다. 그럼으로 루빠rūpa는 색色, 웨다나vedanā는 수受, 빤짜칸다 pañcakhandha는 오온五蘊 등으로 사용하였다. 그 밖에 '사띠sati'나 둑카

dukkha, 칸다khandha 같은 기본적인 용어들은 원어와 함께, 필요하다고 판단되면 이해를 돕기 위해서 때로는 괴로움, 마음주시, 연기적 결합과 같이 특별한 규칙 없이, 필자가 선호하는 기존의 한글 번역어를 섞어가면서 사용하였다. 어떤 용어든 이렇게 서로 자신들의 기준에 따라서 사용되다 보면, 결국 대중들에 의해 선택되어진 것들이 자연스럽게 정식 용어로 정착되지 않겠는가 싶다.

※ 약어표

DN = 디가니까야digha nikāya

MN = 맛지마니까야majjima nikāya

SN = 상윳따니까야saṃyutta nikāya

AN = 앙굿따라니까야aṅguttara nikāya

KN = 쿳다까니까야khuddaka nikaya

Ud = 우다나udāna

DP = 담마빠다(法句經)dhammapada

SNP = 숫따니빠따(經集)sutta-nipāta

Vin = 위나야삐따까(律藏)vinaya piṭaka

DA = 수망갈라윌라시니sumaṅgalavilāsinī(디가니까야의 주석서)

MA = 빠빤짜수다니papañcasūdanī(맛지마니까야의 주석서)

Vism = 위숫디막가visuddhimagga

『청정도론』 = 위숫디막가의 한글번역본 / 초기불전연구원

T = 『대정신수대장경大正新修大藏經』

PED = *Pali English Dictionary* by PTS

MSB = *Middle Length Sayings of the Buddha*
by Ven. Bhikkhu Bodhi

※ 빠알리어 텍스트의 출처는 영국 PTS(pali text society) 출판본으로 표시한다.

1부

011 웨살리의 니간타 삿짜까, 논쟁의 달인임을 자처하다

012 앗사지 존자, 삿짜까의 질문에 붓다의 가르침을 전하다

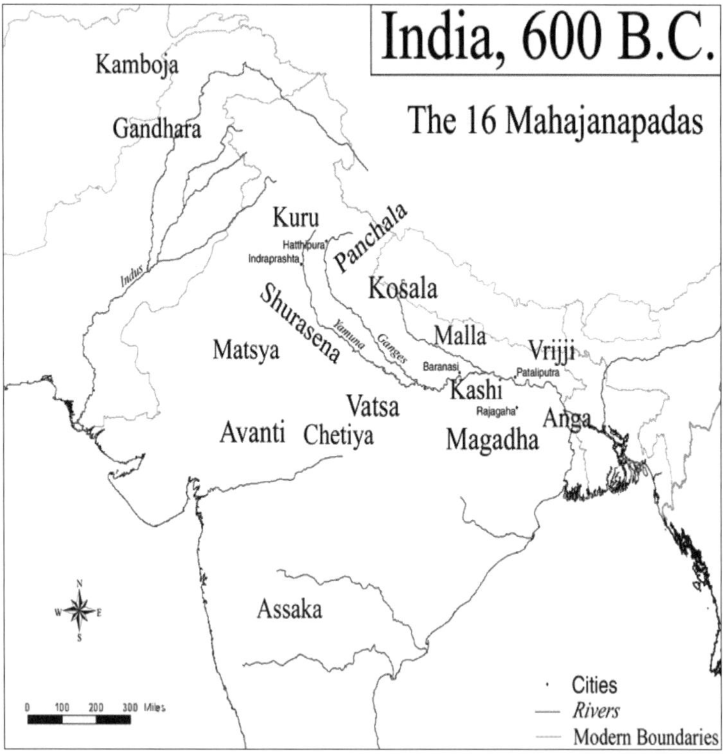

그림 1) 붓다 당시 인도의 16대국의 지형도. 지도의 빠딸리뿟뜨라(현 지명으로는 빠뜨나)에서 강을 따라 50㎞ 정도 위쪽이 본경의 설법처인 웨살리vesali다.

011

웨살리의 니간타 삿짜까, 논쟁의 달인임을 자처하다

이와 같이 나에 의해 들려짐이 있었다. 한때 세존께서 웨살리 큰 숲의 중각강당에 머물고 계셨다. 그때, 논객이며, 현자임을 자처하는 자이며, 많은 사람들로부터 스승으로 대접받던 니간타의 후손 삿짜까도 웨살리에 살고 있었다. 그는 웨살리의 한 집회에서 이와 같이 말했다.

"나는 사문이든 바라문이든, 승가를 이끄는 자이든 무리를 이끄는 자이든 무리의 스승이든, 또는 아라한이나 정등각자라고 하는 자이든, 나와 토론을 시작한 자로서 동요하지 않고, 떨지 않고, 전율하지 않고, 겨드랑이에 땀을 흘리지 않을 수 있는 자를 보지 못했다. 내가 만약 감정 없는 기둥과 토론을 시작한다 하더라도 나에 의해 토론이 시작된 그것은 동요할 것이고, 떨 것이고, 전율할 것이거늘, 사람이야 무슨 말이 필요하겠는가?" 라고.

한때 세존께서 웨살리 큰 숲의 중각강당에 머물고 계셨다.

이 법문이 행해진 곳은 지금의 북인도, 붓다 당시로는 릿차위공화국의 수도였던 웨살리다. 당시 릿차위공화국은 위데하국과 왓지연맹에 소속된 몇몇의 부족들이 연합하여 인도 역사 최초로 공화정제도로 운영된 나라였다. 나중에 이웃의 대국인 마가다에 의해 결국 흡수되기는 했지만, 붓다께서 한때 그들이 운영하는 공화정제도를 마가다국의 수상 앞에서 칭찬했을 정도로[001] 당시에는 꽤 건실하고 번성했던 나라였으며, 수도였던 웨살리 역시 무역이 성행하던 큰 도시였다고 한다. 하지만 지금은 대부분의 인도 불교성지와 마찬가지로 웨살리도, 동남아 불교국가의 사찰들이 없었다면 여기에 과연 그런 큰 도시가 있었을까 싶을 정도로 그저 망고나무 숲만이 듬성듬성 눈에 뜨이는 쇠락한 농촌일 뿐이다.

기록상으로 보자면, 붓다께서 이곳 웨살리를 처음 방문했던 것은 고향인 까삘라왓뚜[002]를 떠나 마가다국의 라자가하에서 수행자 보살[003]

001 DN2/PP.73~82. 제16경, 『마하빠리닛빤나숫따』 경의 내용에 의하자면, 마가다 국왕인 아잣따삿뚜는 왓지공화국을 정벌하려는 자신의 계획에 대한 붓다의 조언을 듣고자, 자국의 수상을 보내서 이를 묻게 된다. 그러자 붓다께서는 찾아온 수상은 쳐다보지도 않으신 채, 뒤에 있던 시자인 아난다와 더불어 왓지공화국 정치의 좋은 점들에 대해 칭찬하면서 서로 대화하는 장면이 나온다. 칭찬의 내용 가운데는, 그들은 자발적으로 모여서 국사를 잘 의논하고, 질서를 잘 지키고, 좋은 풍속과 예절을 잘 지킨다는 점들이 거론되었다. 붓다께서는 마가다국의 수상이 돌아가고 난 후에, 앞에서 왓지국을 칭찬하시던 덕목들을 그대로 비구승가에 적용시켜 말씀하시면서, 이런 것들을 잘 지킨다면 승가가 오래토록 잘 운영될 것이라고 말씀하시게 된다. 이로부터 '비구승가의 조직이나 운영방침이 왓지국과 같은 공화정제도의 좋은 덕목을 모델로 한 것이 아닐까' 라는 추측이 나오게 된 것이다.

002 현재 붓다의 고향인 까삘라왓뚜라고 주장되고 있는 곳은 인도와 네팔의 국경을 사이에 두고 마주 보고 있는 두 곳이다. 한 곳은 기존의 네팔 쪽에 있는 곳이고, 하나는 인도 국경 안에 있는 곳으로, 인도 국경 안쪽에 있는 곳은 현지 지명으로 삐뿌라하와piprahawa라고 하는데 싯타르타 나가르siddhartha-nagar에 속한 지역이다. 몇 년 전까지만 해도, 네팔 쪽의 주장이 여전히 설득력이 있는 것 같더니,

로서의 출가생활을 막 시작할 무렵이었다. 당시 열의에 찬 초보 수행자였던 보살은 '알라라 깔라마'라는 인물이 수행자들 사이에서 선정수행으로 명성이 높다는 말을 듣게 되었는데, 마침 그가 웨살리에 머물면서 제자들을 가르치고 있다는 것을 알게 된 보살은, 알라라 깔라마를 만나기 위해 라자가하를 떠나 웨살리를 방문하게 된 것이다.(보살이 알라라 깔라마와 만난 이후의 수행과정에 대해서는 <맛지마니까야> 제36경인 『마하삿짜까숫따』를 비롯한 여러 경에 언급되어져 있다.)[003]

웨살리는 교통의 중심지로서 무역에 종사하는 사람들이 많았고, 따라서 부를 축적한 장자들도 많았다. 그들의 경제적 풍요는 사상의 자유로까지 이어져서, 이미 이전에 비해 바라문 사제계급의 영향력으로부터 훨씬 자유로워진 지역의 군주들과 함께, 전통적인 권위에 도전하면서 일어난 신흥 사문(沙門, samaṇa)들의 다양하고 실험적인 주장들에 귀를 기울이고 그들을 후원할 수 있는 여유를 가지게 되었다. 이런 시대적 배경 때문에 웨살리는 붓다를 비롯한 신흥 사문들에게 수행하기 좋은 장소로 알려지게 된 것이다. 붓다와 동시대를 살았던 여섯 명의 대표적인 신흥사문들 가운데 하나였으며, 붓다와 비견되는 인물로 자주 거론되던 니간타 마하위라(mahāvira, B.C.E. 599~527) 역시 이곳 웨살리 근교인 꾼다가마kundagāma에서 태어나 평생을 웨살리와 날란다 지역을

요즘은 사람들이 인도 쪽의 까삘라왓뚜를 지지하는 쪽으로 돌아선 모양새다. 아무래도 붓다의 사리함이 발견된 것을 비롯한 여러 가지 고고학적 뒷받침으로 인해 네팔 쪽보다는 인도 쪽 주장이 더 설득력이 있다고 판단한 것 같다. 현재 인도 쪽 까삘라왓뚜는 그런대로 말끔하게 정리된 편이지만, 아직까지 인도정부가 특별하게 이 지역의 추가 발굴에 대해 관심을 가진 것 같지는 않다. 하지만, 조금씩 이 지역에 사람들의 발길이 잦아지고 있음으로, 아마 머지않아 인도정부에서도 이 지역에 관심을 가지고 『대당서역기』에 언급되어 있는 아쇼카 석주 등에 대한 추가발굴이 진행되지 않을까 싶다.

003 MN1/P.240. 제36경, 『마하삿짜까숫따』, 붓다께서는 스스로 깨달음을 얻기 이전의 수행자였던 자신을 「내가 깨닫기 전, 아직 바른 깨달음을 성취하지 못한 보살이었을 때 pubbe sambodhā anabhisambuddhassa bodhisseva sato」라고 지칭하셨다.

근거지로 활동했던 인물이다. 그래서 이곳 웨살리는 불교도뿐만 아니라 니간타[004]들에게도 중요한 장소다. 본경에 등장하는 삿짜까도 그리고 그의 부모도 모두 이 웨살리를 근거지로 활동했던 니간타였던 것으로 알려져 있다. 또한 유마힐(vimala)이라는 이름의 한 장자가 붓다의 출가제자들을 신랄하게 비판했던 내용으로 우리에게 잘 알려진 초기 대승경전 『유마힐 소설경(sk. *vimalakīrti nirdeśa*)』[005]이 이곳 웨살리를 배경으로 해서 성립된 것도 따지고 보면, 다 이런 웨살리의 자유로운 분위기가 반영된 것으로 보인다.

붓다께서 이곳 웨살리를 방문하신 것은 성도成道 이후에도 계속되었다. 성도 이후 첫 번째로 붓다께서 다시 웨살리를 방문하셨던 것은 붓다의 다섯 번째 안거安居 시기, 즉 붓다의 세수 40세 전후였던 것으로 알려져 있다.[006] 성도 후 다섯 번째 안거를 보내기 위해 마가다국의 수도인 라자가하 죽림정사에 머물러 계셨던 붓다께서는, 마가다국 빔비사라왕의 청을 받아들여, 가뭄과 전염병으로 심신이 피폐해진 릿차위 사람들

004 니간타nigaṇṭha라는 단어는 '속박(*sanskrit-이하 sk로 표기함. gaṇṭha)으로부터 벗어난(sk. nir)'이라는 뜻으로, 고래로부터 인도에서 행해지던 고행을 통해서 해탈을 얻는다고 주장하는 수행자들, 혹은 그들의 가르침을 따르는 자들을 모두 일컫는 말로서, 복수일 때는(nigaṇṭhā) 니간타 그룹을 지칭하고, 단수일 때는(nigaṇṭha)라는 고유명사로 사용된다. 후대에 자인교도, 혹은 자이나교도라고 불리는 이들이 그들이다.
JPTS(The Journal Pali Buddhist Society), Vol 26(2000), 「*Jain- Buddhist Dialogue*」, P.3. 「이 단어는 복수로는 그 그룹을 지칭할 때 쓰인다 … 이미 아쇼까의 7번째 석주의 칙령에서도 (이 단어가) 입증되었다. 단수로서는 대부분 고유명사로 나타난다.The word is used it plural to refer to the group, for example in the old phrase 'ājīvika ca nigaṇṭhā ca'(*suttanipāta* 381) already attested in Asoka's 7th Pillar Edict. In the singular it mostly appears with a proper name.」

005 『維摩詰所說經』은 그동안 한역본만 존재하고 산스끄리뜨본이 발견되지 않았었는데, 2002년 日本 大正大學 綜合佛教硏究會가 티베트 포탈라궁 도서관에서 연구조사를 진행하던 중에 그곳에 소장되어져 있던 산스끄리뜨 필사본을 발견한 후, 교정을 거쳐서 2004년 '大正大學出版會'에 의해서 『梵文維摩經』이라는 제목으로 출간되었다.

006 『*The historical Buddha*』, H.W. Schumann / translated from German by M.O'C. Walshe. Delhi(1989), PP.112~114.

을 돕기 위해 아난다를 위시한 비구 대중들과 함께 웨살리를 방문했다. 웨살리에 도착한 붓다께서는 본경에 등장하는 장소 즉, 웨살리 큰 숲의 '중각강당'에 머무시면서 릿차위 사람들을 안심시키는 내용의 법문을 전하셨다.[007] 얼마 후, 웨살리에 가뭄을 해소하는 큰 비가 내렸고, 큰 비로 인해 가뭄과 전염병이 사라지고 사람들을 괴롭혔던 삿된 기운들이 사라지게 되자, 붓다께서는 대중들과 함께 다시 웨살리로부터 라자가하의 죽림정사로 돌아와서 그곳에서 다섯 번째 안거의 나머지 기간을 지내셨다고 한다.

007 이때 붓다께서 아난다로 하여금 릿차위들에게 대신 설하게 하셨다는 법문이 상좌부 불교국가에서 호주(護呪, paritta) 경전으로 널리 독송되고 있는 『보배경*ratana-sutta*』이다. 이 경전의 내용은 나중에 붓다에 의해서 중각강당에 모인 릿차위 왕자들과 지역민들을 위해 다시 설해졌다고 『숫따니빠따』의 주석서는 전하고 있다. 이것은 붓다께서 기근과 질병 그리고 그로 인하여 사악한 귀신들이 날뛰고 있다고 믿고 있던 당시의 릿차위 사람들의 두려움을 없애고 그들을 안심시키기 위해서, 그들이 두려워하는 사악한 귀신들을 불러놓고, 그 귀신들에게 사람들을 해치지 말고 법의 힘을 통해 그대들도 해탈하라는 내용의 법문을 붓다의 이름으로 독송하게 하는 내용이다. 아마 이런 것이 귀신의 존재를 믿고 그것을 두려워하는 사람들을 대하는 붓다 특유의 대처방법이었을 것이다.
※ 이에 관련된 필자의 개인적인 경험이 한 가지 있다. 언제가, 필자가 성주사에 있을 때, 한 중년의 서양여성이 찾아와서 자신의 고민을 털어놓으면서, 이곳의 신에게 어떤 방식으로 기도를 하면 효과가 있겠느냐고 물었던 적이 있다. 고민의 내용은 자신의 외동딸이 정신병으로 고생하고 있다는 것이었는데, 자신도 한국으로 발령이 난 남편을 따라서 오긴 왔지만 고국에 남아있는 딸 생각에 한시도 마음이 편하지 않다는 것이었다. 필자는 처음에는, 이 여자가 도대체 불교를 뭐라고 생각하는 거야? 싶어서 불교는 무신론이고, 어쩌구 하면서 설명을 했더니, 설명을 듣고 난 그녀의 표정에는 아주 실망한 모습이 역력했다. 그녀의 그런 표정을 본 순간, 필자에게 든 생각은 '아차, 이 여자는 이런 대답을 원하는 것이 아니었구나!' 싶었다. 그래서 얼른 화제를 돌려서는 "그럼에도 불구하고 … 딸에게는 어머니인 당신이 신이 아니겠느냐, 당신이 할 수 있는 것을 다한다면, 신도 당신만큼밖에 하지 못할 것이다"라는 취지의 말을 얼떨결에 하게 되었다. 이런 말을 미리 준비했던 것은 아니었지만, 말하고 보니 스스로 기특하기도 하고, 어쨌든 그런 말을 하게 되었고, 내 말을 들은 그녀는 아주 만족스러운 얼굴로 고개를 연신 끄덕이더니 합장을 하고는 법당으로 들어가던 모습이 생각이 난다.

그림 2) 이것은, 붓다께서 빔비사라왕의 청을 받아들여 아난다를 위시한 500명의 비구들을 데리고 라자가하로부터 웨살리로 들어갔다는 『숫따니빠따』 주석서의 내용을 그대로 묘사한 그림이다. 그림 출전 : 『*THE ILLUSTRATED HISTORY OF BUDDHISM*』 by ASHIN JANAKA BHIVAMSA, Artist U Ba Kyi

그 뒤에도 붓다께서는 여러 번 웨살리를 다시 찾으셨고 많은 법문을 남기셨다.[008] 붓다께서는 또한 생애 마지막 전도여행을 떠나기에 앞서, 시자 아난다에게 자신이 한때 머물렀던 웨살리 여섯 곳의 사당[009]을 차례로 언급하시면서, 이제 마지막이 될 웨살리와의 추억을 회상하시는 장면도 아울러 경전은 전하고 있다. 웨살리는 이처럼 붓다 당신에게도 많은 추억이 남아있는 곳이기도 하지만 무엇보다 불자들에게 이곳이 의미 깊은 이유는, 붓다께서 생애 마지막 안거를 지내셨던 곳이 이곳 웨살리고, 바로 이곳 웨살리 큰 숲의 중각강당이 당시 붓다와 안거를 지내기 위해 모인 비구들에게 자신이 앞으로 3개월 후에 열반에 들 것임을 처음으로 공표하신 장소라는 점 때문이

008 『原始佛教聖典の成立史研究』, 前田惠學, P.65의 내용에 의하자면, 붓다께서 웨살리를 설법처로 해서 법을 설하신 횟수가 경장과 율장을 통해 총 49회에 이른다고 전하고 있다.

009 DN2/P.102. 제16경, 『마하빠리닛빤나숫따』. 여섯 곳의 사당은 다음과 같다. 우데나 쩨띠야udena cetiya, 고따마까 쩨띠야gotamaka cetiya, 삿땀바 쩨띠야smba cetiya, 바후뿟따 쩨띠야bahuputta cetiya, 사란다다 쩨띠야sārandada cetiya, 짜빨라 쩨디야 cāpāla cetiya.

다.[010]

이곳 웨살리의 중각강당에서 자신의 열반을 예고하신 이후에 붓다께서는 다음과 같은 내용의 게송을 비구들에게 말씀하셨다.[011]

paripakko vayo mayhaṃ, parittaṃ mama jīvitaṃ
내 나이 다 찼고, 나의 수명 얼마 남지 않았나니
pahāya vo gamissāmi kataṃ me saraṇamattano.
그대들을 포기하고, 나에 의해 귀의처로 삼아진
나 자신에게로 가리라.[012]
appam satīmanto susīla hotha.
비구들이여! 부지런히 마음 주시하고 선한 삶 지키라,
bhikkhavo, susamāhitasaṃkappā sacittam anurakkhatha.
잘 확립된 결심으로 자신의 마음을 지키라.
yo imasmiṃ dhammavinaye, appamatto vihassati.
누구라도 이 법과 율에서 게으르지 않는 자로 산다면,
pahāya jātisaṃsāraṃ dukkhassantaṃ karissati'ti.
태어남의 윤회 버려지고, 괴로움의 소멸 이루어지리라.

010 DN2/P.120. 제16경, 『마하빠리닛빤나숫따』
011 DN2/P.120. 제16경, 『마하빠리닛빤나숫따』, 「paripakko vayo mayhaṃ, parittaṃ mama jīvitaṃ, pahāya vo gamissāmi kataṃ me saraṇamattano. appam satīmanto susīla hotha. bhikkhavo, susamāhita saṃkappā sacittam anurakkhatha yo imasmiṃ dhammavinaye, appamatto vihassati. pahāya jātisaṃsāraṃ dukkhassantaṃ karissati'ti.」
012 일부의 번역가들은 위의 문장에서 pahāya를 jīvitaṃ 뒤에 붙이지만, 일본어 역에서는 이를 vo 앞에 배열해서 '그대들을 버리고 떠나'라고 번역하고 있으며, 필자도 이런 문단 구분을 따랐다. 그리고 kataṃ과 saraṇaṃ을 같은 대격 단수의 동격으로 보았고, me는 도구격으로 attano는 여격으로 보았다. 그래서 "나에 의해(me) 귀의처(saraṇaṃ)로 삼아진(kataṃ) 나 자신에게(attano)로 가겠다(gamissāmi)"라고 번역하게 되었다. '초기불전'의 한글 번역은 「그대들을 버리고 나는 가리니, 나는 내 자신을 의지처로 삼았다.」라고 번역하고 있다.

필자가 여기서 뜬금없이 붓다의 이 게송을 언급한 이유는, 일차적으로 이 게송이 본경의 설법처인 웨살리에서 설해졌기 때문이기도 하지만 다른 이유도 있다. 그것은 이 게송 두 번째 줄인 'pahāya vo gamissāni kataṃ me saraṇamattano'라는 빠알리 경전 문장에서의 '앗따attā'라는 단어[013] 때문이다. 본경에서 붓다의 '무아an-attā'의 가르침을 끈질기게 거부했던 니간타 삿짜까와 같이, 지금도 여전히 무아론을 받아들이지 않거나 잘못 이해하고 있는 사람들에 의해서 이 단어는 『우빠니샤드』에서 언급된 영원한 실체인 '아뜨만ātman'과 같은 뜻인 것처럼 받아들여지면서, 영혼이나 자아에 대한 그들의 신념을 입증하려는 의도로써 이 단어가 포함된 문장들이 왜곡되게 사용되고 있기 때문이다.[014]

서양의 불교학자 중에서 이처럼 무아론無我論을 받아들이지 않는

013 빠알리 경전에서 이 '앗따'라는 명사는 특별하게 '무아anattā'라고 표현될 때 사용되는 경우를 제외하고 대부분 이것은 재귀대명사처럼 사용되는 것이 보통이다. 예를 들어서 『법구경*dhammapada*』의 제 236송과 238송의 첫 문장인 'so karohi dīpaṃ attano'가 '그대는 스스로를(attano, 자신을) 섬으로(dīpaṃ) 삼아라(karohi)'라고 번역되는 것이 그 예다. PTS, 『*The word of doctrine*』, S46, P.36. 이 대목에 대한 K.R. Norman의 번역은 다음과 같다. "Make an Island for yourself, strive quickly be learned. With impurity blown away. Without blemish. You will go to the heavenly land of the noble one."
일본어 역은 다음과 같다. Phttp://komyojikyozo.web.fc2.com/dnmv/dn16/
「[まさに]その[あなた]は、自己の洲(依り所) を作りなさい。すみやかに努めなさい。賢者と成りなさい。[世俗の]垢を取り払った [あなた] は、穢れなき者となり、天の聖なる境地へと近づき行くであろう。」

014 『*Dialogues of the Buddha*』, PTS Part2/PP.14~16. 여기에서 리스 데이비즈 부인(C.A.F. Rhys Davids)은 서문의 많은 부분을 빠알리 경전에서의 'attā'와 인도 전통에서의 'ātman'에 대한 자신의 주장을 피력하는데 할애하고 있다. 결론적으로는, '나의 나는 신이다My me is God …'라는 St. Catherine의 발언을 통해 immanence(신은 모든 것들 속에 깃들어 있다는 뜻의 신학 용어)를 거론하면서, 초기에 붓다에 의해 사용된 attā라는 단어는 우빠니샤드에서 사용되어왔던, 인간에게 내재된 신성이라는 의미의 ātman과 서로 다른 의미로 사용된 것은 아닐 것이라는 것이 그녀의 주장이다. 이외에도 붓다의 사상을 인도 우빠니샤드 전통의 연장이라고 주장한라다 크리슈난(Radha krishnan, *Indian Philosophy* vol 1/PP.386~389.)과 붓다는 無我를 주장한 것이 아니라 非我를 주장한 것이라고 한 일본의 나까무라하지메(中村元) 교수도 역시 이 무리에 속한 인물로 분류된다.

대표적인 사람을 꼽으라면 아마 영국의 리스 데이비즈의 부인(Mrs. Rhys Davids)을 우선적으로 꼽을 수 있을 것이다. 그녀는 남편이자 인도학자였던 리스 데이비즈가 사망하고 나서 1923~1942년까지 남편이 맡고 있던 영국의 빠알리성전협회(Pali Text Society)의 회장직을 이어받은 사람이고, 근 50여 년에 걸쳐 빠알리 문헌들을 연구하고 번역한 사람이다. 하지만 그녀는 붓다의 무아론을 "다소 우빠니샤드적인 형태로 구성되어졌던 붓다의 초기 가르침에, 후기 승가의 이론이 덧씌워진 것"[015]이라고 단정하며, 무아론을 단지 후기 상좌부 승가에서 조작하고 덧붙인 '가설' 정도로 치부한 인물이기도 하다. 말년에 이르러서는 주로 심령술이나 초자연적 현상에 몰두했다는 그녀의 개인적인 전력을 감안한다면, 무아론에 대한 그녀의 이런 주장은 적어도 그녀에게 있어서는 자연스러운 것일 터이니 굳이 이런 개인적인 주장을 과도하게 문제 삼을 필요는 없을 것이다. 하지만 그녀가 서양에서의 빠알리불교학 연구의 토대를 다졌던 인물들 가운데 하나였기 때문에 서양에서, 특히 빠알리 경전을 통해 불교를 접하는 사람들에게는 그녀가 끼치는 영향력이 여전히 크다는 것이 문제라면 문제일 것이다. 그런 그녀가 위의 게송을 "I leave you, I depart, relying on myself alone![016] 나는 그대들을 떠나, 나는 가노라. 나 자신을 의지하면서 홀로!"라

015 『*Early Buddhism and its origins*』, V.P. Varma/P.157. 재인용. 「but in her later writings she almost absolutely changed her standpoint and began to propound that an is a later accretion of monastic origin and is an imposition on the original gospel of Sakya Buddha which(the original gospel)was more or less constructed on the upaniSadic pattern.」

016 현재 유통되고 있는 빠알리 경전 <디가니까야>의 PTS 영어 번역본 『*Dialogues of the Buddha*』 Part 2는 1959년에 인쇄된 제4판인데, 이전의 판본인 제3판의 인쇄 시에 참고해야할 제2판의 원고가 전쟁으로 인해 망실된 관계로 1910년에 출간된 리스 데이비즈 박사의 초판본의 내용과 부인의 다른 원고를 함께 참고로 해서 출판하게 되었다고 한다. 그래서 이 번역물에는 두 사람의 이름이 함께 번역자로 기재되어져 있다. 리스 데이비즈 부인이 직접 쓴 2판 서문의 내용에 직접 본인이 <디가니까야> 제16경인 『마하빠리닛빤나 숫따』의 '자신을 섬으로 삼고, 자신을 귀의처로 삼으라'라는 구절에 대해 자신의 견해를 언급해 놓은 부분이 있는 것으로 봐서, 본문에서 필자가 인용한 게송의 번역 역시 리스 데이비

고 번역했다.[017] 그리고 이런 식의 번역은 독일과 영국 출신으로 스리랑카와 미얀마로 출가해서 수행자 생활을 하던 비구니 와지라Vajira나 비구 빼살라Pesala의 영어 번역물에서도 그대로 반복된다. 비구니 와지라는 위의 같은 문장을 "departing, I go hence from you, relying on myself alone."라고 번역했고,[018] 비구 빼살라도 리스 데이비즈 부인의 번역을 그대로 따라서 쓰고 있다.[019]

물론 그녀가 여기에서 'kataṃ me saraṇamattano'를 'relying on myself alone.(나 자신을 의지하면서 홀로)'라고 번역했다고 해서, 그녀가

즈 박사의 번역이 아니라, 그 부인의 것으로 판단된다. 본문에서 인용한 위에서 두 번째 문장에 대한 영역문은 『*Dialogues of the Buddha*』, Part 2/P.128에 다음과 같이 실려 있다. 「My age is now full ripe, My life draws to its close; leave you, I depart, relying on myself alone! Be earnest then, O brethren, holy, full of thought! Be steadfast in resolve! keep watch o'er your own hearts! Who wearies not, but holds fast to this truth and law. Shall cross this sea of life, shall make an end of grief.」
또 다른 최근의 영어 번역본 『*The Long discourses of the Buddha*』, PP.253~254에서 M. Walshe는 이 대목을 다음과 같이 번역했다. 「Ripe I am in years. My life span's determined. Now I go from you, having made myself my refuge. Monks! be untiring, mindful, disciplined. Guarding your minds with well collected thought. He who, tireless, keeps to law and discipline. Leaving, behind will put an end to woe.」
일본어 역은 다음과 같다. Phttp://suttacentral.net/pi/dn15 「私の齢は熟し、私の寿命はわずかである. そなたたちを捨てて、私は行くであろう。私によって自らの帰依処は作られた. 比丘たちは、不放逸、正念、善戒の者たちであれ。よく定置された思惟あるものたちとして、自己の心を守れ。およそ、この法と律に住するであろう不放逸のものは、生と輪廻を捨て、苦の終局をなすであろう」と。'나의 나이 찼고, 나의 수명은 얼마 남지 않았다. 그대들을 버리고, 나는 갈 것이다. 나에 의해서 스스로의 귀의처는 만들어졌도다. 비구들이여, 방일하지 말고, 바른 마음주시와 좋은 계를 지키는 자가 되라. 잘 안정된 사유가 있는 자들로서 자신의 마음을 지켜라. 그러면 그 법과 율에 머물 것이다. 게으르지 않은 자는, 생과 윤회를 버리고, 고통의 끝을 이룰 것이다' 라고」

017 그녀는 본문에서의 kataṃ(행하여진, ~ 으로 삼아진)이라는 형용사를 saraṇaṃ(의지, 의지처)을 꾸미는 말로 보고, 이를 'relying on(의지하면서)'라고 번역하고, 붓다께서 스스로 의지하고자 한다는 그 대상을 'attano(myself)'라고 판단하여 'relying on myself(자신을 의지하면서)'라고 번역했던 것 같다.

018 『*Last day of the Buddha*』 by Sister Vajira/www.accesstoinsight.org/tipitaka/dn/dn.16.1-6.vaji.html

019 『*An Exposition of Mahaparinibbana Sutta*』 by Bhikkhu Pesala /www.softerviews.org/

이 문장에서 붓다께서 바라문들이 말하는 실체적 자아인 '아뜨만(sk. ātman)'의 존재를 인정하고, 그것에 의지한다는 뜻이었다고 직접적으로 주장한 것은 아니다. 하지만 붓다께서 비구들에게 "자신을 섬으로 삼고, 자신을 귀의처로 삼고 … 법을 섬으로 삼고, 법을 귀의처로 삼으라"[020]라고 하셨던 그 '자신atta'이란, 그 자신 속에 어떤 변하지 않는 독립적이고 실체적인 주인공이 있기 때문에 그것을 섬으로 삼고, 귀의처로 삼으라고 하셨던 것이 아니고, 연기의 이치에 따라 일어났다 사라지는 자기 자신의 마음과 육신의 모습을 스스로 '수행의 주제'로 삼아 그 변화를 놓치지 말고 주시하면서 늘 깨어있으라고 하신 말씀이며, 수행자들에게는 그렇게 하는 것만이 저 깊고 깊은 윤회의 바다에 빠지지 않고 편히 의지하여 수행할 수 있는 '섬dīpa'과 같은 것이니, 그렇게 자신에게 집중하고 법에 집중하는 것을 자신의 유일한 귀의처로 삼으라는 것이었다.

그런데 자신에게 의지한다 혹은 자신을 귀의처로 삼는다 라는 이러한 경전의 표현을 다르게 이해하는 사람들은, 리스 데이비즈 부인의 경우처럼, 붓다의 이 말씀을 자기 속에 영원한 실체인 '자아'에 의지하라고 한 것처럼 오해하게 되면서, 결국 무아론을 붓다 고유의 가르침이 아닐 것이라고 의심하기에 이르는 것이다.[021]

020 DN2/P.100. 제16경, 『마하빠리닛빤나숫따』, 「attadīpā viharatha attasaraṇā anaññasaraṇā, dhammadīpā dhammasaraṇā anaññasaraṇā」

021 이것은 주석서의 설명이기는 하지만 <맛지마니까야> 제35경인 『마하탕하상카야 숫따』에서, 識(viññāṇa)이 윤회의 주체라고 믿게 된 사띠라는 이름의 비구가 어떻게 해서 그와 같은 잘못된 견해를 가지게 되었는지, 그 배경을 설명하는 대목이 있다. 붓다의 무아론을 믿지 못하고 의심하는 사람들의 경우도 그 의심의 과정은 사띠비구의 경우와 비슷할 것이다. MA2/P.305. 「그 비구는 많이 들은 자이기는 하지만 어리석은 자라, 전생담을 외우는 소임을 맡았던 이 자는 세존의 전생이야기를 암송하다가, 세존께서 '비구들이여! 이전에 내가 평민이었고, 대신자였었고, 현자였었고, 현명한 마부였었고, 무리의 지도자였었고, 왕이었다'라는 연결됨을 들었다. 그 때 그에게 이런 생각이 들었다. '이들 색과 수와 상과 행들은 여기서 저기서 소멸하는데 식은 또한 이 세상에서 저 세상으로, 저 세상

위의 게송에서 붓다께서 가겠노라고 하신 '나 자신에게attano'의 구체적인 대상은 그 다음 문장에 등장하는 '부지런히 마음 주시하고 appam satImanto'에서도 짐작할 수 있듯이, 결국 자신이 평생 수행의 대상으로 삼았던 '자신의 마음sacittaṃ'이다. 수행의 대상으로 삼았던 그 마음의 변화를 나는 끝까지 놓치지 않고 주시하면서 마음의 꾸밈에 속지 않겠다는 뜻이지, 결코 있는 그대로의 자기 자신, 마음, 자아, 영혼, 뭐 그런 것을 귀의의 대상으로 삼아 의지하겠다는 뜻이 아니다. 이것은 또한 결국, 붓다께서 마지막으로 제자들에게 당부하셨던 "쉬지 말고appamādena 노력하라!sampādethā"[022] 라는 그 말씀을 평소에도 당신 스스로가 이렇게 여실히 실천하고 계심을 보여주는 표현이기도 할 것이다.

하지만 무아에 대한 왜곡된 신념을 가지고 있는 사람들은, 앞에서도 언급한 것처럼, 우리에게 '자등명自燈明 법등명法燈明'으로 알려진 그런 유훈의 내용조차 자신들의 믿음에 따라서 해석하려고 한다.[023]

에서 이 세상으로 유전하고 윤회하는구나'라는 '상주론常住論'이 일어났다.」

022 DN2/P.120. 제16경, 『마하빠리닛빤나숫따』, 「vayadhammā saṃkhārā, appamādena sampādethā」

023 이런 오해는 『마하빠리닛빠나숫따*mahāparinibbanasutta*』에 나오는 문장인 「attadīpā viharatha dhammadīpā」를 '自燈明 法燈明'이라고 한역한 것과, 그렇게 한역된 것을 다시 '스스로를 등불 삼고, 법을 등불 삼아'라고 별 생각 없이 한글로 뜻풀이가 행해지는 과정에서 이미 왜곡이 일어날 만한 소지를 많이 남긴 것도 문제가 될 것이다. 이에 대해서는 이전에 쓰여 진 마성스님의 논문이 있음으로 이를 참조하면 좋은 것이다.(마성스님 「自燈明 法燈明의 번역에 대한 고찰」, 2003, 불교학연구회) 단, 필자가 보기에는 이 빠알리어 문장은 dīpa를 '등불'로 번역하는 것보다는 분명 '섬'으로 번역하는 것이 이 단어에 대한 다른 경전에서의 용례나 산스끄리뜨어 경전을 축자적으로 번역한 티베트 경전에서의 기록을 보더라도 맞는 것이기는 하지만, 여기서 붓다께서 하신 말씀의 요지를 분명하게 이해하는 것이 번역 용어를 선택하는 것보다 더 중요하다고 생각된다. 요지인 즉은, 앞으로 비구들은 오직 스스로 자기 자신을 수행의 주제로 삼고, 법을 수행의 주제로 삼아라, 그렇게 자기 자신에게서 일어나고 사라지는 법의 모습을 스스로 바르게 읽어내는 것만이, 망망대해와 같은 윤회의 바다에 빠지지 않고 그대들을 보호해 줄 수 있는 섬과 같은 것이다, 그러니 다른 것을 주제로 삼지 말고, 다른 것에 몰두하지도 마라, 말하자면 이것이 요지라고 필자는 생각한다. 그래서 그런 뜻

'거 봐라. 붓다도 결국 마지막에는 자아를 의지처로 삼으라고 하지 않았느냐, 결코 붓다는 무아를 설하신 것이 아니다!'라고 말이다.

무아론은 불교도들에 의해서, 붓다의 가르침의 핵심이며, 붓다의 가르침인지 아닌지를 가르는 기준으로[024] 이미 초기승가에서부터 내부적으로 확정된 것이지만, 그렇다고 모든 사람들이 다 그 기준을 인정하는 것은 아니다. 모든 사람들에게 적용되는 객관적 기준이란 애초부터 존재하지도 않는다. 그럼으로 붓다의 가르침은 그것이 무엇이든, 각자가 스스로 그 내용을 이해하고 그 가르침이 과연 자기 자신에게서 탐진치가 일어나지 않게 하는지를 스스로 경험한 후, 스스로에 의해서 유효한 진리로서 선택되어지는 것일 수밖에 없다.[025] 붓다 스스로 '세존에 의해 잘 설명된 법은 … 지혜로운 자에 의해서 스스로 경험되어져야 할 것이다'[026]라고 말씀하셨던 부분도 바로 이런

으로 자신과 법을 섬처럼 여기고 그것에 의지하라고 표현한 것일 뿐이지, 자아와 법을 그대로 의지의 대상인 섬으로 여겨 그것에 의지하라는 뜻은 아니다. 만약 그런 식으로 이해한다면 의지하는 대상만 바뀐 것뿐이기 때문에, 有我論者들이 자아에 의지하는 것과 다를 바가 없다. 그런 의미에서 보자면, 한역 경전 가운데, 위의 빠알리본에 대한 불타야사와 축불념의 한역본인 『유행경遊行經』에서 이 대목을 「當自熾燃, 熾燃於法, 勿他熾燃., 當自歸依, 歸依於法, 勿他歸依.」라고 번역한 것은, 위의 논문을 쓴 마성스님도 같은 의견인 듯하지만, 필자도 아주 적절한 번역이라고 생각한다. 이 문장을 한글로 뜻 번역을 하자면 다음과 같을 것이다. "마땅히 스스로를 수행의 주제로 삼아 지혜의 불을 피워라(혹은 노력하라), 법을 수행의 주제로 삼아 지혜의 불을 피워라, 다른 것을 주제로 삼아 헛되이 애쓰지 마라. 마땅히 스스로를 수행의 주제로 삼아 몰두하라, 법을 수행의 주제로 삼아 몰두하라, 다른 것에 헛되게 몰두하지 마라." 여기서는 dipa를 '섬'이나 '등불'이라는 명사로 번역하지 않고, '(지혜의) 불을 피우다'라는 동사로 번역한 것인데, 섬이나 등불이라는 번역보다 훨씬 더 이해하기 쉬운 번역이라고 생각된다.

024 상좌부에서의 '연기적으로 구성된 모든 존재들의 세 가지 독특한 특색'이라는 뜻의 '三特相ti-lakkhana'과 설일체유부에서의 '불법임을 가르는 세 가지 기준'이라는 뜻의 '三法印dharma-mudra'이 그것이다.

025 AN1/PP.188~193. 『깔라마숫따*kalama sutta*』. 이 경전은, 서로 자신의 가르침만이 진리라고 주장하는 수많은 주장들을 어떤 기준에 따라서 선별해야하고 어떻게 받아들여야 하는지를 묻는 깔라마사람들에게 해주신 붓다의 법문이다.

026 MN1/P.37. 제7경, 『왓투빠마숫따』, 「세존에 의해 잘 설명된 법은, 스스로에 의

점을 지적하신 것임으로, 무아론을 받아들이지 못하는 사람들에게는 그저 이 말이 똑같이 되풀이 되어질 수밖에 없을 것이다. 언젠가 그들 스스로 경험해서 알 수 있고, 또 받아들여질 때까지 말이다.

다음은 설법 시기에 대한 부분이다. 본 경전은 웨살리를 설법처로 하고 있지만 붓다께서 정확하게 언제 웨살리에서 이 법문을 설하셨는지는 여전히 알 수 없다. 단지 1~2장에서 확인할 수 있듯이, 붓다께서 성도 후 사라나뜨에서 첫 번째 법문을 펴실 때 법문을 들었던 다섯 비구들 가운데 한 비구였던 앗사지 존자가 본경이 설해질 당시 승가의 지도적인 위치에 있었다는 것으로 보아서는,[027] 이 경전이 비교적 이른 시기에 행해진 법문이 아닐까 하고 짐작되어질 뿐이다.

그리고 붓다께서 웨살리에서 머무셨다는 '중각강당重閣講堂'은 빠알리어의 '꾸따가라-살라'를 번역한 것으로 주석서에 의하자면[028] '꾸따가라kūṭāgāra'는 누각처럼 기둥들로 받쳐지고 기둥들로 둘러져 있는 건축물의 양식을 뜻한다고 한다. 이 때문에 한역에서는 이것을 기둥들이 둘러져 있다는 뜻에서 '중각重閣'이라고 번역했던 것 같은데, 웨살리 큰 숲에 세워진 비구들과 붓다를 위한 건물인 '상가라마(僧園)'가 이런 형식으로 생겼으며, 그 주위에는 여러 부속건물들이 있었지만, 나중에는 이 모든 건물들을 '꾸따가라살라'라는 이름으로 불리게 된 것이라고 붓다고사는 설명하고 있다. '살라sāla'라는 것은 강당이나 접빈실처럼 열려진 공간을 뜻하는 것으로 보이는데, 사왓띠의 기원정사 내에서는 이교도異敎徒들이 머물거나 그들과 만나 토론을 했다는

해 확인할 수(볼 수) 있는 것이고, 즉각적인 것이고, 와서 보라는 것이고, 향상으로 이끄는 것이고, 지혜로운 자들 스스로에 의해서 경험되어져야 할 것이다, 라고svākkhāto bhagavatā dhammo, sandiṭṭhiko akāliko ehipassiko opanayiko paccṃ veditabbo viññūhī」

027 본문 1-3장. 「'잘 알려진 제자인 앗사지라는 이름의 비구'로 하여금ñātaññatarena sāvakena assajinā nāma bhikkhunā.」

028 DA1/P.310~311.

기록이 없지만, 이 상가라마에서는 아무래도 다른 여러 사문들이 모여 살던 지역적 특색 때문이겠지만, 많은 이교도들도 그곳에 머물기도 하고 그들과의 만남이 이곳에서 있었기 때문에 이곳이 '강당sāla'이라고 불리게 되었던 것 같다.

이 중각강당이 위치했던 곳이 정확하게 현재의 어느 곳에 해당되는지는 아직 밝혀지지 않은 상태다. 단지 본경의 한역대역경인 <잡아함>과 <증일아함>에서는 각각 '원숭이 연못 근처'와 '웨살리 성 근처 숲속'에 붓다께서 머물고 계셨을 때 이 법문을 하셨다[029]고 적고 있기 때문에, 이것이 중각강당의 위치와 어떤 관련이 있는 표현들이 아닐까 싶기도 하다. 원숭이 연못은 현재의 웨살리 스리랑카 절 앞, 일본의 평화 탑 바로 옆에 있으며 연못의 모양으로 복원된 상태다.

논객이며, 현자임을 자처하는 자이며, 많은 사람들로부터 스승으로 대접받던 니간타의 후손 삿짜까가 웨살리에 살고 있었다.

여기서는 붓다와의 토론 상대자로 등장하는 삿짜까라는 인물에 대해 묘사하고 있다. 여기서 현자임을 자처하는 자라고 번역한 것은 빠알리어의 '빤디따와도paṇḍitavādo'를 번역한 것인데, 단어 자체로만 보자면 '똑똑하고 말 잘하는 사람' 정도의 뜻으로 해석될 수도 있겠지만, 주석서에서는 '나는ahaṃ 현명한 자다paṇḍito라고 스스로 말하는 자vādo'라는 뜻으로 이 단어를 풀이하고 있다.[030] 다음 문장에서 이어지

029 T2/P.35. <雜阿含>「佛住毘舍離獼猴池側」T2/P.715. <增壹阿含>「毘舍離城外林中」. 한역 <잡아함>은 宋代에 구나발타라에 의해 번역되었으며, <증일아함>은 東晋代 담마난디에 의해 번역되었는데, 모두 상좌부의 전적이 아닌 설일체유부와 대중부의 전적을 각각 번역한 것으로 알려져 있다.

030 MA2/P.268.「paṇḍitavādo - ti, ahaṃ paṇḍito ti evaṃvādo.」

는 삿짜까의 발언을 보더라도, 그런 발언을 대중들 앞에서 당당하게 하는 자라면 평소에 스스로를 '현자'라고 자처하고도 남을만한 인물이라고 판단되어, 이에 따라 필자도 이 단어를 주석서의 풀이에 따라 현자임을 자처하는 자라고 번역했다.

그 다음, 삿짜까의 출신 성분을 알 수 있는 호칭이 니간타의 후손(혹은 아들)이라는 뜻의 '니간타뿟따'라는 것인데, 이는 삿짜까의 부모가 모두 니간타였기에 붙여진 호칭일 것이다.[031] 니간타(sk. nirghaṇṭha)라는 단어는 '속박으로부터(sk. ghaṇṭha) 벗어난(sk. nir)'이라는 의미를 지니고 있는데, 우리가 흔히 자인교, 혹은 자이나교라고 알고 있는 인도 고래의 고행주의苦行主義 종교를 신봉하는 재가자들이나, 직접 출가하여 그 가르침을 수행하는 사문들 모두를 일컫는 말이다.[032] 한역에서는 일체의 의복을 거부하고 삭발과 나체로 다닌다고 해서 이들 니간타들을 '나형외도裸形外道'라고 번역했는데, 이들의 스승인 마하위라가 일체의 의복을 거부하고 나체로 다녔던 것처럼, 그를 따라 출가한 당시의 니간타들도 모두 자신의 스승과 마찬가지로 평생을 삭발과 나체로 살았던 것 같다. 하지만 본경에 등장하는 삿짜까가 그렇게 나체로 다녔던 출가자였는지, 아니면 단순히 재가자로서의 니간타였는지는 확실치 않다. 빠알리 주석서에서는 삿짜까를 출가자 pabbajito라고 지칭하고 있지만, 두 곳의 한역에서는 그를 화종거사火種居士와 우바새優婆塞(청신사)라고 칭했기 때문이다.[033] 이들 니간타 가운

031 MA2/P268. 「saccako nigaṇṭhaputto ti pubbe kira eko nigaṇṭho ca nigaṇṭhī ca pañca pañca vādasatāni uggahetvā, vādaṃ āropessama ti jambudīpe vicarantā vesaliyaṃ samagatā…」

032 주석 3)을 참조.

033 T2/P35 <잡아함>에서는 삿짜까의 족성인 '악기웻사나'가 '火種'이라고 번역되었고 그를 '居士'라고 지칭했다. T2/P.715. <증일아함>, 『薩遮』「我今自歸沙門瞿曇. 法. 比丘僧. 自今以後盡形壽. 聽為優婆塞.」에서는, 앞으로 삼보에 귀의하여 '청신사'가 되겠노라고 다짐하는 장면이 있는 것으로 보아서, 그는 재가자로서의 니

데 해탈을 얻은 자에게 붙여졌다는 승리자, 정복자라는 의미의 자인 jain 혹은 지나jina라는 호칭에서 비롯된 자인교(혹은 자이나교)라는 이름은, 후대(A.D.E. 9세기 이후)에 이르러 사용되기 시작한 것이고, 붓다시대에는 그들에 대한 호칭이 거의 '니간타'로 통용되었던 것 같다.

그림 3) 공의파空依派 니간타 사문들과 흰옷을 입은 재가 니간타. 사문들이 손에 들고 다니는 검은 색 물건은 앉을 자리를 털어내는 데 쓰이는 솔이다.

내가 만약 감정 없는 기둥과 토론을 시작한다 하더라도 나에 의해 토론이 시작된 그것은 동요할 것이고, 떨 것이고, 전율할 것이거늘, 사람이야 무슨 말이 필요하겠는가?

주석서에 의하면,[034] 이 삿짜까에게는 같은 니간타 동료였던 부모 밑에서 태어난 네 명의 누이가 있었다고 한다. 그들 모두 그들의 부모처럼 논쟁하기를 좋아했는데, 논쟁의 상대자에게 패했을 경우에 그 상대방이 일반인이라면 그와 결혼을 하고, 만약 상대방이 출가자라면 그의 제자가 되라는 부모의 명에 따라, 논쟁 상대를 찾아다니다가 사리뿟따를 만나게 되었고 그와 논쟁을 벌였지만 결국 패하고 만다.

간타였을 것으로 추정된다. 하지만 빠알리 주석서에서는 그가 '출가자'라고 설명하고 있다. MA2/P.283. 「이것은 그가, 자신은 출가자이니 라는 것이고, idaṃ kira so ahaṃ pabbajito nāma」

034 MA2/PP.268~270.

그래서 그들 네 명의 누이들은 결국 모두 출가하여 사리뿟따의 제자가 되었다는 것이다. 그래서 자신의 누이들이 붓다의 제자에게 논쟁에서 져서 강제로 그의 제자가 된 것이라고 생각한 막내 동생 삿짜까는, 늘 붓다나 붓다의 제자를 만나면 꼭 그들과의 논쟁에서 보란듯이 승리하여 니간타 가문의 명예를 회복하겠다고 절치부심하고 있던 차였으니, 삿짜까의 논쟁에 대한 이런 도에 넘치는 자신감은 아마 이런 집안 배경에서 나왔던 모양이다.

니간타들은 붓다 당시에도 거의 불교 교단과 비슷한 정도의 세력을 가지고 있었고, 불교가 인도에서 거의 사라지게 되었을 때까지도 이들은 여전히 큰 세력을 인도에서 유지하고 있었다. 그렇게 니간타들이 오래토록 인도대륙에서 유력한 종교적 세력으로 남아있을 수 있었던 것은 아무래도, 그들이 신봉하는 교리가 기본적으로 당시 인도사람들의 정서에서 크게 벗어나지 않았던 것에서 그 이유를 찾을 수 있을 것이다. 생명들이 받아야 하는 모든 괴로움은 그것이 모두 전생의 까르마(sk. karma)에 의해 순수한 영혼(sk. jīva)이 더럽혀졌기 때문에 일어난 것이니, 금생에는 고행과 명상을 통해서 순수한 영혼을 회복하는데 치중해야 한다 라는 이런 기본적인 교리는, 이미 영혼이나 자아라는 개념에 익숙한 전통적인 인도사람들에게는 붓다의 무아론과 같이 도저히 받아들이기 어려운 것이 아니었을 것이다. 그래서 일부에서는 이러한 니간타의 주장을 기존의 전통적인 자아론보다 좀 더 세련된 주장이라고 평가하는 사람까지도 생기게 된 것이고, 결국 세월이 지나면서 점차 인도사람들의 정서에 동화되어진 탓이라고 봐야 할 것이다. 그 밖에도 니간타들이 카스트제도에 대해 별다른 반발을 보이지 않은 점이라든지, 소위 부정주의(不定主義, syādvāda)[035]라고 불

035 여기서의 syād(빠알리어로는 sīya)는 '혹시', '아마도'라는 뜻이며 vāda는 '主義',

리는 다원주의적 지식론을 주장한 것도 기존의 다양한 철학적 종교적 주장들과 크게 부딪치지 않고 그들과 함께 오래토록 인도에서 살아남게 된 원인 중의 하나로 보는 학자도 있다.[036] 어쨌든 붓다 당시서부터 13세기에 이르기까지 꾸준히 인도 땅에서 번영을 누리던 니간타들은, 이후 이슬람 세력이 확장되면서 급속하게 쇠퇴하기 시작하였고, 현재는 남인도와 서인도의 구자라뜨 지역을 중심으로 400만 정도의 신자들만이 남아있는 것으로 알려져 있다.

위에서 잠시 언급했던 마하위라는 본명이 '바르다마나'이고, B.C.E. 599년 크샤트리아 족장의 둘째 아들로 태어났다. 30세에 당시 인도의 일반적인 관습에 따라서 그도 수행을 위해 출가하였고, 12년간의 출가수행 끝에 깨달음을 얻고 나서는 사람들에 의해서 마하위라(mahāvira: 위대한 정복자, 大雄)라고 불리게 되었다. 하지만 불교경전 상에서 붓다께서 그를 지칭할 때는 항상 '니간타 나타뿟따'라는 호칭을 사용하셨다.[037] 그는 니간타의 역사에서 마지막 제24대 '띠르탄까라'[038]

'說', '理論' 정도의 뜻이다. 그럼으로 이것을 '不定主義'라고 번역하는데, 이것은 사물에 대한 지식을 단지 상대적이며 다원주의적 가정假定으로 보는 니간타들의 지식론을 일컫는 말로, 그들은 불교도들에게도 익숙한 '여섯 장님과 코끼리'의 비유(이것은 불교경전인 『우다나』에 등장하기도 한다.)를 그들이 사물을 인식하는 과정에서의 상대적 관점을 설명할 때 자주 인용한다.

036 『인도철학사*Indian Philosophy*』, 라다크리슈난/이거룡 譯, Part 2/PP.75~84.

037 JPTS, vol 26, 『*Jain-Buddhist Dialogue*』 by Nalini Balbir P.3에서는 '나타'를 마하위라의 족성으로 보기도 하지만 『ジャイナ教文献』, P.297에 의하자면, 나타뿟따에서의 '나타nāta'는 족성을 뜻하는 것이 아니라, 니간타와 '친분이 있는'이라는 뜻이다. 이것은 한역에서 '나타뿟다'를 '尼健親子'라고 번역하는 것에서도 알 수 있듯이 나타는 족성을 나타내는 것이 아니라고 주장하고 있다.

038 『*Guidances of Jainism*』 by Bhadrabahu Vijay P.3. 「One definition of tirth is Sangha or society, 'Chauvanno Sangho tittham.' This four-fold society of Sadhus, Sadhvis, Shravaks and Shravikas is together called tirtha.」 '띠르탕카라tirthankar'는 선불교에서 '법을 이은 역대조사'라고 표현하듯이 니간타들이 '승리(jina, or jain)를 얻은 자' 혹은 '법을 드러낸 자'라는 뜻으로 사용되나, 문자적 의미는 '상가(sangha)를 이룬 자'라는 의미로부터 사용된 것으로 소개하고 있다. 하지만 라다크리슈난은 그의 『*Indian Philosophy*』에서 이 용어는 '걸어서 건널 수 있는 얕은 여울을 만든 자, 혹은 그 여울을 건넌 자'라는 뜻에서 시작되었다고 설명하

의 지위에 오른 자로 알려져 있지만, 사실 나타뿟따 직전의 띠르탄까라인 빠르쉬와나타(sk. parśvanatha: B.C.E. 877~777)를 제외하고(왕족이거나 혹은 부족장이었던 것으로 알려진 나타뿟따의 부모가 모두 빠르쉬와나타의 열렬한 신자였다고 알려져 있는데, 흥미롭게도 나타뿟따의 아버지의 이름은 붓다의 속명과 같은 싯다르타siddhartha였다고 한다.) 나머지 윗대의 띠르탄까라 대부분은 신원이 분명하게 밝혀지지 않은 인물들인지라, 니간타에게 있어서는 마하위라는 거의 자인교의 최종적인 완성자에 가까운 인물이다.(물론 24대인 마하위라 이후에 새로운 띠르탄까라는 아직도 나타나지 않았다.) 빠알리 경전에는 이들 니간타에 대한 이야기나 본경에서의 삿짜까와 같이, 붓다와 직접 토론을 벌이는 니간타들이 적지 않게 등장한다. 하지만 아쉽게도 붓다와 거의 동시대를 살았고 활동 지역도 서로 비슷했지만, 붓다께서 정작 그들의 지도자였던 나타뿟따와 직접 대면해서 토론을 했다는 기록은 양쪽 어디에도 나타나지 않는다.[039]

고 있다. 니간타는 1대 Rishabha Adinath에서 마지막 띠르탕까라는 24대 Mahavir까지를 언급하고 있다.

039 니간타 마하위라의 재세기간은 일반적으로 B.C.E. 599~527으로 알려져 있지만, 붓다의 재세 기간처럼 이것도 이설이 적지 않다. 심지어 같은 자이나교파 안에서도 주장이 서로 다르다. 공의파에서는 기원전 599년을 마하위라의 탄생년도로 보지만, 백의파에서는 기원전 527년을 탄생년도로 본다. 만약 서양학자들이 주로 주장하는 붓다의 재세기간인 B.C.E. 566~486년 설과 공의파에서 주장하는 마하위라의 재세 기간을 비교해 보면, 마하위라가 붓다보다 32세 정도 연상이 되고, 세계불교도들이 공식적으로 채택한 B.C.E. 624~544년 설을 비교하면, 붓다가 마하위라보다 오히려 25세 정도 연상이 된다. 붓다께서 성도 후 상가의 지도자로 활동하셨던 시기는 세수 35세 이후부터 80세까지로 계산하고, 마하위라도 역시 나이 30에 출가하여 12년 정도 수행을 했음으로 42세 이후로부터 72세까지를 지도자로 활동한 시기로 보고 이를 서로 맞춰 보면, 붓다께서 연상이라고 했을 때 두 사람이 겹치는 생존 기간은 16년 정도이기 때문에, 만약 두 사람이 서로 만나려고 마음만 먹었다면 얼마든지 만날 수 있었을 것이다. 그런데 거꾸로 마하위라가 연상이라고 했을 때 겹치는 기간은 단 2~3년에 지나지 않고, 니간타 측에서 주장하는 붓다의 생몰 연대인 B.C.E. 557~477년 설을 취하면, 마하위라는 붓다보다 42세 연상이 됨으로, 이런 경우라면 두 사람이 무리의 지도자 신분으로 서로 겹쳐지는 기간이 없다. 이렇듯 두 사람이 서로 만날 수 있었던 가능성은 우리가 어느 기준을 택하느냐에 따라서 달라지겠지만, 붓다와 마하위라는 분명 서로 생존해 있을 당시에 서로의 존재에 대해 충분히 알고 있었다는 것은 경전의 여러 곳에서 언급되었음으로 의심의 여지가 없고, 그렇다고 서로

그림 4) 수행자 시절의 마하위라를 그려놓은 그림으로, 그는 평소에 위와 같이 뒤꿈치를 들고 쪼그리고 앉는 자세로 고통스럽게 명상을 했다고 알려져 있다.

여기서 우리들은 니간타들의 주장을 가능한 한 자세히 살펴볼 필요가 있다. 본경의 주제인 오온의 무상과 무아의 가르침은 삿짜까라는 인물이 가지고 있는 실체로서의 '자아' 혹은 '영혼'에 대한 믿음과 대비되면서 역으로 그 정체가 선명하게 부각될 것이기 때문이다. 또한 불교도들이 불교 고유의 것이라고 오인해서 사용하는 표현이나 개념들 가운데 니간타의 교리에서 나온 것들이 적지 않다는 점도 니간타의 주장을 자세히 살펴봐야 할 또 다른 이유가 될 것이다. 예를 들어서 대웅(mahāvira, 大雄)이라든지, 붓다buddha, 여래tathagata, 세존bhagavant, 아라한arahant 등과 같은 호칭들은 니간타들이 쓰던 것을 불교도들이 함께 사용하게 된 것들이다. 하지만 원래 이런 호칭들은 고유명사가 아닌 일반명사에서 만들어진 것이기 때문에 니간타가 쓰던 이런 호칭들을 불교도가 쓰든지, 아니면 불교도가 쓰던 것을 니간타들이 쓰든지, 그것은 전혀 문제가 되지 않는다. 단지 가끔 노스님들

직접 대면한 적이 없었다는 것도 사실인 듯하다. 물론 그 이유에 대해서는 알려진 바가 없다. 참고로 붓다의 재세기간에 대해서는 일본의 中村元과 宇井伯壽는 B.C.E. 463~383설을, 그리고 E.J. Tomas는 B.C.E. 563~483설을 주장한다.

이 앉아서 한 마디 한답시고 하는 "여자들은 성불할 수 없으니, 성불하고 싶으면 반드시 남자로 다시 태어나야 해!"라는 말이나, 필자가 보기에 아마 근래에 한국 불교계가 보여준 것 중에서 인간들의 미혹과 욕망이 현실세계에서 과연 어떻게 모여서 구체화되는지, 그 과정을 가장 생생하게 보여주고 있는 대표적인 사례라고 생각되는 모 비구니단체의 수장이 했다는 주장, 예를 들자면 "한마음은 시공을 초월한다. 한마음은 온 만물의 시작 이전부터 있었고 만물의 끝남 이후에도 있다. 한마음에는 어제 오늘이 따로 없고 크고 작음이 따로 있지 않다. 모든 물줄기가 바다에 이르러 하나가 되듯이 이 세계의 모든 것은 다 한마음에 포섭된다. 한마음은 바로 만물이 비롯된 근원이요 돌아갈 고향이다"[040]라는, 무슨 인도의 바라문이나 니간타들이 한국에 재림이라도 해서 한 것 같은 이런 발언이라든지, 지나가는 말로라도 "어서 몸을 바꿔야지!"라는 식으로 내뱉는 넋두리들은, 단순한 호칭의 문제가 아니라 유아윤회有我輪廻를 주장하던 바라문이나 니간타의 주장과 생각을 그대로 따르는 것[041]이니만큼, 이런 점은 반드시 확인과 주의가 필요하다. 적어도 불교도라면 말이다.

지금부터는 빠알리 경전에 언급되어진 니간타의 교리와, 니간타의

040 『한마음 요전』, 대한불교 조계종 한마음선원 간, 「원리편」 2-1-9 이외에도 주옥과 같은 발언들이 요전에는 많이 있음으로 참고하길 바란다.

041 "자인교의 전통에서는 여자들을 위한 깨달음의 주제에 있어서 서로 다른 주장들을 한다. 공의파에서는 여자들도 정신적으로 발전할 능력은 있지만 마지막 정신적 해탈을 얻기 위해서는 반드시 남자로 다시 태어나야 한다고 주장하고, 백의파에서는 해탈을 얻는 데는 남녀의 차별이 없다고 주장하고 있다.Jain traditions differ on the issue of enlightenment for women, with the Digambaras stating that women are capable of spiritual progress but must be reborn as a man in order to attain final spiritual liberation and the Śvētāmbaras maintaining that liberation is attainable by both men and women." 『*Gender and Salvation; Jaina debates on the spiritual liberation of women*』, Jaini Padmanabh. B / University of California Press, 1991. 이 책은 아래의 인터넷 사이트에서 그 내용 전체를 확인할 수 있다. http://publishing.cdlib.org/ucpressebooks/

경전이 스스로 표방하는 교리를 나누어서 살펴보려고 한다. 먼저 니간타의 교리가 비교적 자세하게 언급된 빠알리 경전을 꼽으라면 대표적으로 <맛지마니까야> 제56경인 『우빨리숫따』와 제101경인 『데와다하숫따』를 꼽을 수 있을 것이다. 이 가운데 『우빨리숫따』는 붓다께서 니간타였던 우빨리라는 이름의 한 장자와 디가땃빠시라는 니간타 사문과 직접 만나서 그들의 교리를 주제로 하여 토론하는 내용이고 『데와다하숫따』는 처음부터 끝까지 붓다께서 스스로 니간타와 토론했던 내용을 가지고 니간타의 주장이 어떤 한계를 가지고 있는지를 비구들에게 직접 설명하시는 내용으로 되어 있다. 사실 개인적으로는 불교의 입장에서 니간타의 주장과 한계를 이해하는 데는 다른 것 필요 없이 그저 이 『데와다하숫따』 하나만으로도 충분하겠다고 여겨지지만, 좀 더 객관적으로 살펴보기 위해서 불교의 다른 경전과 니간타의 경전을 차례대로 살펴보기로 하겠다.

이 중에서 먼저 『우빨리숫따』의 내용을 좀 더 살펴보면 다음과 같다. 니간타 나타뿟따의 상수제자 가운데 한 사람이었던 우빨리 장자는 디가따빳시라고 불리던 니간타 동료가 붓다와 세 가지 업(三業)에 대한 토론을 하고 돌아왔다는 소식을 듣게 된다. 그리고 자신이라면 논쟁에서 붓다를 충분히 굴복시킬 수 있을 것이라고 스승인 나타뿟따 앞에서 큰소리를 치고는 스스로 붓다를 찾아가 세 가지 업에 대한 주제를 놓고 붓다와 논쟁을 벌이게 된다. 사람이 짓는 세 가지 업인 마음으로 짓는 업과 말로 짓는 업, 그리고 몸으로 짓는 업 가운데, 몸으로 짓는 업이 악업을 짓는데 가장 큰 작용을 한다는 것이 니간타의 주장이었다. 이에 대해 붓다께서는 마음으로 짓는 업이 다른 두 가지 업보다 우선한다는 자신의 주장으로 우빨리의 주장을 논파한다. 붓다와의 논쟁에서 패하고 붓다의 주장에 설득당한 우빨리 장자는 결국 붓다의 만류에도[042] 불구하고 붓다에게 귀의할 것을 맹세하게 되고, 이를 알게 된 니간타 나타뿟따는 자신의 상수제자가 경쟁자인 붓다에게 귀의하게 된 것에 대한 분을 견디지 못해 그 자리에서 피를 토했다는 것이다.(불자들의 입장에서는 이런 상황이 어쩌면 통쾌하게 느껴질 수도 있었겠지만, 이 이야기는 아무래도 과장된 듯하다. 나타뿟따가 분에 못 이겨 피를 토했다는 기록은 불교 측 기록에만 들어있고 니간타의 기록에는 물론 없다.)

다음 『데와다하숫따』의 내용은 이렇다. 한때 붓다께서는 '데와다하'라는 마을에서 비구들을 모아놓고 이렇게 말씀하셨다. 니간타가 주장하는 바에 따르자면, 사람들은 전생에 악업을 지은 과보로 현재 사람으로 태어난 것임으로, 현재의 고행苦行과 명상을 통해서만이 과거에 지은 악업을 없앨 수 있다고 한다. 그런데 막상 그들은 자신들이 전생에 존재했었는지 아닌지, 그리고 전생에 악업을 지었는지 아닌지, 또 그 악업이 이미 소멸되었는지, 지금 소멸되고 있는지, 앞으로 소멸될 것인지에 대해 전혀 아는 바도 없다고 하시면서, 그들 니간타의 주장을 조목조목 비판하시는 내용이다.

여기서 『데와다하숫따』의 경문을 직접 살펴보기 전에, 먼저 니간타들의 세계관을 한번 일별해 볼 필요가 있을 것 같다. 우선 그들은 이 세상은 창조주에 의해서 만들어진 것이 아니라 '영혼'과 '비영혼'의 두 가지가 상호간에 결합되면서 만들어진다고 주장한다. 여기

042 MN2/P.379~380. 제56경, 『우빨리숫따』. 불교에 귀의하겠다는 우빨리 장자의 갑작스런 선언에 대해, 붓다는 세 번 거듭해서 잘 생각해보고 결정하라고 만류하셨다. 그리고는 불교에 귀의하더라도, 오랫동안 후원하던 니간타에게 갑자기 공양을 끊지 말기를 부탁하기도 했다. 붓다의 이런 일련의 언행은, 붓다께서 언설로서 드러내신 법 이외에, 그 법으로부터 형성된 붓다의 인물됨이 어떠했는지, 그의 평소의 삶이 어떠했는지를 이해할 수 있는 또 다른 법문이 될 것이다. 붓다의 삶, 그 자체가 또한 법문이기 때문이다.

서 영혼[043]이라고 한 것은 그들이 '지와jiva'라고 부르는 것으로, 한역에서는 '命' 혹은 '命我'라고 번역되어 왔다. 각개의 생명체에 내재하는 영원히 변하지 않고 실재하는 어떤 주도적인 원리[044]라는 뜻으로 사용된다. 그런 점에서 보자면 인도에서 고래로부터 언급되어 왔던 아뜨만ātman이라는 개념과 별 차이는 없어 보인다.

그 영혼이라는 것들의 숫자는 무수히 많다. 반면에 '아지와ajiva'라고 부르는 것은 영혼이 아닌 것이라는 뜻인데, 이것은 네 가지 혹은 다섯 가지로 분류된다. 첫째는 움직임의 원리(法, sk. dharma), 두 번째는 멈춤의 원리(非法, sk adharma), 세 번째는 물질(sk, pudgala), 네 번째는 공간(sk, ākaśa)이다.(혹은 여기에 '시간'이 더해지기도 한다.) 영혼을 포함한 이 다섯 가지들은 모두 독립적인 '실체'다.[045] 즉 다른 것과의 결합이 없

043 '지와jiva'라는 니간타의 용어는 한글로 '영혼'으로 번역하면 사실, 그들이 주장하는 것처럼, 순수한 정신이면서 동시에 주체적인 작동의 원리라는 의미가 충분히 드러나지는 않는다. '命我'라는 한문 용어는 비교적 그 두 가지 내용이 잘 표현된 용어이기는 하지만, 용어 자체가 우리에겐 낯설다는 것이 문제고, 그렇다고 '지와'라는 니간타들의 용어를 그대로 사용하는 것도 다른 면에서 충분치 않기는 마찬가지다. 그래서 부득이하게 본서에서는 '영혼'이라는 번역어를 사용하기로 했지만 우리가 '영혼'이라고 번역한 니간타들의 '지와jiva'는, 위에서 언급된 것과 같이 순수한 정신이며, 또 주체적인 작동의 원리로서의 '영혼'을 뜻하는 것으로 독자들은 고려해서 읽어주길 바란다.

044 『諦義證得經』, P.374. 本文: 영혼의 특징은 의향성이다. (命的) 特徵是意向性。(upayogo lakṣaṇam) 註釋 : 의향성이란 자이나교의 전문술어로서, 생명형상 가운데 존재하는 넓은 의미의 정신작용을 가리킨다. 이것은 어떤 목표를 위한 생산적인 정신활동을 표현한다, 하지만 번역하기가 대단히 어려운 단어다. 意向性(upayoga), 是耆那教的專門術語, 指在生命現象中存在著的廣義的精神作用. 它表現為針對某個目標而產生的精神活動, 很難確切翻譯.

※ 이 『체의증득경』은 니간타의 경전인 『*tattvārthādhigama*』을 먼저 日譯한 金倉圓照의 번역본과 산스끄리뜨 원문을 대조하면서 중국의 불교문헌학자인 方廣錩교수가 한문으로 번역하고 주석을 붙인 것으로, 이를 대만의 CBETA 電子佛典集成에서 온라인상에 공개해준 덕택에 쉽게 니간타의 경전을 참고할 수 있게 되었다. 공개된 주소는 아래와 같다. http://tripitaka.cbeta.org/W02n0021_001

045 『諦義證得經』, P.407. 本文: 「이것들과(비영혼) 영혼(지와)은 모두 실체다. 這些與命都是實體」 註釋: 「영혼과 비영혼은 자이나교에서 세상을 두 개로 나누는 기본 범주로서, 하나는 정신적 원리, 다른 하나는 물질적 품성의 원리다. 이로 인하여 비영혼은 법 등과 같은 4개의 실체로 분류할 수 있다. 실체로서의 영혼과

이 원래부터 그것 자체로 존재해 왔던 것이라는 뜻이다.

그들이 말하는 영혼은 그 스스로 완전한 지혜를 내부적으로 갖추고 있으나 영혼 그 자체만으로는 형태를 띠지 못하기 때문에 비영혼으로 분류되는 것들과의 결합을 통해서만 비로소 그 기능들을 밖으로 드러낼 수 있다. 결합되는 대상 가운데 법과 비법 그리고 공간은 사실 물질의 존재요건에 해당되는 것임으로, 결국 영혼과 결합하는 대상이란 물질pudgala뿐인데, 그 물질이라는 것은 극히 미세한 입자들[046]로 이루어져 있으며, 물질 본래가 가지고 있던 습성과 영혼의 의지(意向性, upayoga)가 만나면서 영혼에 물질들이 들러붙게 된다는 것이다.(니간타들은 그것이 마치 몸에 기름칠을 한 상태에서 먼지 구덩이에서 뒹굴면 온 몸에 먼지가 묻는 것과 같다고 비유하고 있다.) 그리고 그렇게 물질이 결합되면서 드러내는 기능들은, 물질들이 결합된 상태에 따라서 원래의 영혼이 가지고 있던 완전한 지혜를 다 드러내는 경우가 있는가 하면(이것을 해탈한 자라고 부른다.) 일부만 드러내거나 다른 방식으로밖에 기능하지 못하는 등의 제약이 따른다. 말하자면 고등생물과 하등생물의 구분은 영혼이 대상인 물질과 어떻게 결합되었느냐에 따라 결정된다는 것이다. 하지만 영혼이 어떤 식으로 비영혼으로 분류되는 것들과 결합되든, 그렇게 결합된 것 속에는 영혼이 다 내재되어져 있다고 주장한다. 사람뿐만 아니라 풀이나 나무 같은 식물에도, 움직이는 모든

합친 까닭에 이 주석에서는 법과 비법, 허공, 보특가라을 합하여 '자이나교의 5가지 기본 실체'라고 칭하게 된 것이다. 命, 非命是耆那教總括世界的兩個基本範疇,一個是精神性的原理, 一個是物質性的原理. 由於非命可分作法等四個實體, 加上實體命, 故有些註釋者把命, 法, 非法, 虛空, 補特伽羅 合稱為耆那教的五個基本實體」

046 이것은 따로 '아누aṇu'라는 이름이 있기는 하지만, 이름 자체는 아무런 의미가 없다. 극미한 입자가 원래 있어서, 그것을 '아누'라고 부른 것이 아니라, 그런 것이 있다고 치고, 거기에 붙인 이름이기 때문에 그냥 이름일 뿐이다. 이것은 『금강경』에서 언급된 '미진중微塵衆'이라는 것과 같은 것으로, 이런 식의 세계관에 대한 붓다의 비판 역시 『금강경』에 잘 드러나 있다.

작은 미물에도 각각의 영혼이 내재되어 있다는 것이다.

영혼이 비영혼으로 분류된 것들과 결합되는 것을 그들은 '업(sk. karma)'이라고 부른다. 영혼은 원래부터가 순수하고 맑고 전지전능한 것이었지만, 과거 오랜 이전부터 비영혼인 네 가지 실재들과 잘못 결합되면서 그 본래의 순수하고 전지전능한 기능들을 제약받게 되는 것, 이것이 그들이 말하는 소위, 과거의 악업惡業이라는 것이다. 이런 악업의 영향으로 영혼이 원래부터 가지고 있던 전지전능과 완전한 자유는 제한되고, 악업에 의해 태어난 생명들은 태어남과 죽음을 반복하는 윤회에 떨어지게 되는 것이라고 주장한다.

그러면 이제 『데와다하숫따』의 경문을 직접 확인해 보자. 여기서 붓다께서는 먼저 니간타의 주장이 어떤 것인지를 자신이 직접 들으신 바를 통해서 비구들에게 이렇게 설명하신다.

> "비구들이여! 어떤 사문이나 브라만들은 이와 같은 교리와 견해를 움켜쥐고 있다. '무엇이거나 인간이 즐거운 것이나 혹은 괴로운 것이나 혹은 즐겁지도 괴롭지도 않은 것을 느끼는데, 저 모든 것은 과거에 행한 것이 원인이다. 그럼으로 이와 같이, 고행으로 과거의 업들을 소멸시킴에 의해서, 그리고 새로운 업을 짓지 않음에 의해서, 미래의 과보가 없을 것이다. 미래에 과보가 없음으로 거기에는 업의 소멸이 있고, 업의 소멸과 함께 거기에 괴로움의 소멸이 있고, 괴로움의 소멸과 함께 거기에 느낌의 소멸이 있고, 느낌의 소멸과 함께 모든 괴로움은 사라질 것이다'라고. 비구들이여! 니간타는 이렇게 말한다."[047]

047 MN2/P.214. 제101경 『데와다하숫따』, 「santi, bhikkhave! eke samana brāhmaṇā evemvādino evaṃdiṭṭhino 'yaṃ kiñcāyaṃ purisapuggalo paṭisaṃvedeti sukhaṃ vā dukkhaṃ vā adukkhamasukhaṃ vā, sabbaṃ taṃ pubbekatahetu. iti purāṇānaṃ kammanaṃ tapasā byantībhāvā, navānaṃ kammānaṃ akaraṇā, āyatiṃ anavassavo, ayatiṃ anavassavā kammakkhayo. kammakkhayā dukkhakkhayo, dukkhakkhayā vedanakkhayo, vedanakkhayā sabbaṃ dukkhaṃ nijjiṇṇaṃ bhavissati iti. evaṃ vādino bhikkhave! nigaṇṭhā」

니간타들은, 사람들이 때로는 즐거움으로 때로는 괴로움으로 때로는 즐겁지도 괴롭지도 않은 것으로 느낌을 받아들이는 것은, 그 사람이 과거의 행위에 의해서 축적된 영혼과 물질과의 결합(업)에 따라서 그렇게 느끼도록 정해져 있다고 주장한다는 것이다. 느낌에서뿐만 아니라 대상을 인식하게 되는 과정에서 일어나는 수(vedana)와 상(saññā)과 식(viññāṇa)의 모든 단계를, 니간타들은 업에 의해 제약된 영혼이 상황에 따라서 드러내는 그 기능을 가리키는 것이라고 주장한다. 쉽게 말하자면, 사람이 이렇게 느끼거나 혹은 저렇게 느끼는 것의 차이는, 다 각자 개인들이 지은 과거의 업에 의해서 그것이 결정된다는 것이다.

이런 니간타의 주장은 일견, 불교의 관점과 일치하는 부분도 있다. 불교에서도 사람이 뭔가를 보고 듣고 느끼고 판단하는 과정에서 '자아'라는 망념妄念이 발생하면서 관여되고, 그 망념으로서의 자아를 기준으로 해서 축적되고 습관화된 행동방식(業)이 결국 사람이 무언가를 보고 듣고 생각하게 되는 과정과 그 내용에 깊이 영향을 미친다고 보는 것이니, 적어도 그런 의미에서 보자면 니간타의 주장과 불교의 관점은 크게 다르지 않다. 그러나 여기서 차이점도 분명해진다. 불교에서는 니간타들이 주장하듯이 상주불변하는 실체로서의 독립적인 자아를 인정하지 않는다는 것이 가장 근본적인 차이점이지만, 바로 그런 근본적인 차이점에서 비롯된 또 다른 중요한 차이점은 불교에서는 인식이 진행되는 과정에서 감각의 영역에서 정보를 받아들이는 '느낌vedana'의 단계를 다음과 같이 분석한다는 점이다.

즉, 사람은 느낌과 인식의 과정에서 비록 망념으로서의 자아가 관여되기 때문에 그 자아의 탐욕심으로부터 발생하는 즐거운 느낌이나, 자아의 증오심으로부터 발생하는 괴로운 느낌이나, 자아의 무지無知로부터 발생하는 즐겁지도 괴롭지도 않은 중성의 느낌 가운데 어느 하나로서 당사자가 받아들여질 수밖에 없다. 하지만 수행자가 과연 어디에서 인식의 오류를 끊을 수 있느냐고 했을 때, 불교에서는 유일하게 그 오류를 끊을 수 있는 지점을 이 수의 단계로 본다. 느낌의 단계를 새로운 인식의 오류가 시작되는 지점으로 보기 때문이다. 사실 느낌 그 자체는 살아있는 자라면 누구도, 비록 붓다라고 하더라도, 그 기능 자체를 끊을 수는 없다. 붓다께서도 여러 차례 공양을 건너뛰게 되면 배가 고파질 것이고, 결국 몸에서 불쾌한 느낌을 느끼게 될 테니까 말이다. 물론 붓다께서는 만약 그런 경우가 있다고 하더라도 그 느낌을 받아들이지 않으셨을 것이다. 느끼지 않는다는 말이 아니라, 느낀 것을 받아들이지 않는다는 것이다. 이것은 큰 차이고, 이제부터 그것을 설명할 것이다.

수(느낌)에는 세 가지 유형이 있다는 점은 이미 언급한 대로지만, 우리는 인식체계의 구조상 누구라도 경험을 통해서 확인할 수 있듯이, 이 세 가지 유형의 느낌 가운데 오직 한 번에 어느 한 가지씩과만 연계되도록 구조 지어져 있다. 즐거운 느낌과 불쾌한 느낌을 동시에 받아들이지는 않는다는 것이다. 이것은 수행의 입장에서 보자면 굉장히 중요한 부분이다. 왜냐하면 이것은 즐거운 느낌이든 불쾌한 느낌이든 우리가 받아들이는 그 느낌은, 그 느낌 자체에 원래부터 즐거움과 불쾌함이 내재되어져 있는 것이 아니라, 그 느낌을 받아들이는 주체와 매 순간 연관되어지면서 비로소 즐거운 느낌 혹은 불쾌한 느낌으로 당사자에게 드러난다는 뜻이기 때문이다. 그렇게 연관되어져 있다는 것은 또한, 우리가 받아들이는 느낌은 어떤 것이든 우리의 선택에 따라서 그 느낌 그대로 받아들여질 수도 있고, 혹은 거부되어질 수도 있다는 뜻이기도 하다.

물론 여기서는 '즐거운 느낌이나 불쾌한 느낌은 결국 내 맘먹기 나름이다'라는 식의 무책임한 말을 하려는 것이 아니다. 우리는 습관화된 인식의 틀에서 쉽게 벗어나지 못한다. 그것은 참으로 오랜 세월을 통해(금생뿐만이 아닐 테니까) 익혀진 방식일 것이기 때문이다. 하지만 그것은 스스로 선택해서 따랐기 때문에 습관이 된 것이지, 따르지 않을 수 없는 어떤 외부적인 습관의 힘이 작용해서 그것이 저절로 습관이 된 것은 아님을 붓다는 늘 주장해 왔다. 그럼으로 붓다의 가르침에 의하자면, 우리에게서 일어나는 그 어떤 느낌이라도 그 느낌을 받아들이는 주체의 선택에 의해서 비로소 그 느낌의 정체가 드러나는 것이라면, 우리의 선택에 의해서 그 느낌은 그 느낌 그대로 받아들여지지 않을 수도 있다는 것이다.

그럼으로, 만약 누구라도 자발적으로 '마음주시sati에 따른 통찰지paññā'를 일으킬 수만 있다면, 그는 그 자신이 받은 어떤 느낌이든 간에 그 느낌들이 모두, 실체가 아니라 조건들의 연기적 결합으로 드러난 가립假立된 현상일 뿐임을 알게 된다. 다시 말해서, 자발적으로 일으킨 마음주시의 기능을 통해서 이미 일어난 느낌을 객관화시킬 수 있고, 통찰지를 통해서 그 객관화된 느낌들의 무실체성, 즉 주체와 상관없이 존재하는 어떤 실체적인 대상으로서의 느낌이 있는 것이 아니라, 주체와 연기적으로 구조 지어진 것으로서의 '느낌'일 뿐임을 알게 된다는 것이니, 결국 그렇게 마음주시와 통찰지를 갖춘 사람이라면 그는 더 이상 느낌을 대상으로 삼아 얻으려고 하거나 없애려고 하지 않을 수 있게 되고, 얻으려고 하지도 않고 없애려고도 하지 않음으로부터 그 느낌은 어느 것이라도 곧 사라지게 된다고 보는 것이다.

빠알리 경전에서는 그 과정을 이렇게 설명하고 있다. 만약 우리가 세 가지 중에서 어떤 느낌을 받을 수밖에 없더라도 "즐거운 느낌도 무상하고 형성된 것이고 조건에 의해 생겨난 것이고 변화하는 것이고 쇠퇴하는 것이고 사라지는 것이고 소멸하는 것입니다"[048]라고 하여, 그렇게 받아들여진 그 '즐거운 느낌'의 속성을 스스로 통찰한다. 그러면 "거룩한 제자는 즐거운 느낌을 얻으려고 하지 않고, 괴로운 느낌을 얻으려고 하지 않고, 괴롭지도 즐겁지도 않은 느낌도 얻으려고 하지 않고, 얻으려고 하지 않으니 사라지게 되고, 사라지게 되어 해탈합니다"[049]라고 그 즐거운 느낌이나 괴로운 느낌이나 즐겁지도 괴롭지도 않은 느낌의 어느 것이라도 즐겨하지 않고, 주장하지 않고, 집착하지 않는 그런 '자발적 선택'을 할 수 있게 된다는 것이다.[050] 그리고 그런 자발적 선택의 과정은 스스로에게 일어나는 느낌을 마음주시를 통해서 객관화시킴으로써 비로소 가능해진다. 그렇게 느낌의 단계를 마음주시에 따른 통찰지에 의해서 객관화시킬 수 있기 때문에, 붓다께서는 '바이야'라는 한 노 수행자에게 "바이야여! 그럼으로 이와 같이 수행하여야 한다. 볼 때는 봄만이 있어야 한다. 들을 때는 들음만이 있어야 한다"[051]라는 가르침을 전할 수 있었던 것이고, 마가다국왕에게, 비구들은 '이렇게 감각의 문을 지킨다'고 설명할 수 있었던 것이다.[052]

048 MN1/P.500. 제74경,『디가나카숫따』

049 MN1/P.500. 제74경,『디가나카숫따』

050 MN1/P.109. 제18경,『마두삔디까숫따』. 이 세 가지 표현은 이 경에 등장하는 것으로,「여기서 만약에 즐겨할 것이, 주장할 것이, 집착할 것이 없다면ettha ce natthi abhinanditabbaṃ abhivaditabbaṃ, ajjhositabbaṃ」에서 인용한 것으로, 빠빤짜산냐상카라에 의한 받아들여진 관념은 스스로에 의해서 거부될 수 있다는 점을 붓다께서 제자들에게 설명하시는 장면에 나온다. 이 세 가지 표현은 각각 탐·진·치에 대응하는 것으로도 해석된다.

051 Ud/P.6.『*bāhiya sutta*』, "ṭasmātitha, bāhīya! evaṃ sikkhitabbaṃ, diṭṭhe diṭṭhammṃ bhavissat, sute sutammṃ bhavissati, mute mutammṃ bhavissati, viññāte viññātammṃ bhavissati, tato tvaṃ bāhiya! na tattha, yato tvaṃ bāhiya! nev'attha, tato tvaṃ bāhiya! nev'a kdha na huraṃ na ubhayamantarena, es'ev'anto dukkhassā'ti."

052 DN1/P.63. 제2경,『사만냐팔라숫따』, "왕이시여! 비구는 그의 감각들의 문을 어떻게 지키는 것이겠습니까? 그는 그의 눈으로 대상을 보면서, 일반적인 상에 사

그럼으로 인간에게 있어서 느낌(受, vedana)이라는 것은, 자발적인 마음주시를 통해 객관화시킬 수 있고, 통찰지를 통해서 그 무실체성이 드러나는 것이지만, 느낌이 결코 주체와 상관없이 따로 존재하는 그 무엇이 아님을 파악하지 못한 니간타들은 '느낌의 소멸과 함께 모든 괴로움은 사라질 것'이라면서 그 느낌을 소멸해야 할 객관적 대상으로 삼았던 것이다. 물론 이러한 니간타들의 논리구조는 그들이 대상인 느낌과 별도로 존재하는 실체적 주체인 '영혼jiva'을 미리 전제하고 있었기 때문에 필연적으로 발생하는 것이다.

어쨌든, 니간타가 그렇게 말하면 붓다께서는 그들에게 정말 그렇게 말했는지를 확인하신 다음에, 다시 이렇게 다섯 가지를 차례로 물으셨다고 경전은 전하고 있다.

"그대들은 자신들이 과거에 존재했었는지 혹은 존재하지 않았는지에 대해 알고 있는가?"
"아닙니다. 존자시여!"
"그대들은 자신들이 과거에 악업을 지었던 것인지, 악업을 짓지 않으려고 노력하지 않았던 것인지에 대해 알고 있는가?"
"아닙니다. 존자시여!"
"그대들은 자신들이 이렇게 해서 혹은 저렇게 해서 악업을 지은 것인지에 대해 알고 있는가?"
"아닙니다. 존자시여!"
"그대들은 자신들이 어느 정도의 괴로움이 소멸되었고, 어느 정도의

로잡히지 않고, 개별적인 상에 사로잡히지 않습니다. 이것 때문에, 저 남아있는 억제되지 않은 눈의 기능에, 탐욕스럽고, 슬프고, 사악하고 유익하지 않은 상태들이 침입하더라도, 저것들을 통제할 것이고, 눈의 기능을 지킬 것이고, 눈의 기능의 통제를 경험할 것입니다."

괴로움이 소멸되어져야 하고, 어느 정도의 괴로움이 소멸해야 모든 괴로움이 소멸한다 라는 것에 대해 알고 있는가?"

"아닙니다. 존자시여!"

"그대들은 바로 이곳에서 지금 당장, 해로운 법을 포기하는 것은 어떻게 하는 것이고, 유익한 법을 계발하는 것은 또 어떻게 하는 것인지 알고 있는가?"

"아닙니다. 존자시여!"[053]

모든 질문에 대한 니간타의 대답은 한결같이 "아닙니다"였다. 하지만 그들이 아니라고 답한 것은, 자신들이 과거에 존재했었는지 아닌지도 모르면서 모든 것이 자신의 과거의 업 때문이라고 규정하고, 또 그 과거의 업을 씻는답시고 고행을 하고 있다는 것에 대해 부끄러워서 머리라도 긁적거리면서 "아닙니다…"라고 한 것이 아니라, 스스로 모르더라도 상관없다고 생각하면서 "아닙니다!"라고 당당하게 답한 것이다. 왜냐하면, 그들은 자신들이 스스로 어떤 경험을 통해서 고행의 길에 들어선 것이 아니라, 자기들의 스승이 '나는 걷거나 서 있거나, 자거나 깨어있거나, 항상 완전한 지혜와 믿음을 가지고 있다'[054] 라고 한 말을 사실로 받아들여 믿은 것뿐이고, 그렇게 모든 것을 다 알고 있다는 스승이 하는 말이니까, 비록 자신은 과거에 자신이 존재했었는지 아닌지조차 모르지만, 자신이 지은 과거의 악업을

053 MN2/P.214. 제101경, 『데와다하숫따』, 「kiṃ pana tumhe, avuso! nigaṇṭha janatha? ahuvamheva mayaṃ pubbe na nahuvamhāti? no hidaṃ āvuso! kiṃ pana tumhe avuso! nigaṇṭhā jānātha? akaramheva mayaṃ pubbe pāpakammaṃ nanākaramhati? no hidaṃ āvuso! kiṃ pana tumhe āvuso! nigaṇṭhā jānātha? evarūpaṃ vā evarūpaṃ vā papakammaṃ akaramhāti? ni hidaṃ āvuso! kim pana tumhe āvuso! nigaṇṭhā janātha? ettakaṃ vā dukkhaṃ nijjiṇṇaṃ ettakaṃ vā dukkhaṃ nijjiretabbaṃ, ettakamhi vā dukkhe nijjiṇṇe sabbaṃ dukkhaṃ nijjiṇṇaṃ bhavissatī ti? no hidam āvuso! kim pana tumhe avuso! nigaṇṭhā jānātha? diṭṭheva dhamme akusalānaṃ dhammānaṃ pahānaṃ, kusalānaṃ dhammānaṃ upasampadanti? no hidaṃ, avuso!」

054 AN3/P.73.

소멸하면 영혼이 맑아지고 해탈하게 된다는 스승의 말만 믿고 고행을 시작했을 것이기 때문이다.

붓다께서는 그들이 단지 스승에 대한 믿음 때문에 고행을 시작했다는 것을 너무나 잘 알고 계셨기 때문에, 자신들이 스승에 대한 맹목적인 믿음을 가지고 있다는 것을 스스로 알아차리고, 스스로 생각할 수 있도록, 계속해서 그들에게 논리적인 질문들을 이어가셨다.(질문의 내용들이 여간 재미있는 것이 아니지만 여기서 다 소개할 수는 없음으로, 독자분들이 직접 한번 읽어보시길 권한다. <맛지마니까야>, 제101경, 『데와다하숫따』)

그러면 이번에는 『우빨리숫따』의 내용을 직접 한번 살펴보자. 이 법문은 붓다께서 날란다에 머물고 계실 때, 자신을 찾아온 디가따빳시라고 불리는 한 니간타 사문과 우빨리라는 이름의 니간타 장자에게 하신 내용이다. 붓다께서는 먼저 디가따빳시에게 이렇게 질문하신다.

> "따빳시여! 니간타 나타뿟따는 어떤 업들이 나쁜 업을 짓고 나쁜 업을 행하는 것들이라고 규정하는가?"[055]

몸으로 짓고 말로 짓고 마음으로 짓는 삼업三業에 대해 물으셨던 것이다. 앞의 『데와다하숫따』에서도 언급된 것처럼, 사실 붓다께서는 니간타가 업을 일종의 미세한 물질로 이루어져 있는 것으로 규정하고 있으며, 나쁜 업을 짓는다는 것을 그들은 청정한 영혼(jīva)에 미세한 입자들이 들러붙는 것으로 이해한다는 것[056]을 이미 알고 계셨을

055 MN1/P.372. 제56경, 『우빨리숫따』, 「kati pana tapassi! nigaṇṭho nāṭaputto kammāni paññapeti pāpassa kammassa kiriyaya pāpassa kammassa pavattiyā ti.」
056 『*Jainism its message and practice*』 by Pravin, K. Shah / P.3.

것이다. 그래서 도대체 그들은 어떤 근거와 배경에서 그런 주장을 하게 된 것인지를 그들의 입을 통해서 직접 듣고 싶으셨을 것이다. 듣게 되면, 그들이 과연 어떤 잘못된 전제를 가지고 있는지를 분명하게 설명해 주고 싶으셨을지도 모른다. 그런데 마침 한 니간타 사문이 직접 당신을 찾아와서 대화를 청하니, 먼저 아니 물어볼 수가 없으셨을 것이다.

> "존자 고따마여! 니간타 나타뿟다는 업, 업이라는 말을 사용하는 데 익숙하지 않습니다. 니간타 나타뿟따는 죄지음, 죄지음이라는 말을 사용하는 데 익숙합니다."057

여기서 업業이라고 하는 단어는 잘 알려져 있다시피 '행하다'라는 뜻의 빠알리어 동사 까로띠karoti에서 전용된 명사 깜마kamma를 중국의 역경가들이 한문으로 번역한 것이고, 필자가 '죄지음'이라고 번역한 단어는 원래 '회초리, 지팡이'라는 뜻을 가진 단다daṇḍa를 번역한 것이다. 그러면 여기서 왜 니간타들은 행위라는 뜻을 가진 업이라는

※ 이 문헌은 인터넷 웹사이드 www.jainelibrary.org에서 무료로 얻을 수 있다. 단 회원가입은 해야 한다.
「마하위라는 설명하기를, 아주 오래 전부터 모든 생명(영혼)들은 까르마라고 알려져 있는 업의 원자들의 속박과 그 진리의 속성에 대한 무지 속에 있어왔다. 우리는 계속해서 우리의 악행들(분노, 이기심, 허위, 욕심)에 의해, 그리고 우리의 몸으로, 마음으로 말로 하는 행위들에 의해서 새로운 까르마를 쌓게 된다. 이 까르마의 영향 아래서, 영혼은 물질적 소유물에서 즐거움을 추구하는 데 익숙해져 버린다. 이것이 깊게 뿌리내린 자기중심적이며 폭력적인 사유와 행동과 분노와 증오와 욕망, 그리고 다른 악행들의 원인인 것이다.Mahavir explained that from eternity, every living being (soul) is in the bondage of karmic atoms known as karma and is in ignorance about its true nature. We continuously accumulate new karma by our vices (anger, ego, deceit, and greed) and by our actions of body, mind and speech. Under the influence of karma, the soul is habituated to seek pleasures in materialistic belongings and possessions. This is the deep-rooted cause of self-centered violent thoughts, deeds, anger, hatred, greed, and such other vices.」

057 MN1/P.372. 제56경, 『우빨리숫따』, 「na kho, āvoso gotama, āciṇṇam nigaṇṭhassa nāṭaputtassa kammaṃ kamman'ti paññapetuṃ, daṇḍaṃ daṇḍan'ti kho, avuso gotama, āciṇṇam nigaṇṭhassa naṭaputtassa paññapetu'nti.」

단어 대신에, 원래 회초리라는 뜻의 단다라는 단어를 사용하게 되었을까? 빠알리 주석서에서는 왜 이 단다라는 단어가 사용되었는지에 대해서는 따로 설명이 없다. 아마 당시의 사람들은 누구라도 그 의미를 쉽게 이해할 만한 그런 단어였기 때문에 따로 이유를 설명하지 않았던 것이겠지만, 어쨌든 우리는 유추를 통해 그 이유를 짐작할 수밖에 없다.

먼저 단다라는 단어를 빅쿠보디 스님은 rod(회초리)로 영역했고, 한글로는 처벌, 그리고 한역으로는 벌罰이라는 번역어가 주로 사용된다. 빅쿠보디 스님은 주석[058]에서, 이 단어가 문자적으로는 회초리, 정도의 뜻인데, 이것이 누군가를 벌하는 도구에서 처벌이라는 뜻으로 전용된 것이 아닌가 하고 추정하고 있다. 아마 우리말의 '교편敎鞭을 잡다'라는 말이 '회초리(敎鞭)'라는 뜻에서, 누군가의 잘못을 바로 잡는 교육자라는 의미로 전용되는 것과 비슷한 경우라고 생각하면 될 것이다. 하지만 니간타가 깜마라는 용어 대신에 채용했다는 이 단다라는 단어는 뒤에 다시 설명하겠지만, 적용되는 경우를 두 가지로 나누어서 봐야 한다. 하나는, 과거의 잘못으로 인해 현재에 받는 불이익이라는 뜻으로 사용되었을 때인데, 니간타는 사람이 태어나는 것

058 MSB, P.1255/주석579. 빅쿠보디 스님은 이 'rod'라는 번역어에 대해 다음과 같이 주석에서 설명하고 있다.
"단다는, 원래는 작대기 혹은 지팡이로, 체벌의 도구로서의 회초리라는 뜻을 갖는다. 그리고 이어서, 도구에 관계없이 체벌이나 혹은 징벌 그 자체라는 뜻이 되었다. 이런 생각은 자인교들이 몸과 말과 생각의 행위들을, 윤회 안에서 그의 속박을 연장시켜서 각 개인이 자신을 괴롭히게 되는 도구로, 그리고 그것들을 해롭게 하는 원인이 됨으로써 다른 것들을 괴롭히는 도구로 받아들인 것으로 보인다. Danda, originally a stick or staff, acquires the meaning of rod as an instrument of punishment, and subsequently comes to mean punishment or infliction itself, even without reference to an instrument. Here the idea seems to be suggested that the Jains regarded bodily, verbal, and mental activity as instruments by which the individual torments himself by prolonging his bondage in samsara and torments others by causing them harm." ※『諦義證得經』에는 이 '단다'가 '罰'로 번역되었다.

자체가 과거의 나쁜 업 때문이라고 주장하고 있음으로, 그런 경우에 이 깜마라는 단어 대신에 니간타가 사용하는 단다라는 단어는 '과거의 죄지음'이라는 의미로 사용된 것이다. 그리고 다른 경우는, 사람이 행하는 모든 행위, 즉 몸으로 짓는 업, 말로 짓는 업, 마음으로 짓는 업은 모두 다 본래 청정한 영혼을 더럽히는 것일 뿐임으로, 자발적인 고행을 통해서만이 그 모든 업을 멈추게 할 수 있고, 그렇게 업이 멈추어야 본래 청정한 영혼이 드러나게 된다고 주장하는 경우인데, 이런 경우에 깜마 대신에 사용된 단다라는 단어는 현재의 죄지음이라는 의미로 사용된 것이다. 그럼으로 한글로 번역할 때는 아무래도 명사로 딱 떨어지는 맛은 없지만 처벌이라는 단어보다는 죄지음이라는 단어가 의미상으로는 더 적합한 것 같다는 게 필자의 생각이다. 참고로 니간타의 경전을 영어와 독어로 번역해 출간한 독일 출신의 인도학자 헤르만 야코비Hermann Jacobi도 자신의 저서에서 '이 단다라는 용어는 죄를 범함committing sins이라고 번역한다'고 밝혔다.[059]

그러면 왜 니간타는 깜마라는 용어 대신에 이 단다라는 용어를 사용하게 되었는지도 대충 설명이 된 셈이지만, 다시 한 번 정리하자면 이렇다. 니간타는 식물을 포함한 모든 생명체에 상주불변하는 영혼(jīva)이 내재되어져 있다고 주장한다. 문제는 바로 이것 때문에 비롯된 것이지만, 어쨌든 이렇게 모든 생명체에 내재되어져 있는 이 영혼

059 『*Jaina Sutras*』, Hermann Jacobi. 저자는 이 책의 「introduction」란에서, 불교의 『우빨리숫따』를 인용하여 니간타의 주장을 소개하면서, 이 '단다'라는 단어에 대해 다음과 같이 설명하고 있다. 「이 '단다'라는 용어는 어쨌든 적어도 자주 사용되던 것이었고, 따라서 수트라끄리탕가에 13가지 '죄를 범함'들이 취급되었다. 그리고 그 처음 5가지 경우에 이 단어를 나는 '죄를 범함'이라고 번역했다… The term danda, however, is at least as frequently used. Thus, in the Sutrakritanga II, 2, p. 357 ff., the thirteen kinds of 'committing sins' are treated of, and in the first five cases the word which I have translated committing sins' is in the original dandasamadane, and in the remaining cases kiriyathane, i.e. kriyasthana.」

은 당연히 모든 행위의 주체라고 주장한다. 보는 것도 듣는 것도 생각하는 것도 모두 다 상주불변하는 개개의 영혼이 물질로써 이루어진 육체를 통해서 일으킨 행위라는 것이다. 하지만 니간타의 주장에 의하자면, 인간이 태어난다는 것 자체가 본래 청정한 개개의 영혼이 업에 의해서 더렵혀졌기 때문이니, 그 영혼의 본래 청정을 회복하기 위해서는 자발적인 고행을 통해서 과거의 업을 소멸하고, 고행을 통해서 새로운 업이 영혼에 들러붙지 않도록 하는 수밖에는 없다. 그러니 자연히 인간이 욕망에 의해서 몸으로 짓는 행위, 말로써 짓는 행위, 생각으로 짓는 행위는 모두 영혼에게는 부정적인 것이고, 그럼으로 그 '행위'들을 '죄지음'이라고 규정하게 된 것이다.

혹시 이 대목을 읽고 있는 독자들 가운데는 니간타의 이런 주장에서 『육조단경六祖檀經』에 나오는 중국의 혜능스님과 신수스님의 게송을 떠올리는 사람이 있는지 모르겠지만, 필자의 경우는 그렇다. 영혼의 본래청정本來淸淨을 회복하기 위해서는 고행과 명상을 통해서 악업을 털어내야 한다고 주장하는 니간타나, 거울에 앉은 먼지를 부지런히 털어내듯이 부지런히 마음을 닦아야 본래의 밝은 마음자리가 드러난다는 신수스님의 주장은 결국 상주불변하는 실체로서의 주인공이 전제되어 있다는 점에서 일치하기 때문이다. 동서고금을 막론하고 우리가 이처럼 상주불변하는 실체로서의 주인공에 대한 집착은 아마도, 늘 변하기 마련이고 결국은 세상에서 사라져버리고 마는 우리들 자신에 대한 반복적인 현실경험으로부터 자연스럽게 발생한 것일 터이니, 인간이 이처럼 무상한 이상, 인간에게 있어서는 변하지 않는 주인공에 대한 집착은 어쩌면 태생적이며 구조적인 것일지도 모른다. 그러니 변하지 않는 주인공을 갈구하도록 구조 지어진 자기 자신의 욕구를 그대로 따라가기만 할 뿐, 그렇게 욕구하는 그 당체當

體에 집중하지 못하고 자신의 내면의 욕구를 바르게 읽어내지 못한 자라면, 그가 옛날 사람이건 현재 사람이건, 인도 사람이건 중국 사람이건 간에 니간타나 신수스님과 같은 주장을 하게 될 것이다.

하지만 이에 비해 상주불변한 고정된 실체로서의 어떤 '주인공'에 대한 자신의 맹목적인 욕구 그 자체를 철저히 객관화시켜, 도대체 무엇이 나로 하여금 이토록 주인공을 갈구하게 하는가? 하면서 성찰해 마친 자는, 모든 것이 그저 인연에 의해 일어났다 사라질 뿐, 그 어디에도 '원래부터 있어왔던 주인공이 따로 없음'을 곧 알아차리게 된다. 붓다께서 그러셨고, 또 혜능스님이 그랬다. 신수스님의 이야기가 나온 김에 두 스님의 게송을 한 번 읽어보자.

몸은 지혜의 나무요(身是菩提樹)
마음은 밝은 거울의 받침대와 같나니(心如明鏡臺)
때때로 부지런히 털고 닦아(時時勤拂拭)
먼지가 끼지 않도록 하리.(莫遣有塵埃)

지혜는 본래 나무가 없고(菩提本無樹)
밝은 거울 또한 받침대가 없다(明鏡亦非臺)
본래 한 물건도 없는데(本來無一物)
어디에 먼지가 낀단 말인가(何處惹塵埃)[060]

니간타뿐만 아니라 인도에서 발생한 거의 모든 종교와 불교를 가르는 가장 핵심적인 차이점은 역시 그 이름을 무엇이라고 하던 간에, 상주불변하는 주인공으로서의 어떤 독립적인 실체에 대한 전제 여부

060 위의 내용은 덕이비구가 편집한 '德異本'의 내용이고, 돈황굴에서 발견된 '돈황본'과 여타 이본에는 세 번째 구절인 本來無一物 대신에 '佛性本淸淨'이 들어있다. 필자는 덕이본의 내용을 선호함으로 이를 인용했다.

인 것 같다. 니간타도 당시에는 전통적인 바라문에 반기를 들고 일어난 신흥사문들 가운데 하나였으며 비록 카스트제도에 대해서는 별다른 반발을 보이지 않았지만 불교와 마찬가지로, 제사의식을 거부하고 창조신을 인정하지 않는 등의 혁신적이고 세련된 모습을 보였고, 쾌락을 멀리하고 바른 견해와 바른 지혜, 바른 실천을 통해서 괴로움으로부터 벗어나는 해탈(sk. moksa)을 최종적인 수행의 목표로 삼았다는 것에서는 불교와 전혀 이질감을 느낄 수 없을 정도로 흡사하다.[061] 하지만 불교와는 달리 상주불변하는 실체로서의 주인공에 대한 미련을 버리지 못함으로써 '우빠니샤드의 아뜨만ātman'[062]에 관한 전통에서 결국 벗어나지 못한 것이다. 필자가 여기서 '우빠니샤드의 아뜨만에 관한 전통'이라고 한 것은, 아무리 '웨다'시대의 인격적 창조신의 개념에서 벗어나 관념적이고 철학적인 묘사로 가득 찬 우빠니샤드의 시대에 이르렀다 해도, 실체로서 존재하는 인간 개인의 자아인 '아뜨만'과 우주에 내재하는 동시에 초월적인 '브라흐마'와의 일치를 결코 포기하지 않았던 인도 사람들의 전통을 말하는 것이다.[063] 아무리 그 명칭을 자아(sk. ātman)에서 영혼(sk. jiva)으로 바꾸었다고 해도 그들이 그것을 행위와 존재의 주인공으로서 전제하는 한, 아뜨만을 전제하지 않을 수 없었던 우빠니샤드의 전통에서 결국 니간타는 한 걸음도 벗어나지 못한 것이 된다.

061 『諦義證得經』, P358. 「本文: 바른 견해와 바른 지혜, 바른 실천이 해탈의 길이다. 正見, 智, 行就是解脫道 samyagdarśana jñāna cāritrāṇi mokṣa mārgaḥ」

062 『*Early Buddhism and its Origin*』, V.P. Varma P.140. 주석 / In the Rgveda the world atman first meant the vital spirit, then it signified the self of the world and finally it connoted the self of man… 리그웨다에서 아뜨만이라는 단어는 처음에는 생명이라는 의미였지만, 세상의 자아, 그리고 마지막으로는 인간의 자아라는 뜻을 내포하게 되었다.

063 Varma의 같은 책, PP.140~141. 우빠니샤드 관련 구절은 주석에서 재인용 『*Chandogya upaniśad*』 6, 7, 8 "tat tvam asi. 저것이(브라흐마) 그대다(아뜨만)." ※ 우빠니샤드의 이 문장과 빠알리 경전에서의 "이것은 나의 것이다, 이것은 나다, 이것은 나의 자아다"라는 구절과의 관계에 대해서는 필자의 『알라갓뚜빠마숫따』(2 012)를 보면 좀 더 참고가 될지 모르겠다.

니간타의 트레이드마크처럼 알려진 극단적인 불살생과 비폭력 그리고 최소한의 입을 옷조차 거부하며 나체로 살아가는[064] 그들의 철저한 무소유를 한번 생각해 보자. 과연 니간타 수행자들은 다른 수행자들이 결코 얻을 수 없는 생명들에 대한 어떤 엄청난 자비심을 일으키고, 어떤 비교할 수 없는 깊은 깨달음을 얻어서 그렇게 극단적으로 불살생과 비폭력과 무소유를 실천한 것일까? 아니면 혹시, 살생을 하고, 폭력적 행위를 일으키고, 욕심을 갖는 것이 바로 그 '자신의' 영혼을 더럽히는 일이라고 믿기 때문에 불살생과 비폭력과 무소유를 그렇게 극단적으로 실천할 수 있었던 것은 아닐까? 필자는 당연히 후자였을 것이라고 판단하고, 필자의 이런 판단은, 생명을 가진 모든 것들이 자신의 생명, 혹은 자신의 생명과 동일하다고 여기는 대상을 지키는 데 얼마나 필사적이며 얼마나 용의주도한지에 대한 개인적인 경험과, 그런 개인적인 경험을 보편적인 이치를 통해 일반화시켜준 붓다의 가르침에 근거한다.

니간타의 경우에는 그나마 다행스럽게, 이러한 '나'에 대한 전제와 집착이 스스로 자발적인 고행을 이끄는 동력으로만 사용되었지만, 이러한 전제와 집착은 언제든지 타인에 대한 극단적이고 비이성적인 행동으로 이어질 수 있다. 아마 그 예를 가장 적나라하게 보여주고 있는 것이 최근에 일어나는 이슬람 극단주의자들인 소위 'IS'의 창궐일 것이다. 타종교인과 타민족에 대해 그들이 보여주고 있는 극단적인 증오와 폭력은 결국 '자기 애착'에서 발원된 것으로 필자는 생각한다. 자기 자신과 자기 자신의 연장선상에 있다고 판단하는 자신들

064 물론 마하위라의 사후에는 더 이상 나체로 다니지 말고, 흰옷을 입자는 파(白衣派)와 전통대로 나체로 다녀야 한다고 주장하는 파(空依派)로 나뉘었고, 후대로 가면서는 불교의 부파불교가 벌어지던 것처럼, 이들도 별것도 아닌 것으로(예를 들자면 옷 색깔 등) 지말 분열을 거듭해서 수십, 수백 개의 파로 갈라졌다고 한다.

의 문화나 종교에 대한 과도한 집착은 그것이 누군가로부터 방해받았다고 판단했을 때, 이처럼 상대방에 대한 극단적인 증오와 폭력으로 돌변하게 된다. 이것이 바로 '나에 대한 집착'을 붓다께서 '사악한 견해pāpadiṭṭhi'라고 규정한 이유일 것이다.

그러면 다시 『우빨리숫따』의 본문으로 돌아가서 나머지를 보자. 니간타 따빳시의 이런 대답에 대해 붓다께서는, 그렇다면 그대가 말하는 그 세 가지 잘못이라는 것은 서로 다른 것인가? 라고 다시 물었고, 그에 대해 니간타는 다르다고 확인했다. 그러자 붓다께서는, 그러면 어떤 '죄지음'이 악한 행위를 일으키는 데 가장 비난받을 만한 '죄지음'이라고 그대의 스승은 가르치는가? 라고 고쳐 물으셨다. 이에 대한 니간타 따빳시의 대답은 다음과 같다.

> "존자 고따마여! 이와 같이 구분되고 이와 같이 구별되는 세 가지 죄지음 가운데, 니간타 나타뿟따는 악한 행위를 짓고 악한 행위를 하는데 몸으로 행하는 죄지음이 가장 비난할 만한 죄지음이고, 말로 행하는 죄지음이나 마음으로 행하는 죄지음은 그렇지 않다고 규정합니다."[065]

정리를 한번 해보자. 일단 니간타들은 영혼도 물질과 마찬가지로 실체로서 존재한다고 믿는다.(영혼 그 자체의 존재 여부를 확인할 수 있는 능력은 오직 깨달은 자에게만 가능하다고 하니, 그러면 그는 어떻게 가능할 수 있느냐라는 식의 질문은 당연히 그들에게 허락되지 않을 것이다.) 그럼으로 영혼이 물질과 만나면서 생성되는 업도 자연히 물질과 같은 실체적 존재라고

065 MN1/P.372. 제56경, 『우빨리숫따』, 「imesaṃ kho āvoso gotama, tiṇṇaṃ daṇḍānaṃ evaṃ paṭivibhnaṃ evaṃ paṭiviṭṭhānaṃ kayadaṇḍaṃ nigaṇṭho nātaputto mahāsāvajjataraṃ paññapeti pāpassa kamassa kiriyāya pāpassa kamassa pavattiyā, no tathā vacīdaṇḍaṃ no tatha manodaṇḍa'n ti.」

주장한다. 업이 물질이라니, 이게 도대체 무슨 말인가 싶겠지만, 니간타가 업을 물질이라고 주장[066]하는 데는 그럴만한 사정이 있어 보인다. 그것은 맨 처음 영혼의 실체를 전제하면서부터 꼬이기 시작한 것이겠지만, 업이 물질이 아니라면 고행을 통해서 없앨 실질적인 대상이 없다는 것이고, 그러면 자신들이 해탈을 얻기 위한 필수적 수행방법이라고 주장한 '고행苦行'도 의미가 없어지기 때문이다. 그래서 업을 없애는 행위인 '고행'이 의미를 지니기 위해서는 당연히 그 업이라는 것이 고행의 여부에 따라서 생기기도 하고 또 없어지기도 할 수 있는 그런 물질과 같은 실체이어야만 했던 것이다.

그러면 세 가지 업(그들이 주장하는 '죄지음') 가운데, 몸으로 행하는 업이 가장 비난받을 만한 업이라고 주장하는 이유는 또 뭘까? 빠알리 경전의 주석서에서는, 니간타들은 몸으로 하는 행위와 말로 하는 행위는, 마음이 하는 행위의 개입 없이 독단적으로 일어나는 것이라는 전제가 있다고 설명하고 있다. 이 주석서에 나오는 비유를 빌리자면,

066 현대의 자이나교도들 가운데는 나타뿟따가 주장하는 이와 같은 업의 '물질설'이 물질을 '관계성'으로 파악하는 불교의 주장보다 훨씬 과학적이라고 하면서, 자이나교를 '과학적인 종교'라고 주장하는 사람들이 있는 모양이다.(www.jainworld.com. *Jainism Explained* by Paul. Marett) 이런 주장은 아마 자이나교도들이, 만물은 분명히 어떤 기본물질로부터 만들어졌을 것이라는 고대 희랍시대로부터 지금에 이르기까지 이어져오는 만물의 기본 입자설에 대한 '전제'를 두고 말하는 모양인데, 현대 물리학에서도 물질의 정의를 '관계성'으로 파악해야 한다는 주장이 나온 지도 꽤 오래되었던 바라, 이런 주장은 그냥 하나의 주장에 지나지 않을 것이다. 그런데 실제로 현대의 자이나교도들 사이에서는, 까르마가 미세한 물질이라는 주장은 그렇게 믿는 것 이외에는 그것을 입증할 만한 어떠한 방법도 없다는 것에 대해서 인정하면서도, 또 그것 때문에 고민스러워 하는 모양이다. 아래는 미국의 한 자이나교 교육센터에서 일반신자들을 대상으로 배포하는 교리서의 한 대목이다.「자이나교의 철학은 까르마가 아주 정제되고 미세한 원자 물질로 이루어져 있으며, 그 누구도 어떠한 육체적 수단을 통해서도 그것을 보거나 느낄 수 없다고 설명하고 있다. 이 온 우주는 이런 원자들로 가득 차 있다. 우리는 이를 오직 확신에 의해서 믿어야만 한다. Jain philosophy explains that Karma is a matter which is made up of very fine and subtle particles that one cannot see or feel by any physical means. The entire universe is filled with such particles(we need to believe this by faith only)」Pravin K. Shah 'Jaina Education Committee' in USA / 출전은 다음 웹사이트를 참조. www.jainlibrary.org/elib_master/article/200001_article_jaina_edu/

니간타들이 말하는 것은 바람이 불 때, 나뭇가지가 흔들리고 물이 흔들리는 것이 전혀 마음의 의도가 없이도 일어나는 것인 것처럼, 마음의 개입 없이도 몸과 말로 하는 행위가 일어나는 것 또한 이와 같다는 것이다.[067] 하지만 정작 니간타들의 속내를 바로 말하자면, 행위를 주도하는 것은 마음이 아니라 영혼이다! 라고 주장하고 싶었던 것이다. 만약 마음이 먼저 움직이고, 거기에 따라서 말과 몸으로 하는 행위가 일어난다고 한다면, 말과 몸으로 하는 행위의 주도자는 영혼이 아니라 마음이 되어버리고 만다. 그러면 자연히 영혼의 역할이 없어지게 된다. 그래서 '행위는 영혼이 주도한다!'는 전제를 성립시키기 위해서는 마음이 아닌 몸으로 행하는 행위가 가장 영향력이 큰 행위고, 몸이나 말로 짓는 행위는 마음으로 행하는 행위의 주도 없이도 일어난다고 주장할 수밖에 없는 것이다.

붓다는 이와 반대로, 몸으로 짓는 행위나 말로 짓는 행위는 마음으로 짓는 행위에 따른다고 주장한다. 붓다에게 이렇게 마음을 먼저 지목한 이유는, 단지 행위에 있어서 선후가 있음을 보여주기 위함이다. 먼저 마음으로 정하면(思業), 그렇게 마음으로 정한 것으로 인해 말과 몸으로 짓는 행위(思已業)가 일어나기 때문이다. 그렇게 마음으

067 MA3/P.52~53.「몸으로 죄지음, 말로 죄지음, 마음으로 죄지음이라고 하는 것은 이것이 선행하는 두 가지 죄지음을 사소한 것으로, 마음이 주도하지 않는 것으로 규정하는 것이다. 마치 바람이 불 때, 나뭇가지가 흔들리고, 물이 흔들리지만 거기에 마음이 주도함이 있지 않는 것과 같다. 이와 같이 몸으로 죄지음은 마음이 주도함이 있지 않다. 마치 바람이 불 때, 야자나무 잎들이 함께 작동하고 물이 함께 작동하지만 거기에 마음이 주동함이 있지 않은 것과 같다. 이와 같이 말로 죄지음도 마음이 주도함이 있지 않다고, 이 두 가지 죄지음은 마음의 주도함이 있지 않은 것으로 규정하다. 마음은 또한 마노의 죄지음이라고 규정한다. kāyadaṇḍaṃ vacīdaṇḍaṃ manodaṇḍan' ti ettha purimadaṇḍadvayaṃ thokaṃ acittakaṃ paññāpenti. yathā kire vāte vāyante sākhā calati udakaṃ calati na ca tattha cittaṃ atthi evaṃ kāyadaṇḍo pi acittako va hoti. yathā ca vāte vāyante tālapaṇṇadīni saddaṃ karonti udakaṃ saddaṃ karoti na ca tattha cittam atthi evaṃ vacīdaṇḍo pi acittako va hoti ti imaṃ daṇḍadvayaṃ acittakaṃ paññāpenti. cittaṃ pana manodaṇḍan ti paññāpenti.」

로 짓는 업이 나머지 두 가지 업을 이끈다는 붓다의 주장으로 인하여, 몸으로 하는 행위에서 주인 노릇을 하던 '영혼'의 자리는 자연히 박탈된다. 하지만 붓다께서 그렇게 주장하신 이유는 그렇게 '영혼'으로부터 박탈한 주인의 자리를 '마음'에게 넘겨주기 위함이 물론 아니다. 그 마음도 또한 주인의 자리에 두지 않고, 마음 역시 조건에 의지해서 일어나는 '연기적 현상'일 뿐이라고 하면서 붓다는 행위에 있어서 상주하는 주인의 자리 자체를 없애버렸다. 이것이 바로 '주도적인 행위는 있되, 주도하는 실체는 따로 없다'는 불교의 논리인 것이고, 마음으로 짓는 행위가 말이나 몸으로 행하는 행위보다 우선한다고 주장하신 의도인 것이다. 니간타들이 불교도들의 이런 주장을 '무작용론(sk. akriyavāda)'이라고 비난하는[068] 이유도 결국은 여기에 있기는 하지만, 여기서 '작용作用'이 없다는 것은 결국 자신들이 전제한 주인공으로서의 '영혼의 작용'을 말하는 것이니까, 그런 평가 자체가 전혀 의미가 없다. 처음부터 상주불변하는 주인공이라는 것 자체를 인정하지 않는 불교도의 입장에서 보자면 말이다.

물론 『우빨리숫따』의 내용을 보면, 붓다께서는 위와 같은 논리로 띠빳시를 비판하지는 않으셨다. 그저 가만히 그 니간타의 주장을 듣고 확인만 하셨을 뿐이다. 필자의 짐작으로는, 붓다께서는 아마 좀 더 영향력 있는 사람이 다시 찾아오기를 기다리셨던 것 같다. 어쨌든, 그렇게 붓다와 대화를 마친 니간타 띠빳시는 곧바로 자신들의 처소로 돌아가서 그간의 이야기를 다른 니간타에게 전하게 되었고, 이에 나타뿟따의 상수제자였던 우빨리 장자가 토론을 위해 자진해서 붓다를 찾아오게 된다. 말하자면, 우빨리 장자가 미끼를 문 셈이다.

068 이에 반해서 니간타들은 불교도들에 의해서 '숙세에pubbe 지은 것이kata 원인이hetu 된다고 주장하는 자vada'라고 불리 운다.(한역에서는 이를 '숙작인론宿作因論者'이라고 번역하고 있다.)

우빨리 장자 정도의 위치에 있는 사람이라면 니간타의 교리에 대해 본격적으로 비판을 해도 받아들일만한 인물일 것이라고 여기셨을 터이니, 자신을 찾아온 우빨리 장자에게 붓다께서는 이렇게 물으셨다.

> "장자시여! 이것을 어떻게 생각합니까? 여기 니간타가 병에 걸려서, 아주 중한 병에 걸려서 고통 받고 있다고 합시다. 그런데 그가 생수를 거부하고 끓인 물만을 찾는다고 합시다. 그는 결국 생수를 얻지 못하면 죽을 것입니다. 장자시여! 그렇게 되었다면, 니간타 나타뿟따는 그가 어떠한 곳에 태어날 것이라고 말하겠습니까?"[069]

우리는 빠알리어의 문법[070]을 통해서 이 문장이 실제 있었던 사건에 대해 이야기 하신 것이 아니라, 만약 이렇다면 당신의 스승이 어떻게 말했겠는가? 하고 가정假定된 일에 대해 물어보신 것임을 알 수 있다. 아마 여기에도 붓다의 치밀한 의도가 있었던 것으로 짐작된다. 즉, 자신의 스승인 나타뿟따의 주장에 깊이 매몰되어 있는 우빨리 장자는 나타뿟따의 주장과 자신의 생각을 동일시하고 있었을 것이다. 하지만 붓다에 의해서 제시된 이런 가정된 질문에 답하기 위해서는, 나타뿟따로부터 들었던 가르침을 자신으로부터 분리해서 객관적으로 검토할 수밖에 없다. 그렇게 자연스럽게 나타뿟따의 주장을 객관적으로 살펴보게 된다는 것은 결국 스승의 견해가 아닌 자신의 견해를 찾게 된다는 것이니, 아마 이런 의도로 붓다께서는 우빨리 장자에

069 MN1/P.376. 제56경, 『우빨리숫따』, 「taṃ kiṃ maññasi? gahapati! idhassa nigaṇṭho ābādhiko dukkhito bāḷhagilāno sītodakapaṭikkhitto uṇhodakapaṭisevi. so sītodakaṃ alabhamāno kālaṅkareyya. imassapana gahapati! nigaṇṭho naṭaputto katthūpapattiṃ paññapeti'nti?」

070 idha+assa에서 assa는 주석서에서는 assati bhaveyya라고 설명하는 대로(MA 3 P57), 3인칭 동사 atthi의 optative형태로, 여기서는 가정의 뜻으로 사용되었다. kālaṅ+kareyya에서 kareyya 역시 karoti의 optative형태로, 가정의 뜻으로 사용되었다.

게 이런 가정된 질문을 하신 것이 아닐까 싶다.(그래서 결국 경전의 결말처럼, 우빨리 장자는 자신이 믿고 있었던 나타뿟따의 주장이 그릇되었다는 것을 자신의 판단을 통해서 알게 되었으니까, 필자의 짐작이 전혀 틀리지는 않은 것 같다.)

니간타들은 자연 그대로의 생수[071]를 마시지 않는다고 한다. 물속에 생명체들이 들어있다고 믿기 때문이다. 그래서 물은 반드시 필터로 거른 것이나 끓인 후에 식힌 물만을 마시도록, 그리고 해가 진 이후에는 음식은 물론이고 그런 물조차 마시지 않도록 정하고 있다.[072] 그런데 만약, 반드시 생수를 마셔야만 살 수 있는 환자가 있다고 했을 때, 비록 그가 마음속으로는 살기 위해서 간절하게 생수를 원했겠지만,[073] 스승이 몸으로 행하는 '죄지음'이라고 규정한 것을 범하지 않기 위해서, 생수 마시기를 거부하다가 죽었다고 하면, 평소 그대의

071 번역본에서는 '시또다까sītodaka'를 '찬물' 혹은 'cold water'라고 번역하는데, 물론 문자적 의미는 차가운 물이라는 뜻이지만, 문장상에서는 자연 그대로의 물, 이라는 뜻에 가까움으로 '생수'라고 번역하는 쪽이 나을 것이다.

072 당시에 니간타들이 사용한 필터가 과연 어느 정도의 효과가 있는지를 따지는 것은 사실 의미가 없을 것이다. 의도하지 않았다고 하더라도, 미생물조차 해치지 않기 위해 필터를 사용하는 그들의 행위로 인해 니간타들은 대중들로부터 '철저하게 무소유와 불살생을 실천하는 자'라는 '이미지'를 얻었고, 그 이미지를 스스로 부정한 적은 없으니까 말이다. 이런 고행주의자들에 대해 붓다께서는 늘 비판적이셨다. <맛지마니까야> 제36경인 『마하삿짜까숫따』에서 니간타인 산끼짜를 위시한 여러 고행주의자들이 행하는 금식과 절식에 대해 붓다는 다음과 같이 말씀하셨다.
MN1/P.238. 『마하삿짜까숫따』. "그런데, 악기웻사나여! 정말 그들은 그 만큼만으로 연명하던가?", "존사 고따마여! 아닙니다. 때때로 아주 많은 작식들을 먹고, 아주 많은 연식들을 먹고, 아주 많은 맛있는 음식들을 먹고, 아주 많은 음료들을 마십니다. 그들은 이것으로 몸의 힘을 얻게 하고, 증장시키고, (몸을)살찌게 합니다."
"악기웻사나여! 그들은 이전에는 거부한 것을 다시 축적하는 것이다. 이와 같이 그저 그 몸의 늘어남과 줄어듦이 있을 뿐이다."

073 MA3/P.57~58. 냐나모리 스님은 이런 내용의 문장이 주석서에서 언급된 것을 근거로 해서, 경전에 들어있었을 것이라고 추정한다.(빅쿠보디 스님의 MSB 주석서 583번 참조) 우빨리 장자의 대답을 통해서 보더라도, 애초에 붓다의 질문 속에는, 마음속으로는 생수를 갈망했지만 그것이 몸과 말로 짓는 죄지음이라고 믿기 때문에 생수를 요청하지도, 마시지도 않았다면이라고 하여, '마음속으로 갈망했지만'이라는 대목이 들어있었던 것으로 보인다.

스승이 말한 것을 근거로 해서 한번 생각해 보라, 과연 그가 죽어서 어떤 과보를 받는다고 그대의 스승은 가르치느냐고 우빨리 장자에게 물은 것이다. 이에 대한 장자의 답은 이렇다.

> "존자시여! '집착된 마음'이라는 이름의 신이 있는데, 그는 그(신이 사는) 곳에 태어날 것입니다. 왜 그런가 하면, 그는 집착된 마음으로 죽었기 때문입니다."[074]

과연 그런 이름의 신이 있는지 없는지, 있다면 그것을 또 어떻게 알 수 있는지, 뭐 그런 것은 그만두고라도, 어쨌든 몸으로 행하는 죄지음이 악한 업을 형성하는 데 가장 큰 영향을 미치고, 마음으로나 말로써 하는 죄지음은 영향력이 미미하다고 말했던 그의 믿음대로라면, 몸으로 그리고 말로 행하는 니간타의 죄지음을 피하려다가 죽은 환자는 당연히 그 규칙을 준수한 과보로 인하여 좋은 곳에서 태어난다고 해야 마땅할 것이다. 그러나 단지 마음속으로 생수를 갈구했다는 것만으로도 그가 죄를 짓게 된 것이라고 말해버렸으니, 우빨리 장자는 자신이 믿고 있던 교리의 모순에 빠지게 된 것이다. 경전에서는 그렇게 우빨리 장자가 혼란스러워할 때마다, 붓다께서는 "우빨리 장자여! 잘 생각하고 말하시오! 앞에 그대가 한 말하고 다르지 않습니까?"라고 우빨리 장자를 재촉을 하면서 그가 나타뿟따의 견해로부터 속히 벗어나도록 도와주고 있다.

이렇듯 니간타와 붓다와의 토론에서 드러난 것은, 결국 인간의 행위와 존재에 있어서 주인공으로서의 어떤 실체를 인정하느냐, 인정하

074 MN1/P.376. 제56경, 『우빨리숫따』, 「atthi, bhante! manosattā nāma deva tattha so upapajjati. taṃ kisssa hetu? asu hi bhante! manopaṭibaddho kālaṅkaroti'ti.」

지 않느냐 하는 것의 차이고, 이에 따라서 명목상으로는 '괴로움으로부터의 해탈'이라는 동일한 목표를 서로 표방하고 있음에도 불구하고, 결국 그 해탈의 방법, 즉 수행자로서 살아가는 길이 이처럼 서로 극명하게 갈라지게 된 것이다.

여담이지만, 인도 사왓띠에 있는 한국 절 천축선원을 여러 해째 드나들다보니, 저절로 인도의 보통 사람들(인도정부의 조사에 의하면 인도에서 교육을 받은 브라만들과 상위 계급들은 인구의 10% 넘지 않고, 나머지 70~80%의 사람들이 수드라를 비롯한 천민계급에 속한다. 그래서 여기서는 천민이 곧 보통 사람이다.)의 삶을 가까이서 지켜보게 되었다. 낮은 사회적 신분, 극단적인 기후와 열악한 생활환경, 끝도 없이 대물림되는 가난, 이런 것 속에서 마냥 인내하면서 살아가야 하는 그들의 삶을 옆에서 지켜보다 보면, 도대체 인간이란 게 뭔가? 라는 원초적 질문을 저절로 하게 된다. 곁에서 지켜보면, 그들은 슬픔이나 괴로움, 고통에는 놀랄 정도로 태연하지만, 기쁨에는 또 과도할 정도로 민감하다. 아주 사소한 것 하나로도 모두가 자지러질 정도로 웃곤 한다. 몸을 사용해서 하는 일에는 소처럼 부지런하지만, 마음을 써서 하는 일에는 또 소처럼 무심한 것이 그들이기 때문에 마음으로 짓는 죄? 양심의 가책? 그런 것은 그들에게 사치일 뿐, 전혀 성립되지 않는다. 몸으로 짓는 죄가 까르마에 제일 나쁘고, 마음으로 짓는 죄는 그에 비하면 미미하다고 주장하던 니간타들의 의도야 이미 위에서 살펴본 바와 같지만, 수천 년이 지난 오늘날 인도의 가난한 사람들의 삶에 묘하게 니간타들의 주장이 이렇듯 겹쳐진다.

그러면 이제 불교 경전을 통해 전해진 니간타의 주장이나 대화가 아닌, 니간타 자신들의 경전에서는 과연 어떻게 자신들의 교리를 설명하고 있는지를 직접 알아보자.

마하위라의 입멸 후, 니간타교단은 불교승가가 붓다의 열반 후 상좌부와 대중부로 근본분열을 일으켰듯이, 공의파(空依派, sk. digambara)와 백의파(白依派, sk. svetāmbara)로 나뉘게 된다. 이 최초의 분열은 기원전 3세기경으로부터 시작해서 기원후 1세기경까지 오랫동안 이어진 것으로 짐작된다.[075] 그 중에 일체의 의복을 거부하고 나체로 다니는 공의파는 불교로 치자면 전통을 고수하자는 상좌부에 가깝고, 백의파는 시대적 변화를 받아들여 수행자들이 예전처럼 발가벗고 다니지 말고 흰옷이라도 입자고 주장하는 부파였음으로 불교에서의 대중부와 비슷할 것이다. 이들 니간타들에게는 원래 마하위라의 시대까지 구전되던 14부의 법문집(이를 '以前'의 법문이라는 뜻에서 '뿌르와purva'라고 부른다.)이 있었다고 한다. 하지만 교단이 분열되는 과정에서 이들 14부로 정형화되어 구전되던 경전의 내용은 흩어지게 되었고, 백의파에서는 독자적으로 그렇게 흩어진 법문집의 내용을 기초로 해서 다시 총 45부에 달하는 경전을 개작해서 구전을 통해 보존하고 있었다. 그러다가 5세기경에 백의파에 의해서 구전되던 경전들은 모두 정식으로 문서로 만들어지게 되었는데, 백의파에 의해서 편집되고 기록된 이들 경전들을 공의파에서는 정설로 인정하지 않고 있으며, 분량은 적지만 공의파는 따로 자신들만의 경전을 가지고 있다.

이렇게 기원후 5세기경에 문서 형태로 정리된 총 45부의 백의파 니간타의 경전은 마치 불교 경전들이 경, 응송, 수기 등으로 붓다의 가르침의 형태나 내용에 따라서 교설이 9가지로 분류(九分敎)되는 것과 같은 방식으로, 각각의 내용들은 12개의 중심법문(sk. angāgama), 12개의 부수적인 법문(sk. upanga), 4개의 근본주제들(mula) 등 6가지로 분

075 『ジャイナ教文献』, P.7, 中野義照 譯.

류된 것이다. 이들 모든 경전들은 모두 인도의 고대 방언prakrit 중에 하나인 '아르다마가디 빠라끄리뜨ardhamagadhi prakrit'로, 그리고 주석서들은 고대 산스끄리뜨어로 쓰여진 것들이라(중간에 몇몇의 경전들은 일반인들을 위해 힌디어로 번역되었다고는 하지만) 일반인들의 접근이 어려웠다. 그러다가 1895년 독일출신의 인도학자인 헤르만 야코비(Hermann Jacobi, 1850~1937)라는 사람에 의해 빠라끄리뜨어로 된 니간타 경전의 일부가 독어와 영어로 번역되어 『*Jaina Sutras*』[076]라는 이름으로 출간되면서, 비로소 니간타의 경전이 서방세계를 비롯한 일반인들에게도 알려지기 시작했다. 백의파의 경전이 아닌 공의파의 경전으로서 일반인들이 접할 수 있는 것은 『*tattvārtādhigama*』를 한문으로 번역한 『체의증득경諦義證得經』이 있다. 이것은 비록 공의파의 경전에 속하지만, 백의파에서도 니간타의 경전으로 인정하고 있다고 한다.

번역본 『*Jaina Sutras*』에 실린 니간타 경전은 『아짜랑가수트라(sk. *acārāngasutra*)』와 『깔빠수뜨라(sk. *kalpasutra*)』 그리고 『웃따라다야나수뜨라(sk. *uttaradhyayanasutra*)』와 『수뜨라끄리땅가(sk. *sutrakriṭanga*)』인데, 이 가운데 우선 『웃따라다야나수뜨라』에서 니간타가 제일 강조하는 까르마에 관한 언급을 살펴보자.

076 『*Jaina Sutras*』, Hermann Jacobi. 이 책은 두 파트로 나뉘어져 있는데, part 1에는 『*akaranga sutra*』와 『*kalpa sutra*』 그리고 part 2에는 『*uttrādyayana*』와 『*sutrakritānga*』가 포함되었다. 영어로도 번역된 이 경전은 다음의 웹사이트에서 무료로 다운 받아서 볼 수 있다. www.sacred-texts.com/
이 번역본에 실려 있는 네 개의 경전 가운데 『아짜랑가수뜨라』와 『스뜨라끄리탕가』는 위에서 언급한 12개의 중심법문(angāma) 가운데 첫 번째와 두 번째에 속하고, 『웃따라다야나수뜨라』는 4개의 근본주제들(mula)에 속한 것이다. 이들 가운데 『웃따리다야나수뜨라』는 총 36장으로 구성되어져 있으며, 내용은 주로 마하위라로부터 설해진 니간타의 교리와 율법에 관한 것들이다. 『수뜨라끄리탕가』는 마하위라의 다섯 번째 상수제자(sk. gandhara)였던 수다르마 스와미(sk. sudharma svami: B.C.E. 607~507)가 자신의 제자였던 잠부 스와미(sk. jambu svami)의 질문에 답하는 형식으로 마하위라의 사상과 주장을 설명하는 내용으로 되어 있는데, 여기에는 마하위라의 형이상학적 관점, 다른 종교적 이념에 대한 마하위라의 비판(물론 불교도 여기에 포함되어있다. 비판은 불교 쪽에서만 한 것이 아니다.) 등이 실려 있다.

"모든 까르마의 미립자의 수는 무한하다. 이것은 속박된 영혼들의 수보다 많지만, 완벽해진 하나(해탈된 영혼)들 보다는 적다. 허공의 여섯 방향에 있는 까르마는 모든 영혼들을 묶는다. 가능한 방법을 모두 동원하여 모든 영혼들을 묶는다. 가장 긴 까르마의 지속 기간은 3조 사가로빠마이고, 가장 짧은 것은 1무흐르따의 일부이다."[077]

더 이상 쪼갤 수 없는 실체로서의 미립자(sk. aṇu)가 그 고유의 속성에 따라서 모여진 것(sk. skandha)이 물질(sk. pugala)이고, 그렇게 모여진 물질이 영혼(sk, jīva)에 들러붙어서 신체를 형성하고 행위를 일으키게 되는 것, 이것이 니간타가 말하는 까르마(sk. karma)다. 그 미세한 입자들의 숫자는 영혼의 숫자보다 많지만, 이미 속박에서 벗어난 영혼들의 숫자보다는 적다. 영혼에 들러붙은 까르마들이 지속되는 기간은 거의 무한대에 가까운데,[078] 이유는 그것들이 계속 윤회하기 때문이라 한다. 그리고 까르마의 종류에 대해서는 다음과 같이 말하고 있다.

"나는 지금부터 순서에 따라서, 영혼을 윤회의 순환 고리 속에 묶는 여덟 가지의 까르마의 종류를 설명하겠다. 여덟 가지 까르마의 종류들은 간단히 다음과 같다. 첫째는 즈냐나와라니야(sk. jñānavāraṇiya)이고, 둘째

077 『*Jaina Sutras*』 part 1/P.195. 「The number of atoms of every Karman is infinite; it is (infinitely) greater than (the number) of fettered souls, but less than that of the perfected ones. The Karman in the six directions of space binds all souls, and it binds the whole soul in all its parts in every possible way. The longest duration (of Karman) is thirty Krores of Krores of Sagaropamas, and the shortest a part of a muhurta.」

078 여기서 사용된 '사가로빠마(sagara+upama)'라는 용어는 불교에서 무한한 시간을 나타낼 때 사용하는 '겁kappa'이라는 용어와 같은 용도로 사용되고, 그것의 설명도 비슷하다. 예를 들어서, 사방의 크기가 100킬로미터가 되는 큰 통 안에 100년에 한 번씩 아주 가는 머리카락 한 가닥을 집어넣어서, 그 통에 빼곡하게 모두 찼을 때를 '1 palypama'라고 하는데 그것을 10제곱 한 시간이 '1 sagaropama'라고 한다든지 하는 것이다. 모두 무한히 많다는 것을 뜻하는 인도식 표현이다. 반면 muhurta는 짧은 시간을 나타낼 때 사용되는 용어로서 이것은 현재의 시간 단위로는 48분이라고 한다.

는 다르샤나와라니야(sk. dārśanāvāraṇiya)이고, 셋째는 웨다니야(sk. vedanīya)이고, 넷째는 모하니야(sk. mohanīya)이고, 다섯째는 아유(sk. āyuh)이고, 여섯째는 나마(nāman)이고, 일곱째는 고뜨라(sk. gotra)이고, 여덟째는 안따라야(sk. antarāya)이다."[079]

니간타가 설명하고 있는 이들 여덟 가지 까르마에 대한 내용을 좀 더 보충하자면 다음과 같다.[080] 첫 번째 '즈냐나와라니야'라는 것은 청정하고 전지전능한 영혼이 본래 가지고 있던 완벽한 앎(sk. jñāna)을 방해하는(sk. varanīya) 행동을 하게 하는 까르마를 이르는 말인데, 여기에는 다섯 가지 종류가 있다고 한다.[081] 두 번째 '다르샤나와라니야'는 영혼이 본래 가지고 있던 완벽한 봄(sk. dārśanā pl. dassana)을 방해하는 행동을 하게 하는 까르마를 이르는 것이고 여기에는 네 종류가 있다.[082] 세 번째 '웨다니야'는 고통이나 즐거움 같은 느낌들을 경험하도록 이끄는 까르마를, 네 번째 '모하니야'는 미혹함으로 이끄는 까르마를, 다섯 번째 '아유'는 수명을 결정하는 까르마를, 여섯 번째 '나마'는 형태를 갖춘 영혼의 이름이나 특징을 정하는 까르마를, 일곱 번

079 『*Jaina Sutras*』, part 2/P.192~193.

080 『*The Doctrine of Karman in Jain Philosophy*』 English translation by Barry Gifford./PP.6~8. 다섯 가지 종류의 앎을 방해하는 까르마의 명칭은 다음과 같다, 1) mati jñānavaranīya karma, 2)sutra…, 3)avadhi…, 4)kevala…, 5)maharparyaya… 네 종류의 인식을 방해하는 까르마의 명칭은 다음과 같다. 1)caksurdārśanāvāraṇiya…, 2)acaksur…, 3)avadhi…, 4)kevala….

081 1)mati jñānavaranīya karma: 감각을 통해서 얻어지는 앎을 방해하는 것, 2)sutra jñānavaranīya karma: 성전聖典을 통해서 얻어지는 앎을 방해하는 것, 3)avadhi jñānavaranīya karma: 물질 너머를 보는 초월적 앎을 방해하는 것, 4)kevala jñānavaranīya karma: 다른 자들의 사유를 통한 앎을 방해하는 것, 5)maharparyaya jñānavaranīya karma: 영혼이 본래 가지고 있는 전능한 앎을 방해하는 것의 총 다섯 종류다.

082 1)caksurdārśanāvāraṇiya: 눈을 통한 인식을 방해하는 것, 2)acaksur…: 눈을 제외한 다른 감각기관을 통한 인식을 방해하는 것, 3)avadhi…: 사물의 속성을 꿰뚫어 인식함을 방해하는 것, 4)kevala…: 절대적이고 통지적인 인식을 방해하는 것으로 총 네 가지 종류가 있다.

째 '고뜨라'는 자신의 영역이나 상태를 정하는 까르마를, 마지막 여덟 번째 '안따라야'는 영원한 행복의 길로 들어서는 것을 막는 까르마를 이르는 말이라고 한다.

니간타의 주장에 의하자면, 이런 까르마들은 모두 자발적인 고행을 통해서 소멸시켜야 할 대상들이다. 그런데 이들 각각의 까르마들의 명칭을 통해서 우리는 니간타가 인간에 대해 어떤 생각을 가지고 있었으며 또 그것들이 붓다의 가르침과 어떻게 다른지를 헤아려 볼 수 있다. 위에서 언급된 첫 번째의 '즈냐나-와라니야'라는 까르마에서의 그 '앎(jñāṇa)'이라는 것을 나타뿟따는 영혼이 가지고 있는 본래의 기능이나 특성으로 보고 있지만, 붓다에 의하면 앎이라는 것도 실체가 따로 있는 것이 아니라, 다른 것들과 마찬가지로 앎을 일으킬만한 조건에 의지해서 일어나는 현상일 뿐이다. 예를 들어서 '밝음'이라는 것은 '어두움의 소멸'이지 어두움이 소멸한 다음에, 미리 어딘가에 대기하고 있던 실체로서의 밝음이라는 것이 어둠 대신에 그 자리에 찾아오는 것이 아닌 것과 같이, 앎이라는 것도 '알지 못함이 사라짐'이지, 알지 못함이 사라지고 나서 미리 대기하고 있던 '앎'이 대신 찾아오는 것이 아니다. 그럼으로 앎이라는 것이 '영혼이 본래부터 가지고 있던' 것이었다는 니간타의 주장은 불교에서는 받아들일 수 없는 것이다.

두 번째로 언급된 '다르샤나-와라니야'라는 것은 영혼의 본래 기능인 완벽한 봄, 혹은 인식(noticing sk. dārśanā)을 방해하는 까르마를 이르는 말이다 라는 니간타의 정의에 따르자면, 우리는 니간타가 무언가를 알아차리는 기능인 인식 그 자체를 영혼에 소속된 것으로 전제하고 있으며, 그것은 붓다께서 사람에게서 일어나는 인식의 기능(오온에서는 식viññāṇa에 해당될 것이다.)은 오온의 연기적 결합에 의해서 따로 주도하는 주인공이 없이 일어나는 것이며, 바른 인식이 일어나는가, 아니면 잘못된 인식이 일어나는가 하는 것은 전적으로 그 인식을 일으킨 연기적 조건들에 의해 결정되는 것이지, 그것이 인식을 주도하는 어떤 주체적인 영혼이 더럽혀졌느냐 아니냐에 의해 결정되는 것이 아니라는 가르침과 비교해 보면, 그 차이점을 분명하게 이해할 수 있다.

붓다 당시에는 단지 니간타뿐만 아니라 많은 사람들이 이처럼 무언가를 알아차리는 기능인 '식'을 윤회의 주체로 보거나, 행위의 잘잘못에 따른 과보를 받는 주체라고 주장하고 또 믿어왔다.(심지어 붓다의 제자 가운데도 그런 생각을 하는 비구가 있었고, 그에 대한 이야기가 바로 〈맛지마니까야〉 제38경인 『마하탕하상카야숫따』에 등장한다.) 그래서 붓다께서는 이 알아차리는 기능인 식도 다른 것들과 마찬가지로 조건에 의지해서 일어나는 연기적 기능이라는 점을 여러 경전에서 반복해서 강조하셨는데, 『마하탕하상카야숫따』에서는 이것을 다음과 같이, 식도 또한 연기緣起되어지는 것임을 설하셨다.

> "비구들이여! 어떤 것이나 조건에 의지하면서 발생하는 식(識, viññaṇā)은 그것(조건)에 의해서 이름이 생긴다. 눈과 모양들이 인연이 되어서 식이 일어나면 '눈의 식(眼識)'이라는 이름이 되고… 귀와 소리들이 인연이 되어서 식이 일어나면, '귀의 식(耳識)'이라는 이름이 되고…"[083]

우리가 눈으로 무언가를 보고, 눈이 그것이 무엇인지를 알아차리는 안식의 기능은 그것이 내 안에 어떤 영혼이나, 자아나, 주인공이

083 MN1/P.256~271. 제38경, 『마하탕하상카숫따』

나 이런 것이 있어서 그 주인공이 눈을 통해서 들어오는 정보를 알아차리는 것이거나, 혹은 그렇게 알아차리는 인식 기능이 바로 영혼이나 자아나 주인공이다 라는 것이 아니라, 알아차리는 기능인 식은, 그것을 일어나게 하는 주변 조건들, 예를 들어서 햇빛의 가시광선과 각막과 시신경과 보여지는 대상 그리고 대상을 무엇이라고 해석하게 해주는 경험을 통해 축적된 여러 가지 표상들, 그런 것들에 의지해서 일어나는 현상일 뿐이라는 것이다. 마치 두 손바닥을 마주치면 거기서 소리가 나지만 그 소리가 원래 어딘가에서 기다리고 있다가 두 손이 부딪치는 순간에 튀어나온 것이 아니라, 단지 그렇게 소리를 만들어내는 조건들에 의지해서 소리가 일어났다가 사라지는 것처럼, 알아차리는 기능인 '식'도 또한 그와 같다는 것이다.

세 번째의 '웨다니야'라는 것은 붓다께서 오온의 하나로 채택하여 사용한 '웨다나(受, vedanā)'과 동일한 단어를 사용하고 있지만, 역시 정의하는 바는 서로 다르다. 니간타의 주석서에서는 이것을 '고통이나 즐거움 같은 느낌들을 경험하도록 이끄는 까르마'를 말한다고 설명하고 있다. 즉 나타뿟따는 이 웨다나의 과정도 또한 영혼(jīva)이 가지고 있는 기능 가운데 하나일 뿐이라는 것이다.

그밖에 '모하니야'라는 까르마는 단어의 의미 그대로 '어리석음(pl. moha)'으로 이끄는 행동을 말하는 것이고 '나마'라는 까르마는 '명색(名色, nāma-rūpa)'에서의 그 '명'에 해당되는 용어로서, 오온에서의 수·상·행·식의 네 가지 인식의 단계 모두에 해당된다. 하지만 인식의 과정조차 나타뿟따는 '형태를 갖춘 영혼의 이름이나 특징을 정하는 것'으로 정의하고 있다.

또한 필자가 위에서 인용한 『데와다하숫따』에서, 붓다께서 비구들에게 소개했던 니간타의 주장들은 실제로 『수뜨라끄리땅가』에서 찾아볼 수 있다.

> "행위를 포기함에 의해서 그는 행위 없음을 얻게 되고, 행위를 멈춤에 의해서 그에게는 새로운 까르마가 없게 되고, 이전에 얻었던 까르마를 파괴하게 된다."[084]

빠알리 경전에서도 '포기하다'라는 의미의 용어는 자주 등장한다. 그 중에서 '빳바자띠pabbajati'라는 단어는 '포기하다'는 뜻에서 '출가出家하다'라는 뜻으로 전용되어 사용되는 단어다. 출가한다는 것은 무엇이든 하고자 하는 욕망을 포기하는 것에서부터 시작되기 때문이다. 이렇듯 불교에서의 포기함이란, 하고자 하는 마음의 의도(思, cetta)를 포기함의 대상으로 삼지, 행위 그 자체를 포기함의 대상으로 삼지는 않는다. 행위를 일으키는 것은 마음의 '의도'라고 보기 때문이다. 그리고 이렇게 마음의 의도가 행위를 주도한다는 붓다의 가르침은 어찌 보면, 현재의 삶(업)은 현재의 삶이 주도하는 것이지, 과거의 삶이 현재의 삶을 주도하는 것이 아니라는 일종의 선언이기도 하다. 불교도들이 과거의 삶이 현재의 삶을 제어한다는 니간타의 주장을 '숙작인론(宿作因論, pubbe-kata-hetu-vāda)'라고 비판했던 것도 그런 맥락에서 이해할 수 있을 것이다.

누구라도 자신의 삶의 방식을 아무런 성찰 없이, 스스로에 의해서 만들어졌지만 스스로에 의해서 만들어졌다는 것을 알지 못하고, 알지

084 『*Jaina Sutras*』, part 2/P.167. 「By renouncing activity he obtains inactivity, by ceasing to act he acquires no new Karman, and destroys the Karman he had acquired before.」

못함으로써 오히려 그것을 숙명적인 힘으로 스스로 인정해 버린 그 '살아온 방식'에 의지해서 또 살아갈 수밖에 없다고 믿는 자라면, 과거의 삶이 현재의 삶을 규정한다는 이런 니간타의 까르마의 논리가 적용되어 마땅할 것이다. 하지만 붓다는 여기서 니간타와 달리 인간의 자발성自發性, 능동성能動性이라는 능력을 찾아내고 그것에 주목했다.(그것은 연기법의 발견으로 얻어진 결과일 것이다.) 자신에 의해서 어쩔 수 없다고 판단된 현실은 어쩔 수 없다고 '스스로 여김'에 의해서 자신에게 '현실'이 된 것뿐이라는 것임을 아신 것이다. 정작 독립적인 영혼을 전제한 니간타는 행위에 있어서의 이런 자발성을 보지 못했고, 그런 영혼을 인정하지 않는 붓다가 오히려 행위에 있어서의 이 자발성을 찾아내고 이에 주목했다는 것은 참으로 역설적이다.

현재의 삶도 그렇고, 현재의 마음도 그렇고, 현재는 과거와 서로 단절된 것도 아니지만, 그렇다고 과거와 현재가 실제적인 어떤 것들로 연결된 것도 아니다. 과거와 현재는 연기적으로 연결되어져 있기 때문에 단절되지도, 연결되지도 않은 단지 '연기되어짐(緣而生法)'으로 상속될 뿐이고, 그럼으로 누구에게나 과거가 아닌 바로 지금 이곳에서의 '주인 없는 주인 노릇'이 가능한 것이다.

그러나 나타뿟따는 붓다의 이런 주장을 단지 '무작용론(無作用論, akriyavāda)'이라고 비난하곤 했다. 모든 행위를 마음의 의도가 주도하는 것이라면, 의도적이지 않게 지은 행위, 혹은 잘못에 대해서는 전혀 책임을 지지 않겠다는 것이냐? 라고 비난하는 것이다. 이와 관련된 이야기가 『웃따라다야마수뜨라』에 등장한다. 이것은 '아르다까'라는 한 니간타가 한 불교도와 만나서 주고받은 대화 내용이다.

(아르다까가 말하기를) "한 불교도가 (내게) 말했다. '만약 어떤 야만인이 곡물의 한 쪽을 꼬챙이로 꿰고는, 그것을 사람으로 오인한다거나, 혹은 호리병박을 영아嬰兒로 오인했다면, 그리고 그것을 구웠다면, 우리의 견해로서는 그는 살인자가 될 것이다. 그런데 만약 어떤 야만인이 사람을 꼬챙이에 꿰어서 굽고, 그를 곡물의 일종이라고 오해하거나, 혹은 영아를 호리병박의 일종이라고 오해했다면, 우리의 견해로서는 그는 살인자가 되지 않는다. 만약 누구라도 꼬챙이에 꿰어진 사람이나 영아를 곡물의 일종이라고 오해하고 그를 불에 넣고 굽는다면, 그것은 붓다에게도 아침거리로 적당할 음식이 될 것이다'라고."[085]

여기서 '한 불교도'라고 해서 등장한 사람에 대해서는 따로 자세한 설명이 없지만, 어쨌든 그가, 행위는 마음의 의도에 따라서 일어난다는 붓다의 주장을 소개하면서 이런 극단적인 예를 들었던 모양이다. 다음은 이에 대한 니간타의 반론이다.

(아르다까가 말하기를) "잘 통제된 사람들이라면, 의도하지 않은 행동은 생명체에게 해가 되지 않는다는 그대의 주장을 받아들일 수 없을 것이다. 그런 교리를 가르치는 사람이나 그것을 또 믿는 사람들 모두에게 그것은 잘못의 원인이기도 하고 좋지 않은 것의 원인이기도 할 것이다. 살아 움직이는 생명이나 움직이지 않는 생명이나 위에 있는 것이나 아래에 있는 것이나, 땅에 있는 것이거나, 그것들의 속성을 잘 아는 자라

085 『*Jaina Sutras*』, part 2/P.414. 『*Uttaradayana*』, 「A Buddhist 'If (a savage) thrusts a spit through the side of a granary mistaking it for a man; or through a gourd, mistaking it for a baby, and roasts it, he will be guilty of murder according to our views. If a savage puts a man on a spit and roasts him, mistaking him for a fragment of the granary; or a baby, mistaking him for a gourd, he will not be guilty of murder according to our views. If anybody thrusts a spit through a man or a baby, mistaking him for a fragment of the granary, puts him on the fire, and roasts him, that will be a meal fit for Buddhas to break fast upon.'」

면, 그는 그것들에게 상처 입히는 것을 두려워하고, 사악한 행동을 억제하고, 우리의 법에 일치하는 행동과 말을 할 것이다. 그는 어떠한 죄도 짓지 않을 것이다. 이것은 불가능한 일이다. 즉 사람을 곡물의 일종으로 오인한다는 것은 오직 가치 없는 자만이 그렇게 말할 것이다. 어떻게 사람을 곡물의 일종으로 생각할 수가 있단 말인가, 아무리 그렇게 말하더라도 그것은 진리가 아니다. 당신은 사악한 행동을 하려는 의도로서 그런 말을 해서는 안 된다. 그런 발언은 덕에 어울리지 않는다. 계를 받지 않은 사문이나 그런 헛소리를 할 것이다."[086]

예로 들은 내용이 너무 극단적인 것이라 논제가 흐려질 가능성도 있고, 또 인용문 상에 나타난 니간타의 비난이라는 것도 전혀 논리적이지 못하지만, 어쨌든 결국 니간타가 하고자 하는 말은, 결과론적으로 보자! 뭐 이런 말일 것이다. 의도하지 않았든 의도했든 간에, 잘못이 실제로 행해졌다면, 그리고 그 잘못이 다른 누군가에게 해를 끼치는 잘못이라면, 그 잘못을 저지른 사람이 당연히 책임을 져야하지 않겠는가 라는 것이다.

하지만 이런 종류의 비난에 대해 붓다께서는 위에서 언급한『우빨리숫따』에서 이미 여러 가지 비유를 들어 반론하신 적이 있다.[087] 만

086 『*Jaina Sutras*』, part 2/P.414~415.『*Uttaradayana*』,「"Well-controlled men cannot accept (your denial of) guilt incurred by (unintentionally) doing harm to living beings. It will cause error and no good to both who teach such doctrines and who believe them. A man who knows the nature of movable and immovable living beings, above, below, and on earth, who is afraid of injuring them and abstains from wicked deeds, may speak and act (in accordance with our Law); he will not be guilty of any (sin). It is impossible to mistake (a fragment of the granary) for a man; only an unworthy man can say it. How can (the idea of a man) be produced by a fragment of the granary? Even to utter this is an untruth. Do not use such speech by means of which you do evil; for such speech is incompatible with virtues. No ordained (monk) should speak empty words."」

087 MN1/P.376~377. 제56경,『우빨리숫따』

약 니간타 수행자가 숲속을 걷다가 벌레들을 자기도 모르게 밟아서 죽였다면(니간타들은 자신들이 앉을 자리에 있을지도 모르는 작은 벌레들을 보호하기 위해서 앉기 전에 벌레를 쓸어내려고 솔을 들고 다니는데, 정작 그 솔로 앉을 자리를 쓸다가 오히려 벌레를 죽일 수도 있을 것이다.) 그것은 죄인가 아닌가를 물었더니, 우빨리 장자는 의도적이지 않은 것이기 때문에 죄가 아니라고 답했다. 붓다는 다시, 만약 의도적이었다면 어떤가? 하니 의도적이었다면 죄가 크다고 답했다. 즉 우빨리 장자도 마음으로 인해 일어나는 행위의 영향력이 더 크다는 것을 인정하게 된 것이다. 그럼으로 니간타들의 불교도에 대한 위와 같은 식의 비난은, 단지, 몸으로 일으키는 행위의 주체는 영혼이기 때문에, 그 영혼에 의해서 일어나는 몸으로의 행위가 마음으로부터 일어나는 행위보다 더 중요하다는 자신들의 논리를 입증하려는 의도에서 비롯된 것임을 알 수 있다. 그래서 정작 자신들도 의도적인 잘못이 의도하지 않은 채 일으킨 잘못보다 더 위중하다는 것을 인정하면서도 마음으로 일으키는 행위가 말이나 몸으로 일으키는 행위보다 우선한다는 붓다의 가르침을 이런 식으로 비난하고 있는 것이다.

니간타의 주장에 익숙하지 않은 대부분의 독자들 입장에서는 니간타들의 이런 주장이 다소 번잡하다고 느꼈을지도 모르겠지만, 이것 또한 붓다의 가르침을 보다 분명히 드러내기 위한 과정이라고 생각해 주면 좋겠다. 어쨌든 니간타의 주장을 빠알리 경전상에 나타난 것과 그들의 경전에서 그들 스스로가 주장하고 있는 바를 이렇게 나누어서 살펴보았다.

012

앗사지 존자, 삿짜까의 질문에 붓다의 가르침을 전하다

그때 앗사지 존자께서 아침시간에 가사를 고쳐 입고, 발우와 (겉)가사를 들고는 웨살리로 탁발을 위해 들어갔다. 니간타의 후손 삿짜까도 웨살리에서 다리운동 삼아 길을 따라 걷고 길을 따라 산책하다가 앗사지 존자가 멀리서 오는 것을 보았다. 보고서는 앗사지 존자가 있는 곳으로 다가갔다. 다가가서는 앗사지 존자와 더불어 인사를 나누고 주고받아야 할 말을 공손하게 나누고 나서는 한 쪽에 섰다. 한 쪽에 선 니간타의 후손 삿짜까는 앗사지 존자에게 이것을 말했다.

"존자 앗사지여! 사문 고따마께서는, 어떻게 제자들을 지도합니까? 사문 고따마의 어떤 부분의 가르침들을 제자들에게 자주 말씀하십니까?"

"악기웻사나여! 세존께서는, 이와 같이 제자들을 지도하십니다. 세존의 이와 같은 부분의 가르침들을 제자들에게 자주 말씀하십니다. '비구들이여! 색은 무상하고, 수는 무상하고, 상은 무상하고, 행들은 무상하고, 식은 무상하다. 비구들이여! 색은 무아고, 수는 무아고, 상은 무아고, 행들은 무아고, 식은 무아다. 일체의 행들은 무상하고, 일체의 법들은 무아다'라고. 악기웻사나여! 세존께서는, 이와 같이 제자들을 지도하십니다. 세존의 이와 같은 부분의 가르침들을 제자들에게 자주 말씀하십니다."

"존자 앗사지여! 참으로 듣기 거북한 것을 들었습니다. 우리는 사문 고따마가 그와 같이 말한다는 것을 들었습니다. 아마 언젠가는 우리가 그 고따마와 함께 만날 수 있을 것이고, 아마 어떤 식으로든 대화할 기회가 있을 것입니다. 그러면 필시 그로부터 사악한 견해는 떨어져 나갈 것입니다."

삿짜까도 웨살리에서 다리운동 삼아 길을 따라 걷고, 길을 따라 산책하다가 앗사지 존자가 멀리서 오는 것을 보았다. 보고서는 앗사지 존자가 있는 곳으로 다가갔다.

주석서의 설명에 따르자면, 당시에 삿짜까는 붓다에 대한 자세한 정보가 없었던 것 같다. 다만 웨살리에 '붓다'라고 알려진 자가 있고, 그에게는 많은 제자들이 있으며, 붓다와 그의 제자들을 칭찬하는 사람들이 많다는 것을 안 삿짜까는, 어떻게 해서든지 붓다라는 인물을 논쟁에서 보란 듯이 이겨서, 웨살리에서 논객으로서, 혹은 니간타 스승으로서의 자신의 입지를 확고히 하고, 또 앞에서 언급했던 바와 같이, 누이들이 논쟁에서 패배한 것에 대해서도 복수하고 싶었을 것이다. 하지만 붓다가 누군지, 무엇을 가르치는지를 알아야 논쟁을 준비할 터인데, 전혀 아는 바가 없어서 고심하던 차에, 붓다의 제자 가운데 앗사지라는 이름의 비구가 있고, 비구상가에서도 현명한 자로 소문난 자인 그가 마침 웨살리에 머물러 있다는 말을 듣게 되었다. 그래서 붓다와 토론하기 전에 미리 그에게서 붓다의 주된 가르침이 무엇인지를 물어보고 거기에 맞춰서 토론을 준비하려고, 앗사지 존자를 찾아가게 된 것이라고 주석서는 설명하고 있다.[088]

088 MA2/P.270~271.「앗사지 존자가 있는 곳으로 갔다. 왜 갔는가? (붓다의) 가르침이 무엇인지 알고자 함이었다. 이와 같은 것이 그에게 있었다고 한다. "나는 '사문 고따마를 논파할 것이다'라고 떠들고 다닐 것이지만, 그러나 또한 나는 붓다를 알아보지 못할 것이니, 논파하지도 못할 것이다. 그러니 붓다의 제자들을 알아야 나는 (붓다를) 논파한 자, 잘 논파한 자로 이름이 날 것이다. 또한 이 사문 고따마의 제자인 앗사지 장로가 (붓다의 가르침을 잘) 알고 있다. 앗사지는 자신이 스승의 제자들 가운데 현명한 자이니, 나는 (그에게 미리) 이것을 묻고는 토론을 준비하고는, 사문 고따마를 논파하겠다"라고. 그래서 (삿짜가가) 앗사지 존자에게 다가간 것이다.kasmā upsaṅkami? samayajānanatthaṃ. evaṃ kirassa ahosi. 'ahaṃ samanassa gotamassa vādaṃ āropessāmīti.'ahiṇḍāmi, samayaṃ panassa na jānamīti na āropesiṃ. parassa hi samayaṃ ñatvā āropito vādo svāropito nāma hoti. ayaṃpana samaṇassa gotamassa sāvako paññayati assajitthero, so attano satthu samaye kovito, etāhaṃ pucchitvā kathaṃ patiṭṭhāpetvā samaṇassa gotamassa vādaṃ āropessāmīti. tasmā upasaṅkami.」

한 쪽에 선 니간타의 후손 삿짜까는 앗사지 존자에게 이것을 말했다. "존자 앗사지여! 사문 고따마께서는, 어떻게 제자들을 지도합니까? 사문 고따마의 어떤 부분의 가르침들을 제자들에게 자주 말씀하십니까?"

여기에 등장하는 앗사지 존자는 붓다께서 사라나뜨의 사슴동산에서 처음 법을 설하실 적의 그 다섯 비구 가운데 한 사람이며, 나중에 사리뿟따의 은사가 된 사람이다.[089] 『초전법륜경』의 내용에 의하자면,[090] 붓다의 첫 설법에서 '법의 안목이 생긴 자'는 다섯 명의 비구들 가운데 꼰단냐라는 비구 한 사람뿐이었고, 나머지 앗사지를 포함한 네 명의 비구들은 차후에 설해진 『무아상경』의 법문[091]을 듣고서야 비로소 붓다의 가르침을 통해 '번뇌로부터의 해탈'을 얻게 되었다고 경전은 전하고 있다.

여기서 '한 쪽에 선' 이라는 것은, 경전에서 묻는 사람이 상대방에게 따로 가르침을 들으려는 의도가 없는 상황임을 나타내는 표현으로 사용된다. 반대로 가르침을 들을 준비가 되어있는 상황에서는 보통 '한 쪽에 앉은' 이라는 표현이 사용된다. 그럼으로 삿짜까에 의해서 제기된 이 질문은 따로 가르침을 들어보자고 한 것이 아니라, 단

089 MA2/P.270. 「ayasmā assaji ti sāriputtatherassa ācariyo assajīthero」

090 SN5/PP.420~424. 『*dhammacakkappavna sutta*』, 「imasmiṃ ca pana veyyākaraṇasmim bhaññamāne āyasmato koṇḍaññassa virajaṃ vītamalaṃ dhammacakkhum udapādi. 또한 이 기별이 설해질 때 꼰단냐 존자에게 흠 없고 더러움에 구애받지 않는 법의 안목이 생겼다.」 이 초전법륜경이 설해지기 이전의 상황과 『초전법륜경』의 내용은 『율장』「大品」mahavagga의 전반부에도 등장한다.

091 SN3/PP66~67. 『*anlakkhaṇa sutta*』, 「imasmiṃ ca pana veyyakaraṇasmiṃ bhaññamāne, pañcavaggiyanaṃ bhikkhūnaṃ anupādāya āsavehi cittāni vimucciṃsūti. 또한 이 기별을 설해 주실 때, 다섯 명 그룹의 비구들의 마음들은 집착되지 않음으로 번뇌들로부터 해탈되었다.」 ※미얀마 결집본인 CST 4. 0에서는 이 『무아상경』의 경전 제목이 『*anlakkhaṇa sutta*』으로 나와 있지만 PTS본에서는 『*pañca*』로만 나와 있다.

지 어떤 다른 의도 때문에 그 내용이 알고 싶어서 한 질문이다. '그대 앗사지의 스승인 사문 고따마는 평소에 가르침 가운데 어떤 부분을[092] 강조해서 제자들을 지도합니까?' 라고.

주석서의 설명에 따르자면,[093] 이것은 기본적으로는 '무엇을 가르치느냐고 물었던 것'이고, 이에 대해 앗사지 존자가 총괄적인 의미에서 '괴로움에 대해 가르치신다'라고 말했다고 하자, 삿짜까는 만약 붓다가 그런 것을 가르친다는 것이 사실이라면, 자신은 충분히 붓다를 논쟁에서 논파할 수 있다고 생각했다는 것이다. 하지만 경전 이외의 주석서의 이런 해설은, 아무래도 너무 멀리 간 것 같은 느낌이 든다. 주석서에서는 계속해서 설명하기를,[094] 앗사지 존자나 붓다께서는 모두

092 본문의 'kathaṃbhāgā'에서 kathaṃ은 부사로서, 어떤, 혹은 어떻게, 그리고 bhāga는 남성명사로서 부분, 혹은 분류의 뜻이다. '초기불전연구원'에서는 이것을 "어떻게 분류해서"라고 번역했고, 빅쿠보디 스님은 "How is … presented"라고 영역했다. 필자는 삿짜까가 질문한 것은, 그대의 스승은 제자들에게 주로 어떤 내용들을 강조해서 가르치는가 라는 취지의 질문이라고 보고, 이를 "어떤 부분"이라고 번역했다. 담마난디가 번역한 한역 <증일아함>에서는 이 대목이 "그대의 스승은 어떤 뜻으로 법을 설하시는가, 어느 教訓과 어느 教誡를 가지고서 제자들에게 법을 설하시는가? 汝師說何等義, 有何教訓, 以何教誡向弟子說法乎"라고 되어 있으며, <잡아함> 권제5에서는 "묻기를, 사문 고담은 제자들을 위해서, 어떠한 법으로써 제자들이 배우고 익히도록 가르치는가? 問言, 沙門瞿曇為諸弟子云何說法, 以何等法教諸弟子, 令其修習"라고 번역하고 있다.

093 MA2/P.271.「가르치다 라는 것은 무엇을 가르치느냐는 것이다. 무엇을 훈육시키는가, 라고 물을 것이다. (앗사지)장로가 다시 '괴로움을 가르친다' 라고 말하자, (삿짜까에게) 비난할 기회가 생겼다. (앗사지의 말은) 수행의 결과도 또한 괴로움이라고 정규적인 법에서 언급된 것이니.vinetīti kathaṃ vineti. kathaṃ sikkhapeti iti pucchati. thero pana yasmā dukkhanti vutte upārambhassa okaso hoti, maggaphalānipi pariyayena dukkhanti āgatāni.」

094 MA2/P.271.「이 '괴로움'을 말할 때, 장로에게 물어야겠다. '그대 앗사지여! 무엇 때문에 그대는 출가를 했는가?' 라고. 그로부터 '도과를 위해서' 라고 말한다면. '그대 앗사지여! 그대의 이것은 참으로 가르침이라고 할 수 없다. 이것은 큰 증오라고 할 것이다. 참으로 지옥이 있고, 그대에게는 행복이 없고, 참으로 괴로움이 계속해서 일어나고 파괴하고, 방황한다' 라고. 이렇게 (삿짜까에게) 분노가 일어날 것이다. 그래서 반대자에게 다 갖춘 법문 말하는 것을 하지 않았다. 기초가 없어서다. 그렇게 저자에게는 다 갖춰지지 않은 법문을 해야겠다 라고 생각하고는 '색은 무상하고…' 라고, 무상과 무아만을 말한 것이다.ayañca dukkhanti vutte theraṃ puccheyya "bho assaji! mimatthaṃ tumhe pabbajitā?"ti. tato "maggaphalatthaya"ti

삿짜까의 질문에 오온의 무상과 무아는 설했지만 '모든 조건 지어진 것들은 괴로움이다' 라는 항목은 설하지 않았다. 그 이유는 삿짜까가 만약 그런 말을 들으면, 그는 앗사지 존자나 붓다에게 기껏 수행해도 결국은 모든 것이 다 괴로움이라는 것 아니냐? 라고 물을 것임으로, 이렇게 그가 분노하게 될 것을 염려하여, 그에게 괴로움에 대한 항목이 빠진 법문을 두 분이 하게 된 것이라는 것이다.

이런 주석서의 설명은 아무래도 중간에 누군가가, 앗사지 존자도 그렇고, 붓다께서도 그렇고 법문을 하실 때는 늘 존재의 세 가지 특상(三特相)에 대해서 모두 갖추어서 말씀하셨는데, 왜 여기서는 '모든 조건 지어진 것들은 괴로움이다' 라는 항목은 빠졌는가? 라고 물었던 모양이고, 붓다의 법문은 늘 이 세 가지가 함께 설해졌다는 것을 원칙으로 삼아 지키려는 주석가들이, 이렇게 예외적인 상황을 일부러 설정해서, 이런 별로 설득력 없는(?) 해명을 하게 된 것이 아닐까 싶다. 주석가들의 설명이 좀 너무 간 느낌이 없지 않지만, 어쨌든 삿짜까가 이렇게 사전에 앗사지 존자의 말을 통해서 붓다와의 토론의 주제를 미리 알아보고, 나름대로 반론을 준비했다는 것은 충분히 예상할 수 있는 내용이다.

"악기웻사나여! 세존께서는, 이와 같이 제자들을 지도하십니다. 세존의 이와 같은 부분의 가르침들을 제자들에게 자주 말씀하십니다."

vutte "nay idaṃ bho assaji! tumhakaṃ sāsanaṃ nāma mahā āghātanaṃ nam'etaṃ. nirayussado nam'esa, natthi tumhakaṃ sukhāsa, uṭṭhāyu'ṭṭhaya dukkhaṃ'eva jirāpentā āhiṇḍathāti."dosaṃ āropeyya tasmā paravādissa pariyāyakathaṃ kātuṃ na vaṭṭati. yathā esa appatiṭṭho hoti, evaṃ'assa nippariyayakathaṃ kathessamīti cintetvā "rūpaṃ ··· aniccanti."imaṃ aniccānatta vaseneva kathaṃ katheti」

그림 5) 초전법륜경을 설하실 때의 앗사지 존자를 비롯한 다섯 비구들의 모습을 그린 것이다. 붓다 뒤편은 신들이 에워싼 모습을 묘사한 것 같다. 그림 출전 『*THE ILLUSTRATED HISTORY OF BUDDHISM*』 by ASHIN JANAKA BHIVAMSA. Artist U Ba Kyi

삿짜까의 질문에 따라, 평소에 붓다께서 제자들을 지도하기 위해 강조해서 자주 말씀하셨던 내용을 앗사지 존자가 설명하고 있는 것이다. 그런데 여기서 앗사지 존자가 삿짜까를 부를 때 '악기웻사나 aggivesana'라는 호칭을 사용했다. 이에 대해서 약간의 설명이 필요할 것 같다. 위에서 언급된 야코비라는 학자의 주장에 의하자면, 불교도들이 마하위라를 부를 때 '악기웻사나'라는 잘못된 이름을 사용하는 중대한 실수를 범했는데, 그것은 이 이름이 마하위라의 수제자인 수다르만의 족성族姓이지, 마하위라의 족성이 아니기 때문이라는 것이다.[095] 실제로 마하위라는 지역마다 자신의 제자들 가운데 브라만 출

095 『*Jaina Surtas*』, Hermann Jacobi, Part 1/P.11. 여기서 저자인 야꼬비는, 마하위라를 불교도들이 그 제자의 족성인 악기웻사나로 불렀다고 하고 있으며 그것은 중대한 실수였다고 지적하고 있다. 하지만 마하위라가 악기웻사나로 불렸던 예는 단 한번 <디가니까야>의 『사만냐팔라숫따』에 나오는데, 여기서도 비구들이나 재가신자들이 마하위라를 그렇게 부른 것이 아니라, 마가다 국왕이 착각해서 마하위라를 '악기웻사나'로 불렀던 것일 뿐이다. 아마 이것은 또 저자의 착각이었던 것 같다.

「이 문장을 살펴보기 전에, 나는 다른 중대한 불교도들의 실수에 대해 주의를 환기시켜야만 하겠다. 그것은 불교도들이 나타뿟따를 '악기웻사나'라고 불렀다는 것이다. 자인교의 기록에 따르자면, 어쨌든, 나타뿟따는 (족성이) 카사파였

신으로 11명의 상수제자를 지정했었는데,[096] 그 가운데 웨살리 근교에 살고 있던 '수다르만'이라는 이름의 상수제자의 족성이 '아기니와이스야야나(sk. aginivaisyayana)'이었다고 한다. 그로부터 '악기웻사나'라는 호칭이 생겼던 것 같고, 실제로 빠알리 경전 『사만냐팔라숫따』에서 마가다국의 왕인 빔비사라가 니간타 마하위라를 그의 제자의 족성인 '악기웻사나'로 언급하고 부른 적이 있기는 있다.[097] 어쨌든 이것은 빔비사라왕의 착각이었던 것 같다. 니간타의 전통에서는 마하위라의 족성을 카사파(sk. kasyapa)라고 믿고 있고, 빠알리 경전에서는 '나타뿟따'라는 호칭이 사용됨으로 그것이 마하위라의 족성이 '나타(sk. nāta, ñ, nāya)'임을 나타내는 것일 수는 있지만[098] '악기웻사나'라는 성이 마

고, 우리는 그들 자신의 뜨리탕까라에 대한 그러한 정보들을 신용할 수 있을 것이다. 그러나 수다르만는 나타뿟따의 상수제자였으며, 경전에서 그는 교리의 해설자 역할을 하고 있었고 그가 '아기니와이스야나'였다. 그는 자인교를 전파하는데 두드러진 역할을 했던 사람이다. 그 제자는(수다르만) 아마도 자주 외부사람들에 의해서 스승과 착각을 일으켰을 수도 있었을 것이다. Before following up this line of inquiry, I have to call attention to another significant blunder of the Buddhists: they call Nataputta an Aggivesana, i.e. Agnivaisyayana; according to the Gainas, however, he was a Kasyapa, and we may credit them in such particulars about their own Tirthakara. But Sudharman, his chief disciple, who in the Sutras is made the expounder of his creed, was an Agnivaisyayana, and as he played a prominent part in the propagation of the Gaina religion, the disciple may often have been confounded by outsiders with the master, so that the Gotra of the former was erroneously assigned to the latter.」

096 『*Bhagavan Mahavira*』, Acharya Tulsi, chapter 6에 의하자면, 마하위라는 여러 차례 상수제자를 정했는데, 그 가운데 맨 처음은 브라만 출신들을 대상으로 한 11명의 상수제자를 정했다고 한다. 가운데 첫 번째는 이름이 Indrabhuti, 족성이 Gautama, 지역은 Gobaragaon, 거느린 제자의 숫자는 500명, 두 번째는 이름이 Agnibhuti, 족성이 Gautama, 지역은 Gobaragaon, 거느린 제자는 500명, 세 번째는 이름이 Vayubhuti, 족성이 Gautama, 지역은 Gobaragaon, 네 번째는 이름이 Vyakta, 족성이 Bharadwaja, 지역은 Kollige Sannivesa 그리고 다섯 번째는 이름이 Sudharman, 족성이 Agninivaisyayana, 지역이 kolliga Sannivesa 등이다. 이러한 내용은 아래의 웹사이트에서 확인할 수 있다. www.herenow4u.net/index.php?id=cd4161

『인도철학사』, vol 2/라다크리슈난 이거룡譯, P.114. 「조직 관리에 대한 마하위리의 비범성은 또한 자이나교를 굳건한 토대 위에 세워놓는 요인이 되었다. 그는 평신도들을 공동체에서 없어서는 안 될 부분으로 확립시켰다. 이에 비하여 불교에서 그들은 교단에서 중요부분을 차지하지 않는다…」

097 DN1/P.56. 제2경, 『사만냐팔라숫따』

098 『*Jain-Buddhist Dialogue*』 JPTS, vol 26 by Nalini Balbir/P.3. 「And everyone

하위라의 족성일 가능성은 없어 보인다. 단지, 본경에 등장하는 삿짜까의 경우는, 그가 수다르만과 같은 웨살리 출신이었다고 하니, 만약 삿짜까가 수다르만과 같은 가문이었다면 사람들이 그를 수다르만과 같은 족성인 '악기웻사나'로 불렀을 수는 있었을 것이고, 웨살리 출신 니간타가 많았기 때문에 경전의 다른 곳에서 악기웻사나라는 족성으로 불리던 니간타가 또 있었다면[099] 그 니간타도 수다르만과 같은 족성이었기 때문에 '악기웻사나'라는 족성으로 불렀을 것이다.

"비구들이여! 색은 무상하고, 수는 무상하고, 상은 무상하고, 행들은 무상하고, 식은 무상하다. 비구들이여! 색은 무아고, 수는 무아고, 상은 무아고, 행들은 무아고, 식은 무아다. 일체의 행들은 무상하고, 일체의 법들은 무아다." 라고

그러면 이제 본문의 내용을 보자. 여기서는 먼저 앗사지 존자가 색·수·상·행·식의 무상anicca과 무아anattā에 대한 붓다의 가르침을 삿짜까의 질문에 응해서 전하게 된다. 이것은 이미 앗사지 존자 자신이 붓다에게서 듣고 '번뇌로부터의 해탈을 얻게 되었다'는 『무아상경』의 주된 내용이기도 하다. 그리고 붓다께서는 주로 색·수·상·행·식의 무상과 무아를 가르치신다 라는 앗사지 존자의 말을

knows of the proper name Nigantha Nat(h)aputta, which refers to the leader of this religious group, otherwise known as MahavIra. Nataputta is a clan name attested through its Prakrit counterpart Nayaputta banded down in Jain sources.」 / 하지만 『ジャイナ教文献』, P.297에 의하자면, 어떤 학자는 나타뿟따에서의 '나타nāta'는 족성을 뜻하는 것이 아니라, 니간타와 '친분이 있는'이라는 뜻이다. 이것은 한역에서 '나타뿟다'를 '尼健親子'라고 번역하는 것에서도 알 수 있다. 그럼으로 '니간타 나타뿟따'라는 호칭의 원래 형태는 '니간타와 친분이 있는 가문의 자손'이라는 의미의 'nigranṭha-jñāti-putra'였을 것이라고 추정하기도 한다.

099 예를 들어서 <맛지마니까야> 제74경인 『디가나카경』에서도 '디가나카'라는 유행자를 붓다께서는 '악기웻사나'로 호칭하신 적이 있다. <잡아함>에서는 '악기웻사나'가 '화종거사火種居士'로 번역되었다.

듣고 난 삿짜까는 당연히 '참으로 듣기 거북한 것'을 들었노라고 붓다의 가르침에 대해 거부감을 드러냈다. 하지만 삿짜까가 드러낸 이런 거부감은 2장의 붓다와의 대화내용을 보면 알 수 있지만, 오직 '무아anattā'라는 표현 때문에 일으킨 거부감이었다. 그 나머지들 즉, 루빠rūpa, 웨다나vedanā, 산냐saññā, 상카라saṅkhārā, 윈냐나viññāṇa라는 용어들은 바라문뿐만 아니라 니간타들에게도 이미 익숙한 것이었고, 그것들이 '무상anicca'하다는 것 또한 니간타들이 이미 인정하는 것이었기 때문에 그런 용어들이나 무상이라는 개념에 대해서 삿짜까가 거부감을 드러낸 것은 아니었다.

이렇듯, 붓다 이전부터 인간을 몸과 마음의 다섯 가지 항목으로 나누어 정의하려는 시도는 니간타뿐만 아니라 당시의 사람들에게도 이미 익숙한 것이었다. 예를 들어서 『따이띠리야 우빠니샤드』에서는 인간 개체를 다섯 가지 '아트만'으로 구분하는 내용이 들어있다.[100]

> 첫째는 음식(자양분)에 의해 만들어진 자아 - annarasamayaḥ(색온에 해당)
> 둘째는 유기체의 행위들에 의해 만들어진 자아 - ātmāprāṇamayah(행온에 해당)
> 셋째는 마음에 의해서 만들어진 자아 - ātmāmanomayaḥ(상온에 해당)
> 넷째는 인식에 의해서 만들어진 자아 - ātmāviññāṇamayaḥ(식온에 해당)
> 다섯째는 희열에 의해서 만들어진 자아 - ātmānandamayaḥ(?)

물론 여기서 언급된 것은 '자아ātman'에 대한 구분이고, 마지막 다섯 번째의 '희열(nanda)에 의해서 만들어진 자아'라는 항목과 오온에서

100 『*The five aggregates understanding theravada Psychology and Soteriology*』 by Mathieu Boisvert, P.19에서 재인용.

의 나머지 '웨다나칸다'와는 일치하지 않음으로 붓다께서 사용하신 오온이라는 용어와 온전히 같은 형식이라고 볼 수는 없지만 적어도, 인간 개체를 다섯 가지로 세분한 항목으로 규정하려는 시도는 붓다만의 독창적인 것이 아니었음은 알 수 있다.[101]

그러나 이 다섯 가지 항목들을 '온(蘊, khandha)'이라는 개념을 통해서 새롭게 구성되면서 결국 '오온(五蘊, paJcakhandhā)'이라는 용어를 사용한 것은 붓다가 처음이고, 불교에서 인간을 정의하는 핵심적이고 독창적인 용어로서 정착하게 된 것이다. 예를 들어서 <맛지마니까야> 제44경인 『쭐라웨달라숫따』에서 담마딘나라는 이름의 비구니가, 붓다께서는 인간 개체(sakkāya)를 무엇이라고 부르십니까? 라는 한 위사카의 질문에 대해 다음과 같이 답했던 것처럼 말이다.

> "위사카여! 이들 '집착에 영향을 받은 다섯 가지 온들'을 붓다께서는 '인간 개체'라고 부르십니다."[102]

101 『*The Lesser Discourse on Saccaka*』- The conversion of a boastful debater – by Piya Tan/P.62에서 재인용 / 자야띨레께jayatilleke 교수는 "색이 곧 자아다"라는 삿짜까의 잘못된 견해가 이 『우빠니샤드』의 내용에서 기원했을 것이라고 다음과 같이 주장한다.「자야띨레께는, 이 이론을 웨다의 이론과 공통점이 있다고 설명하고 있다. 그것은 사람은(puruṣaḥ), 다섯 가지 자아들 혹은 영혼들(ātmā)로 구성되다는 것이며, 그리고 이것은 『따이뜨리야 우빠니샤드』에서 제안된 것이다. 비록 다섯 가지 자아들의 개념들과 그것들의 순서는 일치하지 않지만, 그러나 두 가지 이론들의 유사점들은 다음의 도표로부터 증명된다… Jayatilleke notes that this theory resembles the Vedic theory that the person (puruṣaḥ) is composed of five selves or souls (ātmā), and is propounded in the Taittirīya Upaniṣad. Although the concepts of the selves and their order are not identical, but the similarities of the two theories are evident from this table…」

102 MN1/P.299. 제44경, 『쭐라웨달라숫따』, 「pañca kho ime avuso visākha upādānakkhandhā sakkāyo vutto bhagavatā.」 위의 번역문에서 '오취온'에 대한 번역은 일단 빅쿠보디 스님의 영역을 따른 것이다. 스님은 '오취온'을 'the five aggregates affected by clinging'으로 번역했다.

이렇게 붓다에 의해서 사용된 이 '오온'이라는 용어가 비록 그 형식적인 면에서는 처음이 아니라고 하더라도, 여전히 독창적인 것이라고 말할 수 있는 측면이 있다면, 그것은 온전히 '온khadha'이라는 개념 덕분일 것이다. 왜냐하면 이 온이라는 개념은 표현만 다를 뿐, 오직 붓다만의 독창적인 법으로서 인정받은 '연기법paṭiccasamupāda' 그 자체에 관한 것이기 때문이다. 색온·수온·상온·행온·식온의 오온이 무상하고 무아일 수밖에 없는 이유도, 그 각각의 온들이 연기법적으로 상속되면서 구성되고, 또 다섯 가지의 온들의 상호연관에 의한 인간 개체의 유지와 존속에도 이 연기법이 그대로 적용되기 때문이다. 필자의 이런 생각는 '온'이라는 개념에 대한 이해가 뒷받침된다면 저절로 설명될 것으로 믿는다. 그럼으로 지금부터 이 온이라는 개념에 대해 살펴보도록 하겠다.

빠알리어의 칸다khandha(sk. skandha)는 고대 <웨다*veda*>의 문법서인 『니룩따*nirukta*』[103]에도 등장할 정도로 오래된 단어 가운데 하나라고 한다.[104] 이 문법서에서는 <웨다>에 등장하는 이 단어의 일반적인 뜻을 나무의 '가지들'로 적고 있으며, 그것은 '나무에 붙어 있는' 것이기 때문이라고 설명하고 있다. 주석에서는 이것을 다시 나무의 '몸통부분'이라고 설명하고 있는데, 여러 나뭇가지들이 붙어있는 나무의 몸통을 가리키는 것은, 이 단어가 가지고 있는 두 번째의 뜻으로 사람의 '어깨'라고 설명하는 것과도 연관이 있을 것이다.[105] 사람의 팔과

103 『*The Nighantu and Nirukta*』, Laksheman Sarup, Motilal Banarsidasa. 이 책은 아래의 사이트에서 무료로 열람할 수 있다. https://archive.org/stream/nighantuniruktao 00yaskuoft#page/n3/mode/2up

104 『*The five aggregates understanding theravada Psychology and Soteriology*』 by Mathieu Boisvert EDSR, PP.16~18.

105 위의 책, P.16. 「the *nirukta*, holds that the general meaning of *skandha* in the Veda is restricted to "the branches of a tree" since they "are ched to the tree." it is interesting to note that the word "trunk," which stands for the union of all the branches

머리가 붙어있는 곳인 어깨와, 나뭇가지들이 붙어있는 나무의 몸통이 의미하는 바는 결국 무언가가 연결되어진 곳이라는 점에서는 일치한다. 붓다 시대 이전으로 가까이 오면서부터는 <우빠니샤드>에서 이 단어가 '무더기'라는 의미로 사용된 용례가[106] 보이기 시작한다고 하는데, 빠알리 경전에서도 이런 무더기라는 뜻으로 사용된 예는 '괴로움의 무더기dukkhakhandhā'같이 자주 등장한다. 그 밖에 '분할'이라는 의미로 사용된 예도 빠알리 경전에서 발견된다.

중국에서는 이 칸다를 구역에서는 '陰(음)'으로, 현장법사의 신역에서는 '蘊(온)'으로 번역되었다. 모두 기본적으로는 '쌓임'이라는 의미를 지닌다. 영어 번역에서도 마찬가지로 쌓임이라는 의미의 'aggregate' 혹은 'pail'이 사용되거나, 단순히 무더기 'group' 혹은 요소 'factor'로 번역되기도 한다. 영어번역에서나 한역에서 '칸다'를 'aggregate' 혹은 '蘊'이라고 번역하게 된 경우는 '우빠니샤드' 시기에 사용되던 이 단어의 용례보다는 빠알리 경전에서 주로 '괴로움의 무더기'와 같이 '무더기'라는 뜻으로 사용되었던 용례에 따른 것이 아닐까 싶다. 한글 번역서에서는 번역자에 따라서 '존재의 다발'이라는 용어를 쓰거나 '무더기' 혹은 한역 용어를 그대로 써서 '온'이라고 쓰기도 하는데, 필자는 한글 번역어로는 법성스님이 사용하기 시작한 '연기적 쌓임'이라는 용어[107]를 줄곧 선호해 왔다. 이 번역어는 'aggregate' 혹은 'pail'과 같은 영어 번역이나 한글의 '무더기'와 같은 현상적現狀的 번역을 통해서는 드러낼 수 없는 현상 내부의 코드가 전면에 잘

of the tree, is one of the connotations of the Pali term *khandha* as well.」

106 위의 책, P.17. 「The *Maitri upanisad* uses the term skandha in the sense of a mass' of smoke.」

107 이 번역어는 『앎의 해방 삶의 해방』이라는 저서에서 저자인 법성스님(지금은 학담이라는 법명을 쓰고 있다.)이 처음 사용하던 것으로, 필자는 이 번역어를 줄곧 '오온'에 대한 한글 번역어로 사용하고 있다.

부각된, 그래서 좋은 한글 번역의 한 예라고 생각된다.

그리고 필자도 이것 때문에 잠시 혼란스러웠던 적이 있었지만, 독자들에게도 이런 궁금증이 있을 수 있을 것이다. 경전에서 "비구들이여! 색은 항상한가 아니면 무상한가?" 라는 식으로 색 · 수 · 상 · 행 · 식이 거론되었을 때의 그 '색'과 '색온'은 과연 같은 것인가 아니면 다른 것인가? 하는 점과 그리고 이것과 연결된 것이겠지만, 오온과 오취온은 또 어떤가? 이 둘은 서로 다른 개념이고 그리고 그렇게 다른 개념으로 처음부터 붓다에 의해서 구분해서 사용된 것일까? 하는 점이다.

먼저 색과 색온을 보자. 결론부터 말하면, 경전에서 "비구들이여! 색은 항상한가 아니면 무상한가?" 라고 물었을 때의 그 색은 어떤 객관적 색에 대해 물으신 것이 아니다. 왜냐하면 오온의 형성 이전에, 즉 오온으로 구성된 유기체로서의 사람이 존재하기 이전에, 그 오온과 별도의 색이나 수나, 이런 것들은 따로 존재할 수도 없거니와, 존재한다고 해도 그것을 알아보는 주체(오온)가 아직 형성이 안 되어 있다면 그것들 각각의 존재(각각의 온들)를 알 수가 없기 때문이다. 예를 들자면 내가 없으면, 내가 내 몸이나 남의 몸을 알아보지 못하는 것과 같다. 그럼으로 붓다께서 "색은 항상한가, 아니면 무상한가?" 라고 물으신 경우에 그 색은, 바로 지금 여기서 내 말을 듣고 있는 그대 자신들의 사지 육신은, 외형적으로 모양을 갖추고 있어서 그대들에 의해서(나머지 수 · 상 · 행 · 식온의 작용에 의해서) 인식이 가능한 그 색을 보니 어떻든가, 과연 항상하든가, 아니면 무상하든가? 라고 물으신 것이다. 그럼으로 붓다에 의해서 언급된 그 색은, 이미 오온인 나 자신 속에서 연기적으로 상속되고 있는 그 '색온'을 이르는 것으로 이해하는 것이 옳을 것이다. 다른 항목들도 마찬가지다. 수는 수온을 이르는 것이고, 상은 상온을 이르는 것이고, 행들은 행온을 이르는 것이고, 식은 식온을 이르는 것이다.

색온이 아닌 색이나 수온이 아닌 수 등은, 인간의 심신을 단순히 기능이나 형태로 분류하고 설명하는 데 사용되던 기존의 기술적인 용어들이었고, 붓다가 그런 분류 자체를 인정하고 거기에 쓰이던 용어들도 그대로 사용하고 있지만, 오온에서의 색은 단순한 어떤 용어로서 존재하는 것이 아니라 연기적 쌓임에 의해서 우리에게 인식 가능한, 그리고 분류 가능한 구체적인 어떤 기능이나 형태로서 '나에게' 존재하고 있다는 것을, 이 용어를 사용하여 법문을 설하시던 붓다나 법문을 듣던 대중들도 이미 다 인지하고 있었을 것이고 그래서 굳이 따로 색을 색온이라고 하지 않더라도 그것이 구체적인 색온을 지칭한다는 것을 서로 알고 있었을 것이다.

이번에는 오온과 오취온에 대한 것을 살펴보자. 앞에서 언급한 대로 붓다에 의해서 최초로 설해진 경전은 『초전법륜경』이고, 이 경전에는 '오온'이라는 용어는 등장하지 않고, 흔히 한역에서 '五取蘊(오취온)'이라고 번역되는 '빤쭈빠다낙칸다pañcupādanakkhandha'라는 용어가 먼저 등장한다.[108] 붓다께서는 다섯 비구들에게 괴로움의 종류들을 나열해서 설명하신 끝머리에 '간단히 말하자면, 오취온이 곧 괴로움이다'[109] 라고 말씀하시면서 사성제 가운데 첫 번째인 고성제의 설명을 마치셨다. 그러면 과연 '오취온'이라는 용어는 구체적으로 어떤 의미에서 사용된 것인가? 그리고 오취온과 오온은 또 어떻게 다른가?

'빤쭈빠다낙칸다'라는 단어는 일반적으로 다섯(pañca)+강조(upa)+집

108 SN5/PP.420~424.
109 SN5/P.424.「saṃkhittena pañcupādānakkhandhā pi dukkhā.」

착(ādāna)+연기적 쌓임(khandha)으로 분석된다. 그런데 세 번째에다 '아다나ādāna'라는 명사를 배치한 것이 아주 의미심장하다. 이 단어와 정반대되는 뜻을 지닌 단어가 보시, 적선, 공양이라는 뜻으로 요즘도 동남아 불교국가에서는 빈번하게 쓰이는 '다나dāna'라는 단어다. 그런 '다나'와 정반대되는 뜻이 바로 '아다나'이다. 즉 '다나'라는 것이, 내 것이 아닌 줄을 알아 남들과 나누거나 베푸는 것의 의미라면 '아다나'는 이와 반대로, 내 것이 아님에도 불구하고 내 것이라 여겨 움켜쥠이라는 뜻이기 때문이다. 거기다가 앞에 강조의 뜻으로 쓰이는 '우빠upa'가 붙어있으니, 죽기 살기로 움켜쥔다는 뜻이 될 것이다.[110]

이제 '빤쭈빠다낙칸다' 즉 '오취온'의 의미를 정의하기에 앞서, 우리는 앞에서 인용했던 <맛지마니까야> 제44경에서는, 붓다께서는 '인간 개체sakkāya'를 '오취온'으로 정의하셨다는 것을 연상해 보자. 오온이 아니라 분명 '오취온'이었다. 그리고 이 오취온 발생의 원인으로 '갈애taṇhā'를 말씀하셨다.[111] 비슷한 내용의 <맛지마니까야> 제109경

110 빠알리어에서는 위와 같이 복수의 단어들이 모여서 만들어진 합성어의 경우, 그것들을 어떤 순서로 읽을 것이냐는 전적으로 읽는 사람이 문맥을 어떻게 이해하고 있느냐에 따라서 달라질 수 있는 것이지, 어떤 문법적인 규칙이 반드시 적용되어져야 하는 것은 아니다. 그래서 이 '빤쭈빠다낙칸다'라는 단어에는 다양한 번역들이 존재한다.
"다섯 가지 존재의 집착다발"- 전재성
"집착에 영향을 받은 다섯 가지 온들" the five aggregates affected by clinging - by Ven. Bhikkhu Bodhi
"다섯 가지 범주의 집착의 대상" the five categories of clinging objects. - by Ven. Nanamoli
"집착의 대상인 다섯 가지 온들" the five aggregates which are the object of clinging'- by Mathieu Boisvert
"움켜쥠의 다섯 가지 무더기" the five groups of grasping"- by I.B. Honer at PTS translation
"움켜쥠과 함께 해야 하는 다섯 가지 요소들" the five factors that have to do with grasping."- by F.L. Woodward at PTS translation

111 MN1/P.299. 제44경, 『쭐라웻달라숫따』「sakkayasamudayo sakkāyasamudayo ti ayye vuccati, katamo nu kho ayye sakkayasamudayo vutto bhagavatā ti. yā'yaṃ avuso! visākha, taṇhā ponobhavikā nandirāgasahagatā tatra tatrābhinandinī.」

에서도 오취온의 뿌리를 묻는 한 비구의 질문에 붓다께서는 그것을 '집착chanda'이라고 말씀하셨고[112] 주석서에서는, 그 집착은 갈애로부터 만들어진 것이라고 설명하고 있다. 아마 독자들도 이쯤해서 붓다께서 사용하신 '빤쭈빠다낙칸다'가 구체적으로 무엇을 지칭하는 것인지를 짐작할 수 있게 되었을 것이다.

<디가니까야> 제16경인 『마하빠리닛빤나숫따』에서 붓다께서 비구들에게 이렇게 말씀하신 적이 있다.

> 비구들이여! 네 가지 성스런 진리를 확실하게 이해하지 못하고, 확실하게 통찰하지 못함으로써, 이와 같이 이 긴 세월동안 나와 너희들의 유전과 윤회가 있는 것이다.[113]

필자는 붓다께서 열반을 목전에 두신 마지막 순간에, 제자들을 불러놓고 너무도 진솔하게 토로하신 이 말씀을 떠올리면서 '빤쭈빠다낙칸다'는 붓다를 포함해서, 붓다 이전이나 이후의 모든 아라한을 망라해서, 잘났다고 하는 인간들이나 못났다고 하는 인간들이나 우리 모두가 '갈애taṇhā'로부터 인간 개체로 태어난 이상, 그 모든 인간의 현재의 있는 그대로의 것, 그것을 붓다는 '빤쭈빠다낙칸다'라고 규정하셨다고 생각하게 되었다. 그럼으로 붓다께서 처음 사라나뜨의 사슴동산에서 다섯 명의 비구들을 모아놓고, 괴로움의 진리에 대해 설명하시는 끝에 '오취온'이라는 용어를 사용하시면서 이렇게 말씀하셨던 것이다. '그래! 간단하게 말하면, 집착에 의해서, 집착이 원인이 되

112 MN3/P.16. 제109경, 『마하뿐나미숫따』, 「ime pana bhante! pañcupādānakkkhandhā kiṃmūlakāti?" "ime kho bhikkhu! pañcupādānakkhandhā chandamūlakā ti.」
113 DN2/P.90. 제16경, 『마하빠리닛빤나숫따』*mahāparinibbāna sutta*, 「catunnaṃ bhikkhave! ariyasaccānaṃ ananubodhā appaṭivedhā evam idaṃ dīgham addhānaṃ sandhāvitaṃ saṃsaritaṃ mamañ ceva tumhākañ ca.」

어서 연기적으로 쌓여진 우리들 자체가, 그냥 괴로움인 것이다.'

그러나 만약 붓다의 사고가, 모든 인간은 '갈애'에 의지해서 만들어진 욕망덩어리이기 때문에 인간 개인 그 자체가 바로 괴로움일 수밖에 없다 라는 곳에서 멈췄다면, 붓다는 결국 우리가 맨 앞에서 살펴봤던 고행주의자 니간타들과 똑같은 수행의 길을 채택했을지도 모른다. 고행과 명상 이외에는 과거의 죄업으로부터 생겨난 이 몸을 제어할 길이 없다고 여기면서, 니간타 마하위라처럼 '괴로움을 없애기 위해 느낌조차 없애려는' 어리석은 고행을 거듭했을 것이다. 그러나 붓다께서는 괴로움 그 자체로서의 이 몸을 만들어내고 또 지금도 여전히 만들어 가고 있는 원인인 그 '갈애'조차, 그것이 결코 원인 없이 만들어진 것이 아님을 꿰뚫어 보셨다. 거기에도 우리의 선택이 있었음을 아시고, 오히려 거기서 해탈의 길을 찾아내신 것이다. 그것은 '빠띠짜사뭅빠다' 연기법의 이치가 거기에 있었음을 아신 것이고, 그 연기법 속에서, 괴로움을 운명처럼 타고난 우리 인간들이 스스로의 선택과 노력에 의해서 괴로움으로부터 해탈하는 길을 오취온에서 오온의 길로의 전환을 선언하신 것이다.

그럼으로 필자는 '오취온pañcūpādanakkhandha'이라는 용어를 '집착ādāna을 조건으로 해서 연기적으로 집적되어져 있는(khandha) 심신의 다섯 부분(pañca)'으로 해석하며, 구체적으로는 '갈애를 원인으로 해서 형성되어져 있는 현재의 인간 개인'을 지칭하는 것으로 생각한다. 단지 여기서 독자들에게 혼란스러울 수 있는 점은, 집착하는 주체도, 집착되어지는 대상도 모두 자기 자신이라는 현실일 것이다. 그러니까 몸이나 생각이나 느낌을 내 것이라고 집착하는 경우에, 그렇게 집착하는 그 주체 역시 그 생각이나 그 느낌이나, 그런 인식작용을 일으키게 하는 물질적 토대인 몸이라는 것이다. 즉 나는 집착의 대상인 동시에 집착의 주체인 것이다. 그러면 당연히 이런 질문이 일어날 수 있다. 왜 나는 내 몸을, 나의 생각을, 나의 느낌을 옳다고 여기고 집착하게 되는가? 대답은 간단하다. '나'라는 것이 전제되어져 있기 때문이다. '내 것'은 '나'라는 것이 전제되었을 때 일어날 수밖에 없는 자연스런 과정이다.

그럼으로 '오취온'이라는 용어는 이렇듯 '나'라는 것이 전제되어져 있는 상태에서 나 자신을 내 것으로 여기고 살아온 과거의 집착이 원인이 되어 형성되어진 현재의 나의 모습에 초점을 맞춘 용어라면, '오온'은 나라는 것이 전제되어 나 자신을 내 것으로 여기면서 살아온 과거의 삶이 원인이 되어 일어난 결과가 지금의 나임을 자각한 수행자가, 나라고 할 것이 없음을 자각하고 새롭게 형성해 나아갈 미래의 자신의 삶의 모습에 초점을 맞춘 것이라고 볼 수 있다. '온khandha' 이라는 개념은 연기법과 다른 것이 아니다. 그럼으로 이 온은 인간으로 형성된 과거의 과정에만 적용된 것이 아니라, 현재와 미래의 새로운 나를 만들어가는 과정에서도 똑같이 적용된다. 당연히 그때는 오취온이 아닌 다른 용어가 필요했을 것이고, 그런 필요성에 의해서 '오온'이라는 기술적인 용어가 사용되었을 것으로 필자는 생각된다. 대충 이렇게 이해하고 나면, 오취온과 오온에 대해 비교해 놓은 <상윳따니까야>의 『칸다숫따』의 내용이 좀 더 분명하게 드러날 것이다.[114]

"비구들이여, 무엇이 다섯 가지 온들인가? 무엇이라도 색, 수, 상, 행들, 식, 그것이 과거의 것이든 현재의 것이든 미래의 것이든, 안의 것이든 밖의 것이든 거대한 것이든 미세한 것이든, 하열한 것이든 수승한 것

114 SN3/P.47~48.

이든, 멀리 있는 것이든, 가까이 있는 것이든 간에, 이것을 색온, 수온, 상온, 행온, 식온이라고 부른다.

비구들이여, 무엇이 다섯 가지 취온인가? 무엇이거나 색, 수, 상, 행들, 식, 그것이 과거의 것이건 현재의 것이건 미래의 것이건, 안의 것이건 밖의 것이건, 거대한 것이건 미세한 것이건, 하열한 것이건 수승한 것이건, 멀리 있는 것이건 가까이 있는 것이건 간에, 번뇌와 함께 하고, 집착의 대상이 된(※동시에 집착의 주체가 된[115]) 이것을, 색의 취온, 수의 취온, 상의 취온, 행의 취온, 식의 취온이라고 부른다."

이렇게 해서, 앗사지 존자의 입을 통해서 삿짜까에게 전해진 붓다의 가르침, '오온'과『초전법륜경』에서 설해진 '오취온'에 대해서 생각해 봤다. 하지만 이것으로 오온에 대한 설명이 다 끝났다는 것은 물론 아니고, 다음의 2-2장에서 붓다에 의해서 직접 설명되어지는 대목에서 오온의 각 항목과 연기법과의 관계 등에 대해서 다시 살펴보도록 하겠다.

"그대 앗사지여! 참으로 듣기 거북한 것을 들었습니다. 우리는 사문 고따마가 그와 같이 말한다는 것을 들었습니다."

쉽게 한번 생각해 보자. 여기 두 사람이 만나서 서로 대화를 했다. 한 사람은 "그대의 스승은 주로 제자들에게 어떤 가르침을 주시는

115 번역문의 "번뇌와 함께하고 집착의 대상이 된(※동시에 집착의 주체가 된), 이것을 색취온이라고 부른다" 라는 대목의 분석은 아래와 같으며, 'upādānīyaṃ' 이라는 단어를 '집착의 대상이 된'이라고 번역은 했지만, 이것은 동시에 '집착의 주체가 된'이기도 하다는 것은 위의 본문에서 이미 설명한 대로다.「sāsavaṃ upādānīyaṃ ayaṃ vuccati rūpupādānakkhando,」sa(=saha, with, together)+āsava(noun, canker)+ṃ(no, sg) upa(emphasis)+ādāna(noun, clinging)+iya(prefix for adjective)+ṃ (noun, no, sg) ayaṃ(pronoun, no, sg) vuccati,(verb, address) rūpa(matterial form)+ādāna(clinging)+khandha(aggregate)

가?" 라고 물었고, 이에 또 한 사람은 "우리의 스승께서는 주로 '제행은 무상하고 제법은 무아다' 라는 가르침을 주신다" 라고 답했다. 대답한 사람은 그런 스승의 가르침을 듣고, 번뇌로부터의 해탈을 얻은 당사자였다. 그에 반해 물은 사람은, 대답한 사람으로부터 전해들은 똑같은 내용의 가르침을 듣고는 짜증을 냈다. 한 사람은 스승의 말씀을 듣고 번뇌로부터 해탈을 얻었고, 또 한 사람은 그 말을 전해 듣고 짜증을 냈다. 도대체 어떤 차이가 이 두 사람의 같은 '들음'에 정반대의 결과를 만들어낸 것일까?

이전에 바라문 출신의 비구들이 붓다에게 이런 제안을 한 적이 있었다. 현재의 승가의 구성원들은 각기 다른 가문에서 출가한 사람들이기 때문에, 그들은 각기 자신들의 언어를 사용하여 붓다의 가르침을 배움으로써 붓다의 가르침을 망치고 있다. 그러니 앞으로 붓다의 가르침은 정확한 <웨다*veda*>의 표현방식으로 바뀌어져야 한다는 것이었다. 이에 대해 붓다께서는 이렇게 말씀하셨다.

> "비구들이여! 붓다의 가르침이 웨다의 표현방식(chandaso)으로 바뀌어져서는 안 된다. 바뀌어 진다면, '둑카따'의 잘못을 범하게 될 것이다. 비구들이여! 나는 '스스로의 표현방식(sakāya niruttiyā)으로' 붓다의 가르침을 배우는 것을 허락한다."[116]

116 Vin2/P.139. 「"존사시여! 지금 비구들은 각각의 이름, 각각의 족성, 각각의 출신, 각각의 가문에서 출가한 저들은 자신들의 표현방식으로, 붓다의 가르침을 망치고 있습니다. 그럼으로 존사시여! 우리들은 붓다의 가르침을 (웨다의) 표현방식으로 바꾸어야 합니다." … "비구들이여! 붓다의 가르침을 웨다의 표현방식으로 바꿔서는 안 된다. 바꾼다면, '둑카따'의 잘못을 범하게 되는 것이다. 비구들이여! 나는 스스로의 표현방식으로 붓다의 가르침을 배우는 것을 허락한다." etarahi bhante! bhikkhū nānānāma nānāgottā nānājaccā nānākulā, pabbajitā te sakāya niruttiyā buddhavacanaṃ dūsenti. handa mayaṃ bhante! buddhavacanaṃ chandaso āropemāti. … na bhikkhave! buddhavacanaṃ chandaso āropetabbaṃ. yo āropeyya, apatti dukkhatassa. anujanami bhikkhave sakāya niruttiya buddhavacanaṃ pariyāpunitun ti.」

붓다께서 자신의 가르침을 굳이 표준어로 표기하거나 정형화하는 것에 반대한 이유는 가르침의 목적이 암기가 아니라, 깨우침이기 때문이고 그 깨우침은 소통에서 발생하는 것이지, 그 '말 자체'에 있는 것이 아니라고 믿으셨기 때문일 것이다. 아무리 붓다의 가르침을 표준어로 바꾸거나, 정형화된 형식으로 만든다고 하더라도 그렇게 표준화되고 정형화된 말을 듣는다고 해서, 수행하는 사람들 모두가 저절로 깨달음을 얻게 되는 것은 아니다. 이처럼 붓다에게 있어서 '말'이란 상호간에 소통하게 하는 도구로써의 역할에 지나지 않는다. 아무리 그 말의 내용이 사성제이든 연기법이든 간에 말이다. 만약 번뇌로부터 해탈케 된 그 원인이 스승에 의해 말로 설해진 그의 가르침 그 자체에만 있는 것이었다면, 앗사지 존자를 번뇌로부터 해탈시킨 붓다의 그 말은, 다시 그 말을 전해들은 사람에게도 똑같이 일어나야 마땅하다. 하지만 삿짜까의 경우는 결과가 정반대였다.

이것을 다른 측면에서 말하자면, 앗사지 존자가 붓다로부터 '연기법'에 대한 가르침을 듣고 그로부터 번뇌로부터 해탈을 얻게 된 것은 앗사지 존자가 '연기법'을 듣고 해탈을 얻게 되는 그 과정, 또한 '연기법적'으로 진행되었기 때문이다. 법은 아는 '것'이 아니다. 만약 연기법을 아는 '것'으로 삼으면 '연기법'은 앎의 대상이 되고, 그렇게

여기서 이들 '찬다소chandaso'와 '사까야니룻띠sakāyanirutti'라는 단어에 대해서는 학자들 간에 해석이 일치하지 않는다. 우선 짠다사라는 것에 대해서는 대체적으로 붓다고사의 설명과 같이, 웨다에서 사용된 언어인 '산스끄리뜨'로 해석할 수 있지만, 삿까야니룻띠라는 단어가 붓다고사가 설명하는 것처럼, 붓다께서 사용하시던 마가다어의 표현방식을 뜻하는 것인지, 아니면 비구들 각자가 자신들이 알고 있는 표현방식, 혹은 각자의 방언을 뜻하는 것인지에 대해서 의견이 갈라진다. 만약 전자라면 붓다의 가르침은 오직 붓다께서 사용하시는 말이나 표현방식에 따라야 한다는 뜻이 되고, 후자라면 비구들 각자가 자신들에게 능숙한 언어나 표현방식에 따라서 붓다의 가르침을 보전해도 좋다는 뜻이 된다. 필자는 필자가 이해하고 있는 붓다의 언어관에 따라서, 후자의 뜻으로 해석하는 것이 옳다고 여겨 후자의 해석을 따랐다.

무언가가 자신에게 앎의 대상이 되는 과정은 전혀 '연기법적'인 것이 아니기 때문에, 그가 알거나 혹은 들은 대상이 아무리 연기법이라고 하더라도, 그에게 알려지거나 들려진 '연기법'은 결코 그를 번뇌로부터 해탈시키지 못하는 것이다. 필자가 사용한 이 '연기법적'이라는 말이 무슨 정식용어는 아니지만, 법을 들음에, 들려진 법이 그 실체가 따로 있다거나 그 법을 듣는 주체의 실체가 또 따로 있지 않음을 알아, 들려진 법과 듣는 나의 관계 속에서 이 법이 자신에 의해 이해되어지고 있다는 그 구조 자체를 이해하는 것, 필자는 이것을 '연기법적'이라고 지칭한 것이다. 이것은 뒤의 2-3장에서 붓다께서 삿짜까에게 "악기웻사나여! 그대는 정말 색은… 곧 자아다 라고 말하는 것인가?" 라고 물으셨던 그 질문에도 포함된 것으로 대상과 자신의 관계를 연기법적으로 해석하지 못하고, 대상을 실체적으로 파악하고 있는 삿짜까에게, 그대는 이런 사실을 알고 있느냐고 확인하시는 장면이 될 것이다.

그리고 이것은 별로 중요한 것은 아니지만, 앗사지 존자의 말을 들은 삿짜까가 "참으로 듣기 거북한 것을 들었습니다" 라고 말했다는 대목이 한역 <잡아함>에서는 삿짜까가 앗사지 존자에게, 혹시 그대 앗사지 존자가 붓다의 가르침을 잘못 들은 것 아니냐? 사문 고따마는 절대 그렇게 말했을 리가 없다 라고 말하는 내용으로 등장한다.[117] 그래서 다음 2-2장에 해당되는 한역경의 내용에서도 삿짜까는 빠알리 경전의 내용과 다르게, 붓다에게 자신이 이전에 앗사지 존자에게 들었던 바를 먼저 말하고, 아무래도 앗사지가 잘못 들었던 것 같은데, 붓다

117 T1/P.35. <잡아함>, 권제5,「니건자의 후손 살차는 이 말을 듣고는 마음이 기쁘지 않았다. 그래서 말하기를, 아습파서여, 그대가 틀림없이 잘못 들었을 것이다. 사문 고담은 결코 그렇게 말하지 않았을 것이다. 薩遮尼揵子聞此語心不喜. 作是言. 阿濕波誓. 汝必誤聽. 沙門瞿曇終不作是說」

께서 정말 그렇게 말씀하셨는지를 확인하는 내용으로 구성되어 있다. 필자가 여기서 '듣기 거북한 것을 들었다' 라고 한 것은 빠알리어의 'dussutaṃ vata assumha'를 번역한 것으로 du+ssutaṃ은 듣기 거북한 것을 듣는 것, 혹은 잘못 듣는 것, 이 양쪽 해석이 모두 가능하고 그런 용례도 있는 단어다. 이와 반대되는 단어는 su+sutaṃ가 될 것이다.

2부

021 삿짜까, 붓다와의 논쟁에서의
승리를 장담하다

022 붓다, 삿짜까의 물음에
오온의 무상과 무아로 답하시다

023 삿짜까, 붓다의 설법에 반론을 펴다

021

삿짜까, 붓다와의 논쟁에서의 승리를 장담하다

그 당시 어떤 일 때문에 500명의 릿차위족들이 공회당에 모였다. 그때 니간타의 후손 삿짜까가 그들 릿차위족들이 있는 곳으로 다가갔다. 다가가서는 그들 릿차위족들에게 이렇게 말했다.

"존경하는 릿차위들이여, 오십시오. 존경하는 릿차위들이여, 오십시오. 오늘 본인과 사문 고따마 사이에 토론이 있을 것입니다. 만약, 사문 고따마가 잘 알려져 있는 제자인 앗사지라는 이름의 비구가 나에게 주장한 것처럼 나에게 그렇게 주장한다면, 마치 한 힘센 남자가 털이 긴 숫양을, 그 털을 붙잡고는 앞으로 끌고 뒤로 끌고, 때로는 앞뒤로 끌듯이, 그렇게 본인도 토론에서 사문 고따마를 앞으로 끌고 뒤로 끌고, 때로는 앞뒤로 끌겠습니다. 마치 한 힘센 양조업자가, 거름 채를 깊은 물통에 던져 넣고는 그 끝을 잡고 앞으로 끌고, 뒤로 끌고, 때로는 앞뒤로 끌듯이, 그렇게 본인도 사문 고따마를 앞으로 끌고, 뒤로 끌고, 때로는 앞뒤로 끌겠습니다. 마치 한 힘센 주정 혼합사가 채의 끝을 잡고는 위로 흔들고, 아래로 흔들고, 탈탈 털듯이, 그렇게 본인도 토론에서 사문 고따마를 위로 흔들고, 아래로 흔들고, 탈탈 털겠습니다. 마치 60살 먹은 한 코끼리가 깊은 호수에 들어가서 삼 씻기라는 놀이를 즐기듯이, 그렇게 본인도 사문 고따마를 삼 씻기라는 놀이로 즐기겠습니다. 존경하는 릿차위들이여, 오십시오. 존경하는 릿차위들이여, 오십시오. 오늘 본인과 사문 고따마 사이에 토론이 있을 것입니다."

그러자 일부의 릿차위족들은 이렇게 말했다.

"어떻게 사문 고따마가 니간타의 후손 삿짜까를 논파할 수 있단 말인가? 오히려 니간타의 후손 삿짜까가 사문 고따마를 논파할 것이다."라고.

그리고 일부의 릿차위족들은 이렇게 말했다.

"어떻게 저 교만한 니간타의 후손 삿짜까가 세존을 논파할 수 있단 말인가? 오히려 세존께서 니간타의 후손 삿짜까를 논파할 것이다."라고.

그때 니간타의 후손 삿짜까는 500명의 릿차위족들에게 둘러싸여 큰 숲의 중각강당이 있는 곳으로 갔다.

"마치 60살 먹은 한 코끼리가 깊은 호수에 들어가서 삼 씻기라는 놀이를 즐기듯이, 그렇게 본인도 사문 고따마를 삼 씻기라는 놀이로 즐기겠습니다."

니간타들은 누구하고 논쟁할 때는 다들 이런 식으로 호언장담을 하라고 집단적으로 오리엔테이션이라도 받은 건지 몰라도, 삿짜까가 논쟁에서 승리를 장담하며 떠벌린 이 세 가지 비유를 통한 이야기는 <맛지마니까야> 제56경인 『우빨리숫따』에서, 같은 니간타인 우빨리 장자가 붓다와의 논쟁을 앞두고 사람들 앞에서 떠벌린 내용과 똑같다.

본문에서 '삼 씻기라는 놀이를 즐기겠다' 라고 번역한 것은 빠알리어의 'sāṇadhovikaṃ nāma kīḷitajātaṃ kiḷati'를 번역한 것으로,[118] 이 '삼 씻기sāṇadhovika'라는 것은 당시의 사람들이 삼베를 만들기 위해서 물에 불린 삼 껍질을 한 움큼씩 잡고, 나무판 위에다 이리 내려치고 저리 내려치면서 부드럽게 만드는 힘든 작업인데, 사람들은 노동의 고단함을 잊기 위해서 이 작업을 하면서 술을 한 잔씩 걸치게 되었고, 그래서 결국 이것이 나중에는 마치 놀이처럼 발전하게 된 것이다. 이 작업은 주로 물가에서 벌어지는데, 마침 물가에 목욕하러 와 있던 늙은 코끼리가 자신의 코로 물을 품었다가는 자신의 몸 이곳저곳에 뿜어대는 것을 보고는, 사람들은 그것이 마치 자신들이 삼 껍질을 쥐고 이리 치고 저리 치는 것을 보고 흉내 내는 것이라고 생각하고는 "코끼리가 깊은 호수에 들어가서 삼 씻기라는 놀이를 즐기듯

118 sāṇa(삼)+dhovika(씻기)+ṃ(ac) nāma kiḷita(noun 놀이)+jāta(pp. 만들어진)+ṃ(ac) kiḷāti(verb, 놀다, 즐기다) 단어 그대로를 번역하자면, 삼 씻기라는 이름의 놀이에서 생긴 것을 놀겠다 라고 할 수 있는데, 빠알리어에서는 이처럼 '놀이를 놀겠다' 라는 식의 표현이 자주 등장한다. 이를 우리말의 용례에 맞춰서 '놀이를 즐기다' 라고 번역한 것이다.

이"라고 말하게 된 것이라고 주석서에서는 설명하고 있다.[119] 자신의 논쟁상대를 이처럼 이리 치고 저리 치면서 가지고 놀겠다는 소리다.

그림 6) '삼 씻기 놀이'라는 게 대충 이런 식으로 코끼리들이 목욕하는 장면을 말하는 모양이다. 사진의 코끼리는 60살까지는 보이지 않는다.

한역 <잡아함>의 해당경전에서는 네 가지 비유가 등장하는데, 빠알리 경전에 등장하는 세 가지 비유 가운데 한 가지만 같고 나머지는 내용이 다르다.

> 비유하자면 풀 베는 남자가 풀뿌리를 뽑아서, 손으로 그 줄기를 잡고는 허공에다 털면서 모든 더러운 것들을 제거하는 것처럼, 나도 또한 사문

119 MA2/P.272. 「늙은 코끼리가 그 놀이를 보고는 깊은 물속에 들어가 코를 물을 품어서 한 번은 배에다 한 번은 등에다 한 번은 양쪽 옆구리에다 한 번은 안 쪽 다리에 뿌리면서 논다. 이것을 가지고 '삼 씻기 놀이'라는 이름으로 부르는 것이다. rañño nāgo taṃ kiḷaṃ disvā gambhiraṃ udakaṃ anupavisitvā soṇḍāya udakaṃ gahetvā sakiṃ kumbhe akiṃ piṭṭhiyaṃ sakiṃ ubhosu passesu sakiṃ antarasatthiyam pakkhipanto kiḷittha. tadupādāya taṃ kiḷitajātaṃ sāṇadhovikaṃ nāma vuccati.」

고따마와 논쟁에서 그 핵심을 붙잡고는 앞으로 갔다가 뒤로 갔다가 돌렸다가 마음대로 하면서, 그 삿된 언설을 제거할 것이다.

… 마치 옷감 짜는 사람이 자리에 쌓여있는 더러운 옷감들을 시장에 내다 팔고자, 물로 옷감을 빨면서 모든 악취와 때를 제거하듯이 … 마치 왕가의 코끼리 조련사가 술 취한 큰 코끼리를 이끌고 깊은 물속에 들어가서 그 몸을 씻으면서, 사지와 귀와 코와 주변을 씻어서 모든 거친 때들을 제거하듯이 …[120]

한역 <증일아함>에서는 코끼리의 비유 끝에 이런 험한 말까지 한 것으로 나와 있다.

마치 어금니 6개 달린 사나운 코끼리가 깊은 산중에 들어가 날뛰어도 장애되는 것이 없듯이, 내가 지금 또한 그와 같이, 그와의 논쟁에서도 장애될 일이 없다. 마치 두 명의 건장한 남자가 한 명의 왜소한 사람을 붙잡아서 불 위에다 놓고 태울 때, 마음대로 뒤집어도 아무런 장애될 것이 없는 것과 같이, 나도 또한 그와 논쟁에서 장애될 일이 없다. 나는 논쟁 중에 코끼리조차 능히 상처를 입힐 수 있거늘, 하물며 사람이겠는가? 또한 코끼리를 동서남북으로 능히 부릴 수 있거늘, 어찌 사람을 그리 하지 못하겠는가? 지금 이 강당의 기둥과 같은 무정물도 오히려 능히 옮길 수가 있거늘, 어찌 하물며 사람과 더불어 논쟁을 하면서 승리하는 일이겠는가? 나는 그의 얼굴의 땀구멍에서 피가 나오도록 하여, 목숨을 끝내 주리라.[121]

120 T2/P.35. "譬如士夫刈拔芠草. 手執其莖. 空中抖擻. 除諸亂穢. 我亦如是. 與沙門瞿曇論議難詰. 執其要領. 進却迴轉. 隨其所欲. 去其邪說 如織席師. 以席盛諸穢物. 欲市賣時. 以水洗澤. 去諸臭穢. 我亦如是. 詣沙門瞿曇所. 與共論議. 進却迴轉. 執其綱領. 去諸穢說 … 譬如王家調象之師. 牽大醉象. 入深水中. 洗其身體. 四支. 耳. 鼻. 周遍沐浴. 去諸麁穢."

121 T2/P.715. 「猶如猛象凶暴而有六牙. 在深山中戲. 亦無所難. 我今亦復如是. 與彼論議亦無疑難. 猶如兩健丈夫而捉一劣者. 在火上炙. 隨意轉側. 亦無疑難. 我今與彼

필자는 이렇게 빠알리 경전의 내용과 한역경전의 내용이 차이가 나는 것을 볼 때마다, 예전 TV오락 프로그램에서 가끔 하던 '말 전달하기 게임'이 생각난다. 입모양이나 동작을 통해서 앞 사람으로부터 전달된 말의 내용이 몇 사람을 거치면서, 결국 나중에는 엉뚱한 내용으로 변하는 과정을 보고 사람들은 재미있어 했지만, 사람은 다른 사람의 말을 들을 때조차도, 늘 '자신의 생각'이라는 필터를 통해서 듣게 되어있다는 사실을 깨닫게 된다. 그러고 보면 '상좌부' 빠알리 경전에서의 '60살 먹은 코끼리saṭṭhihāyano'라는 단어가 '대중부'의 경전으로 가면서 '어금니 6개 달린 사나운 코끼리'로 바뀌게 된 것도, 그동안의 세월과 전파지역의 광활함을 감안한다면 결과가 그리 나쁜 편도 아니다. 비록 줄거리가 바뀌고 표현이 바뀌었다고 하더라도, 그 속에 여전히 붓다께서 전하고자 하는 메시지 만큼은 일관되게 잘 보존되어 있으니까 말이다. 이는 분명 중간 중간에 눈 밝은 사람들의 점검이 있었기 때문에 가능한 일이었을 것이다.

論義亦無疑難. 我論議中尚能害象. 何況人乎. 亦能使象東. 西. 南. 北. 豈不如人乎. 今此講堂樑柱無情之物. 尚能使移轉. 何況與人共論能勝. 我使彼血從面孔出而命終.」

022

붓다, 삿짜까의 물음에 오온의 무상과 무아로 답하시다

그 당시 많은 비구들이 노지에서 경행을 하고 있었다. 그때 니간타의 후손 삿짜까가 그들 비구들이 있는 곳으로 다가갔다. 다가가서는 이렇게 말했다.

"존자들이여! 지금 고따마 존자께서는 어디에 계십니까? 우리는 그분 고따마 존자를 뵙고자 합니다."

"악기웻사나여! 세존께서는 큰 숲에 들어가셔서 한 나무 그늘 아래 앉아 오후의 일과를 행하시고 계십니다."

그러자 니간타의 후손 삿짜까는 많은 릿차위 무리들과 함께 큰 숲으로 들어가서는, 세존께서 계신 곳으로 다가갔다. 다가가서는 세존과 더불어 인사를 나누고, 주고받아야 할 말을 공손하게 나누고 나서는 한 쪽에 앉았다. 릿차위들도 어떤 자들은 세존께 절을 올리고 한 쪽에 앉았고, 어떤 자들은 세존과 더불어 인사를 나누고, 주고받아야 할 말을 공손하게 나누고 나서는 한 쪽에 앉았고, 어떤 자들은 세존께 합장하여 절을 하고는 한 쪽에 앉았고, 어떤 자들은 세존 앞에서 자신의 이름과 성을 말한 뒤 한 쪽에 앉았고, 어떤 자들은 잠자코 한 쪽에 앉았다. 한 쪽에 앉은 니간타의 후손 삿짜까는 세존께 이렇게 말씀드렸다.

"만일 고따마 존자께서 저의 질문을 허락해 주신다면 저는 고따마 존자께 이런 것에 대해 묻고자 합니다."

"악기웻사나여! 원하는 것을 물어라."

"고따마 존자께서는 어떻게 제자들을 지도하십니까? 고따마 존자의 어떤 부분의 가르침들을 제자들에게 자주 말씀하십니까?"

"악기웻사나여! 나는 이와 같이 제자들을 지도한다. 나의 이와 같은 부분의 가르침들을 제자들에게 자주 말한다. '비구들이여! 색은 무상하고, 수는 무상하고, 상은 무상하고, 행들은 무상하고, 식은 무상하다. 비구들이여! 색은 무아고, 수는 무아고, 상은 무아고, 행들은 무아고, 식은 무아다. 일체의 행들은 무상하고, 일체의 법들은 무아다' 라고. 악기웻사나여! 나는 이와 같이 제자들을 지도한다. 나의 이와 같은 부분의 가르침들을 제자들에게 자주 말한다."

"세존께서는 큰 숲에 들어가셔서 한 나무 그늘 아래 앉아 오후의 일과를 행하시고 계십니다."

붓다 당시 비구들의 일상은 <율장vinaya piṭaka>의 기록과 지금도 초기불교 승가의 전통을 비교적 잘 지키고 있는 상좌부 계통의 남방불교 승가들의 일상을 통해서 충분히 그 대략적인 모습을 짐작할 수 있다. 당시 비구들은 통상적으로 새벽 정진 그리고 탁발과 공양을 마치고 난 오후에는 각자 목욕이나 청소 혹은 세탁과 같은 개인적인 일들을 하게 된다.[122] 그렇게 개인적인 일들을 마친 비구들은 삼삼오오 모여서 선배들을 찾아가 법에 대해 묻기도 하고, 법에 대해 토론하기도 했을 것이다. 비교적 승가의 규모가 커졌을 때는 선배 비구들에 의해 정리되고 분류된 붓다의 법문 내용들을 주어진 역할에 따라 암송하기도 했다.[123] 그리고는 각자에게 배당된 장소에 접은 가사를 깔고 앉아서 자신의 명상 주제에 따른 수행을 했는데, 아마 그렇게 공양을 마치고 난 이후에 나무 그늘에라도 앉아있다 보면 때로는 식곤증으로 인해 졸음에 빠지기도 했을 것이다. 그래서 비구들은 위의 본문에도 나와 있듯이 오후에는 '노지에서 경행을' 하면서 졸음을 피하기도 하고, 졸음이 가셨다 싶으면 다시 자리에 앉아서 해질녘까지 수행을 계속하는 것이다. 이것이 당시 비구대중들의 통상적인 오후의 일과고, 붓다의 소재를 묻는 삿짜까의 질문에 "세존께서는 큰 숲에 들어가셔서 한 나무 그늘 아래 앉아 '디와위하라divāvihāraṃ'를 행하시고 계

122 『*With Robes and Bowl*』 by Bhikkhu Khantipalo / BPS /PP.22~36.

123 Vin2/PP.75~76. 「쭐라왁가」의 내용에 의하자면, 안거 중에 비구들은 경전을 암송하는 송경誦經비구들과 율장의 내용을 암송하는 송율誦律비구 그리고 설법 내용을 암송하는 說法비구들이 따로 모여 있었으며 그렇게 따로 거주하면서 서로 경율과 설법에 대해 토론하고 배우도록 했다고 전하고 있다. 그리고 상가 안에는 대중들의 거주처를 정해주는 소임을 가진 자 '지와좌구인知臥坐具人, senasana paññapeka'가 따로 있었고, 그가 지정한 장소에서 대중들이 각자 잠을 자거나 좌선을 했던 것으로 알려져 있다.

십니다"라고 말한 그 '디와위하라divāvihāra'도 당시 비구상가 대중들의 이런 통상적인 오후의 수행일과를 지칭하는 것으로 생각해서 이를 '오후의 일과'라고 번역했다.[124] 그럼으로 이 단어는 붓다와 일반 비구나 비구니들에게도 똑같이 사용된다. 예를 들어서 <상윳따니까야>에서는 '소마'라는 이름의 비구니와 '쭐라'라는 이름의 비구니의 이야기를 전하면서 그들 모두에게 그들이 '한 나무 그늘 아래 앉아 오후의 일과divāvihāra을 행하였다'라는 표현을 쓰고 있다.[125]

그림 7) 이 그림은 붓다와 제자들이 마을로 탁발을 나가는 모습인데, 붓다의 그 제자들이 물에 젖지 않고 건너도록 물 위에 엎드린 신도의 모습을 그리고 있다. 그림이 좋아서 그냥 넣었다. 그림 출전 - 『*THE ILLUSTRATED HISTORY OF BUDDHISM*』 by ASHIN JANAKA BHIVAMSA, Artist U Ba Kyi

하지만 이 단어가 붓다에게 사용될 때는, 필자처럼 '오후의 일과'

124 divā는 '낮' 혹은 '오후'를 가리키고 'vihāra'는 '거처'를 가리키는 단어지만 '위하라'는 가끔 한역에서 '行'이라고 번역되는 예를 통해서도 짐작할 수 있듯이, 어떤 '자율적인 선택에 의해 일어나는 행위가 지속됨'과 같은 뜻도 내포하고 있는 듯하다. 예를 들자면, <맛지마니까야> 제38경에서, 출가한 자는 '탐욕에서 자유로워진 마음에 의해서 머문다. vigatābhijjhena cetasā viharati.'라는 대목에서처럼 '머물다'라는 표현은 결국 자유로워진 '그 마음을 계속 유지한다'는 것과 같은 의미임을 짐작할 수 있다. 따라서 필자도 이 '디와위하라'를 늘 깨어 있는 상태를 유지하고 있는 이라는 의미에서 이를 '오후의 수행'이라고 번역했다. 참고로 이전에 필자가 출간한 『마두삔디까숫따』에서는 이 단어를 '오후의 휴식'이라고 번역했었다.

125 SN1/P.129, P.132. 「atha kho soma bhikkhuni··· aññatarasmiṃ rukkhmūle divavihāratthāya nisīdi.」

라고 하지 않고 해석을 달리한 경우가 있다. 예를 들어서 <맛지마니까야> 제75경인 『마간디야숫따』의 한역대역경으로 '설일체유부'의 전적으로부터 인도승려 승가제파에 의해 한역된 <중아함>의 『수한제경鬚閑提經』에서는 붓다에게 적용된 이 '디와위하라divāvihāra'라는 단어가(이것은 빠알리 경전의 표기) '오후의 수행'이라는 의미의 '주행晝行'으로 번역한 것에 반해 <맛지마니까야> 제35경인 본경의 한역대역경으로 인도승려 구나발타라에 의해 번역된 한역 <잡아함>의 『살차경薩遮經』에서는 이 '디와위하라'라는 단어가 '천주天住'라고 번역된 것이[126] 그 예다. 빠알리 경전에는 모두 '디와위하라'라고 되어 있는 대목이 '설일체유부'의 문헌 가운데, 각각 빠알리 경전에 대응되는 내용을 번역한 두 가지 한역 경전에서, 하나에는 빠알리 경전과 같은 내용인 '晝行'으로 번역되었고, 다른 한 한역 경전에서는 다른 내용인 '天住'라고 번역되었다는 것이다.

'天住'라는 번역은, 붓다께서는 언제 어느 곳에 머물러 계시더라도 결코 잠들지 않는 천안天眼처럼, 늘 깨어있는 상태로 머물러 계신다는 것을 뜻하는 것이다. 아마 이것은, 성도 이후 평상시는 물론이고 병이 드셨을 때나 주무시는 동안에도, 늘 뚜렷하게 마음 주시한 상태로 지내셨다는[127] 붓다의 특별한 수행력을 생각해서 '오후의 일과'와 같은 평범한 단어로는 붓다의 일상을 충분히 묘사할 수 없다고 여겼던 경전의 번역자가 붓다에 대한 존경심의 발로로 이 단어를 '天住'로 번역했던 것이 아닐까 짐작된다.

126 T1/P.670. <중아함>「梵志品」/ 大正2, P.35. <잡아함>, 卷第五.

127 DN2/P.137. 제16경, 『마하빠리닛빤나숫따』, 「그때 세존께서는 오른 쪽 옆구리를 사자와 같이 하시고, 발에 발을 포개시고, 마음주시 하여 분명하게 알아차리면서 계셨다. atha kho bhagavā dakkhiṇena passena sīhaseyyaṃ kappesi pāde pādaṃ accādhāya sato sampajāno.」

혹시 위에서 언급한 대로 '디와위하라divāvihāra'라는 단어를 '天住'라고 번역한 경우에 '낮'이라는 뜻의 '디와divā'를 '천신天神'이라는 뜻의 '데와deva'나 혹은 이것의 형용사인 '딥바dibba'로 잘못 듣고 '天'이라고 번역한 경우나, 원래 '데와'나 '딥바'라고 되어있던 것을 빠알리 경전에서 '디와'로 잘못 들었을 경우도 생각해 봤지만 <디가니까야> 『상가띠숫따』에 이미 '딥바위하라dibbavihāra'라는 용어가 나타났기 때문에[128] '디와위하라'를 '딥바위하라'로 단순히 잘못 들어서 이런 번역이 나온 것은 아닌 것 같다.

그럼으로 정리해서 보자면, 빠알리 경전에서 '디와위하라'라는 단어로 묘사된 당시의 상황은 그것을 비구가 하거나 비구니가 하거나 아니면 붓다께서 행하거나에 상관없이, 또한 경행을 하거나 눈을 감고 앉아있거나, 혹은 누워서 잠을 자거나 그런 자세와도 상관없이 '마음주시sati'가 일어난 상태에서 오후의 시간을 지내는, 그런 상황을 나타내는 것이라고 생각된다. 물론 그에게 얼마나 철저하게 마음주시가 일어나고 있느냐에 따라서 그 사람의 오후의 일과가 때로는 '천주天住'가 될 수도 있고 때로는 '범주梵住'가 될 수도 있고 때로는 '성주聖住'가 될 수도 있을 것이다. 물론 어떤 비구들에게는 그저 '낮잠 자는 시간'이 될 수도 있고 말이다. 그런데 편집자들 가운데 누군가는 붓다와 일반 비구들의 실제 수행의 면면이 현격하게 다른데, 이를 '오후의 일과'와 같은 평범한 용어로 같이 묶어서 묘사하는 것에는

128 DN3/P.220. 제33경, 『상가띠숫따』, 「세 가지 머묾이(住) 있으니, 하나는 天住요, 둘은 梵住요, 셋은 聖住다.ṭayo vihārā, dibbo vihāro, brahmavihāro, ariyo vihāro.」 이것 외에도, 히라까와 아끼라 교수는 원래 한역에서 '天'이라고 번역된 것에 해당되는 빠알리어에 divā 이외에도 dibba, divya라는 단어도 리스트에 올렸다고 한다. 즉 divā도 '하늘, 천신'이라는 뜻으로 번역할 수 있다고 본 것이다. 『*Saccaka's Challenge –A Study of the saṃyukta āgama Parallel to the cūlasaccak sutta in Relation to the Notion of Merit Transfer*』 by Bhikkhu ānalayo, 中華佛教學報(2010), P.45. 주석 15번에서 재인용.

문제가 있다고 여겼을 것이고, 그래서 결국 붓다에게 적용되는 경우에는 주행晝行이라는 일반적인 용어 대신에 천주天住라는 차별된 용어를 사용하게 된 것이 아닐까 싶다.

별로 중요한 것 같지도 않은 이 단어에 대해 필자가 이렇게 번잡하게 설명을 하는 데는 이유가 있다. 본경 첫머리의 '시작하면서'에서도 설명했듯이, 니간타 삿짜까가 논쟁에서 패배한(제35경의 내용) 이후에 다시 자신만만한 태도로 붓다를 찾아와 토론을 제안했을 때(제36경의 내용), 삿짜까는 자신이 들었던 '붓다도 낮잠을 자더라'라는 소문을 빌미로, 자신의 몸 하나 통제하지 못하고 오후에 앉아서 졸기나 하는 사람이 어떻게 다른 사람들을 가르친다고 하느냐면서 붓다를 공격하려고 했던 것이다. 그런데 그 '붓다도 낮잠을 자더라'라는 소문이 바로 이 '디와위하라'에 대한 용어와 관계가 있다고 필자는 보기 때문이다. 실제로 <맛지마니까야> 제36경에는 붓다 스스로 공양을 마친 후에 낮잠을 잤던 적이 있었노라고 삿짜까에게 말씀하셨다.[129] 하지만 거기에는 분명히 단서가 붙어 있었다. 심지어 낮잠을 자는 동안에도 붓다께서는 늘 "마음 주시하여sato, 분명하게 알아차리면서sampajāno"[130] 지내셨다는 점을 분명히 하셨다.

129 MN1/P.249. 제36경, 『마하삿짜까숫따』, 「악기웻사나여, 나는 여름 마지막 달에, 공양을 마치고 탁발에서 돌아와서 가사를 네 겹으로 접어 깔고는 오른쪽 옆구리로 누워 마음주시 하고 잘 알아차리면서 잠을 잤던 것을 기억한다. abhijanati pana bhavaṃ gotamo diva supitāti? abhijanamahaṃ aggivessana! gimhānaṃ pacchime māse pacchābhṃ piṇḍapātapaṭikkanto catuggunaṃ saṅghaṭiṃ paññāpetvā dakkhiṇena passena sato sampajāno niddaṃ okkamitāti.」

130 필자의 경우, 이 '사띠sati'라는 용어는 뭐라고 번역해야 될지 많이 망설였던 단어다. 또한 위의 주석에서 인용한 것처럼 '사띠'와 '삼빠자나'가 같이 언급된 문장의 경우에, 이 둘의 관계를 어떻게 볼 것인지도 쉬운 문제가 아닌 것 같다. 우선 필자는 위의 문장처럼 두 단어가 문법적으로 같은 주격어미로 표현되어져 있는 것(sato, sampajāno)은, 두 단어가 가리키는 기능인 주시하고, 알아차리는 것이 모두 같은 장소인 마음에서 일어나는 것이며, 대상을 놓치지 않고 파악함이라는 동일한 목적에서 일어난 것임을 의미한다고 보았고, 그 다음에 이것들이 서로 다른 용어로서 표현된 것은, 이 두 가지 기능은 순차적으로 연결된 것임을

그리고 위 본문에서처럼, 붓다께서 나무 그늘에 앉아 '오후의 일과'를 행하고 계신다 라고 묘사되는 상황은, 붓다께서 비록 마음주시로 분명하게 알아차림을 일으키고 계신다고 하더라도, 그것이 『마하빠리닛빤나숫따』에서 스스로 설명하셨던, 벼락과 천둥이 쳐도 전혀 알아차리지 못할 정도의 깊은 삼매에 들어있던 경우와는[131] 다른 것 같다. 이는 나무 그늘 아래 앉아서 '오후의 일과'를 보내시던 붓다께서 멀리서 삿짜까와 릿차위 사람들이 찾아오는 것을 보시고는 그들을 맞이하여 서로 인사를 나누는 장면을 통해서도 짐작할 수 있으며, 붓다의 경우뿐만 아니라 다른 비구들도 이 '오후의 일과'라는 용어로 묘사된 장면에서, 옆에서 사람들이 하는 대화의 내용을 들었다거나 기억했다고 하는 것을 보면,[132] 이 단어는 아마 깊은 선정에 들어가는 것과는 다른 망상과 혼침에 빠지지 않도록 마음주시를 일으키고 있는 그런 상태를 지칭했던 것으로 보인다.

"만일 고따마 존자께서 저의 질문을 허락해 주신다면 저는 고따마 존자께 이런 것에 대해 묻고자 합니다."

의미한다고 정리했다. 그럼으로 '사띠sati'라는 용어는 기본적으로는 '주시注視'라는 의미지만, 주시하는 주체도 마음의 작용이고, 주시하는 대상도 마음의 작용이기 때문에 '마음주시하여'라고 번역했으며, 이러한 마음주시의 결과로 인해서 '분명하게 알아차리고samapañāna'이라는 기능이 일어난다고 봤기 때문에(여기서의 sam은 강조의 용법으로 보았다.) 위의 문장을 "마음주시하여, 분명하게 알아차리고"라고 번역하게 되었다.

131 DN2/P.132. 제16경, 『마하빠리닛빤나숫따』

132 앞의 Bhikkhu Analayo의 논문, P.45. 주석15 : 「'書行'이라는 번역이 나타난 또 다른 예에서 보자면(대정 26권 706페이지) 어쨌든 한 비구가, 자신이 오후의 수행을 행하고 있던 장소로부터 그리 멀리 않은 곳에서의 벌어진 대화의 내용을 잘 듣고 기억했다는 글의 예에서도 설명하는 것처럼 '오후의 수행'이라는 것은 깊은 선정을 나타내는 것은 아니다. In the case of another occurrence of 書行 in the same collection,(T 26, 706c18), however, a monk listens to and well remembers a conversation that is going on not too far from the place where he is seated in his "day's abiding", an instance where the expression does not stand for "abiding"in deep concentration.」

삿짜까와 릿차위들은 그렇게 마음주시를 하며 '오후의 일과'를 보내시고 계시던 붓다를 찾아왔다. 찾아와서는 서로 인사를 나눈 후에, 니간타 삿짜까는 붓다께 이렇게 물은 것이다. 빠알리 경전에서는 삿짜까가 붓다를 만나자마자 다짜고짜 비구들에게 무엇을 가르치느냐고 묻는 것으로 나오지만 한역의 내용에 의하자면, 삿짜까는 앞에서 자신이 앗사지 존자를 만났던 것부터 그에게서 들은 내용까지를 붓다에게 전하고 나서, 자신이 앗사지로부터 들은 내용에 혹시 잘못된 것은 없는지를 묻고 이에 붓다께서도 그대가 앗사지에게 들은 대로 내가 말했노라고 확인해 주는 내용이 덧붙여져 있다.[133]

"'비구들이여! 색은 무상하고, 수는 무상하고, 상은 무상하고, 행들은 무상하고, 식은 무상하다. 비구들이여! 색은 무아고, 수는 무아고, 상은 무아고, 행들은 무아고, 식은 무아다' 라고. 악기웻사나여! 나는 이와 같이 제자들을 지도한다. 나의 이와 같은 부분의 가르침들을 제자들에게 자주 말한다."

이미 앗사지 존자의 입을 통해서 한 차례 언급되었던 내용이 붓다에 의해서 다시 확인되는 장면이다. 앞의 1-2장, 앗사지 존자가 붓다의 가르침을 전하는 대목에서는 '오온'과 '오취온'에 대해서만 살펴봤음으로, 붓다께서 직접 삿짜까에게 자신의 주요 법문의 내용을 확인해주신 이 대목에서는 다섯 가지 온들 각각의 무상과 무아에 대한 것을 자세히 살펴보기로 하겠다.

먼저는 경전에서 각각의 온들을 설명하고 있는 빠알리어 문장의

133 T2/P.35~37. <잡아함>

형식부터 살펴보자. 빠알리어는 '성전聖典의 언어'[134]라는 그 별칭에서도 알 수 있듯이, 오직 불교의 문헌을 통해서만 세상에 알려지게 된 언어이고, 빠알리어는 붓다께서 법을 설하실 당시 붓다에 의해서 실제로 사용되었을 가능성이 가장 높은 언어이기 때문에, 붓다께서는 빠알리어의 언어체계, 문법, 용례 등을 충분히 활용하시면서 이 언어로서 법을 설하시고 또 법을 남기셨을 것으로 짐작된다. 그럼으로 빠알리어의 언어체계와 문법들은, 역으로 우리들이 붓다의 법을 이해하는데 더 없이 좋은 참고서가 될 수 있는 것이다.

본문의 첫 문장을 보자. 첫 문장은 "루빵rūpaṃ 아닛짱aniccaṃ"이라고 되어 있다. 일단 '루빠rūpa'는 중성명사로서, 가시可視적인 것이라는 뜻에서 '색色'이라고 번역되고 '아닛짜anicca'는 형용사로서 '무상無常한'이라고 번역되는 단어다. 그런데 여기서 살펴봐야 할 것은 명사인 루빠와 형용사인 아니짜에 모두 동일한 주격어미가 붙어있다는 점이다. 본문에 대한 한글 번역인 "색은 무상하고"라는 내용대로 만약 빠알리어 문장을 만든다면, 명사인 루빠(색)는 주어가 되고 형용사인 아닛짜(무상한)는 주어를 수식하는 역할을 하면서 '루빵rūpaṃ 아닛짜anicca'라고 하면 될 것 같은데, 본문에서는 "루빵rūpaṃ 아닛짱aniccaṃ"으로

134 '빠알리pāli'라는 단어는 사전상으로 '줄(row)' 혹은 '선(line)'이라는 뜻을 가지고 있지만, 흔히 '불교성전(聖典)' 혹은 '성전의 언어'라는 뜻으로 확대되어 사용되고 있다. 이것은 소위 『패엽경』에서 확인할 수 있듯이, 가르침의 내용을 적은 글자들이 야자잎에 줄을 정확하게 맞춰서 적혀있기 때문에, 줄을 뜻하는 이 단어가 '성전'을 뜻하게 된 것이라고 추측하고 있다. 당연히 패엽경이 만들어지기 이전의 붓다의 가르침 속에는 이 용어가 등장하지는 않는다.[이 단어의 발음에 대해서는 여러 가지 설(pāli, pali, paḷi pali)이 있지만 여기서는 빠알리pāli로 통일한다.] 언어로서의 빠알리어(pālibhāsā)의 성립에 대해서는 많은 이설異說들이 있다. 상좌부의 주석서에서는 이 언어가 붓다께서 활동하시던 당시 마가다국에서 직접 사용되던 구어口語라고 주장하고 있는 반면에, 이것은 마가다어가 아니라 당시의 여러 지방 방언들이 시간이 지나면서 균질화均質化를 통해 만들어지게 된 인공어人工語일 것이라고 주장하는 학자들도 있다. 필자는 상좌부의 주장을 따른다.

두 단어 모두에 같은 주격어미가 붙어있는 것이다.[135]

이런 빠알리어 문법이 의도하는 바는, 우리가 '색'이라고 부르는 그 대상은 무상하다 라는 속성에서 벗어나는 부분이 없이, 무상하지 않은 곳이 없이, 모든 부분이 완벽하게 무상함과 일치한다는 것을 강조하려는 것이다. 만약 '루빵rūpaṃ 아닛짜anicca'라고 하게 되면 '색은 무상하다. 하지만 무상하지 않을 때도 있다'거나 '색은 무상하다, 하지만 무상하지 않은 것도 있다'라고 말할 만한 소지가 생기지만, 두 단어를 이렇게 단지 '같은' 주격어미로 묶음으로써 그렇게 주장할 소지가 없어지는 것이다. 즉 같은 격을 사용함으로써 모든 '색'은 예외 없이 완전히 '무상'과 일치한다는 것이 강조되는 것이다. 이것은 본문의 4-3장에서 '색'을 설명하시면서 "색이라고 하는 것은 그것이 어떤 것이든, 그것이 과거의 것이건, 미래의 것이건, 현재의 것이건, 안의 것이건 밖의 것이건, 거친 것이건 미세한 것이건, 저열한 것이건 수승한 것이건, 멀리 있는 것이건 가까이 있는 것이건"이라고 표현하신 것에서도 드러난다. 이 표현 역시 루빠(색)라는 것은 그것이 무엇이 되었건, 그것이 자신에게 인지되었건 되지 않았건 간에, 예외 없이 다 아닛짜(무상)와 일치하는 것임을 드러내기 위한 것이다.

그렇다면 여기서 '루빠(色)'라고 지칭되는 대상은 구체적으로 어떤 것들인가? 『청정도론』에서는 루빠를 4가지 열려진 근본물질과 그로부터 파생된 24가지 부수적인 물질로 규정하지만,[136] 필자는 이것

135 rūpa와 viññāṇa는 중성명사임으로 중성명사의 주격 격변화에 따라서 aniccaṃ으로 되었고, 나머지 vedanā, saññā, saṅkhārā는 모두 여성명사임으로 여성명사의 주격 격변화에 따라서 모두 aniccā가 되었다.

136 『청정도론』, 제2권/8장. 하지만 루빠에 대한 『청정도론』의 이와 같은 정의는 빠알리 경전에는 전혀 나타나지 않는다. 그런 까닭에 루빠에 대한 정의와 분류에는 여전히 많은 이견이 존재한다. 참고로 빠알리 경전에서 언급하는 루빠는 본문에 언급된 것처럼 "과거의 것이거나… 멀리 있는 것이거나 가까이 있는 것이

을 인간 개체에게 있어서 수 · 상 · 행 · 식이라는 인식작용에 의해 모두 인식되지는 않더라도 그 인식작용이 일어날 수 있도록 연기적으로 연결되어진 물적 토대와, 그 물적 토대를 바탕으로 일으킨 인식의 대상 가운데, 인식되어질 수 있는 형태를 지닌 것들이라는 뜻으로 폭넓게 이해하고 있다. 물론 인간 개체를 단위로 삼아서 보자면, 오온 각각의 온들이 연기적으로 서로 연결된 것처럼, 개개의 인간 개체 역시 외부 환경 그리고 개개의 인간 개체들과도 다시 각각의 개체를 구성하는 하나의 외부적인 조건으로써 서로 연기적으로 연결되었을 것이다. 붓다 당시에는 구체적으로 그 이름을 적시할 수 없었겠지만 과학의 발전과 더불어 최근에야 비로소 그 낱낱의 이름을 갖게 된 것들, 예를 들어서 뇌 안에 거미줄같이 퍼져 있으면서 감각과 인식의 기능을 일으키는 천억 개 이상의 뉴런들, 온갖 신경세포들, 유전정보를 담고 있는 우리 몸의 모든 세포들도 다 형태를 지닌 것, 즉 루빠 rūpa에 속하는 것으로 볼 수 있다. 하지만 그것들은 그것이 붓다의 표현대로 '안의 것이건 밖의 것이건, 거친 것이건 미세한 것이건' 혹은, 스스로에 의해 인지되건 인지되지 않건 간에, 그것들은 모두 조건들 상호간에 연기적으로 쌓여지고 연결됨으로써 비로소 그 기능들이 발현되는 것들임으로 그 모든 루빠(色)는 자연히 조건의 변화에 따른 현상의 변화인 '아닛짜(無常)'라는 속성을 띨 수밖에 없다는 것이다.

다음은 문장의 내용이다. 먼저 본문에서의 언급된 색 · 수 · 상 · 행 · 식의 다섯 가지 항목들은 필자가 '연기적 쌓임'이라고 번역한다는 그 각각의 '칸다(온)khandha'들에 대한 것임은 이미 1-2장에서 살펴 본 대로다. 즉 본문에서 언급된 '색'은 곧 '색의 연기적 쌓임(색온)'

거나"라고 하여, 나를 중심으로 해서 나에 의해 인식되어지는 대상에 대한 묘사로 그친다.

을 가리키는 것이고, 수는 수의 연기적 쌓임(수온)을 가리키는 것이고, 상, 행들, 식은 모두 각각의 연기적 쌓임을 가리키는 것이다.

'연기緣起'라는 용어는 빠알리어의 '빠띳짜사무빠다paṭiccasamūpāda'를 번역한 것으로 '조건들이 갖추어진 상태에서(緣, paṭicca) 함께 (그리고 동시에sam) 일어남(起. upāda)'이라는 뜻에서,[137] 이를 한문으로 '緣起(연기)'라고 번역한 것이다. 그럼으로 색온은 색이라고 불릴 만한 형태와 상태가 지속적으로 유지되기 위해서, 수많은 조건들이 중첩되고 이어짐으로부터(緣) 색이라는 형태와 상태가 일어나고 있는(起) 상황인데, 그렇게 중첩되고 연결되면서 일어나고 있는 상황이 곧 '연기적'이라고 표현했던 그 상황이다. 그럼으로 여기서 '연기적 쌓임(온)'이란, 우리가 '색'이라고 부를 만한 형태나 상태는 저절로 처음부터 생긴 것이 아니라, 그 형태나 상태가 유지되기 위해 수많은 조건들이 지속적으로 '상속相續'되면서 이루어지고 있다는 뜻이다.

그 수많은 조건들 속에는 색뿐만 아니라 수 · 상 · 행 · 식의 온들도 역시 색의 형태나 상태가 유지되기 위한 조건들로써 상호간에 작용된다. 예를 들어서 색온으로서의 우리의 육체적 몸은 수 · 상 · 행 ·

137 2015년 12월에 방한한 스리랑카 빼라데니야 대학의 뿌레마시리 교수의 작은 논문에서도 이 단어의 분석이 언급되었다. 「PROBLEMS OF TRANSLATING CANONICAL PALI TO OTHER LANGUAGES」, 티벳대장경 역경원, 2015년 하반기 세미나/Premasiri/P.18. 「이 용어는 어원적으로 접두사 paṭi-, 어근 ī, 동명사(연속체) t-ya, 접두사 saṃ+ud, 어근 pad가 합쳐서 이루어진 것으로 분석할 수 있을 것이다. 접두사 paṭi-는 서로 영향을 끼치면서 의존하는 현상의 속성을 나타낸다. 어근 ī는 현상의 속성과 같은 역동성과 그 과정을 나타낸다. 다음의 접두사 saṃ-은 특정한 어떤 현상을 가져오게 하는 여러 조건들을 나타낸다. 접두사 ud-가 붙은 어근 pad는 조건들에 의지한 채 관련된 현상이 일어남을 나타낸다. This term may be etymologically analyzed as consisting of the prefix paṭi, the root ī, the gerund form t-ya, conjoined with the prefixes saṃ+ud, and the root pad. The prefix paṭi- indicates the interactive and dependent nature of phenomena; the root ī indicates the dynamic and process like nature of phenomena; the next prefix saṃ- indicates the plurality of conditions that come together to bring about a particular phenomenon, and the root pad with the prefix ud- indicates the arising of the relevant phenomenon depending on conditions.」

식의 인식작용 없으면 이미 살아있는 자가 아닐 것임으로, 그에게 색온으로서의 몸은 인지되지 못하고, 인지되지 못함으로 몸은 존재한다거나 존재하지 않는다거나 말할 수조차 없을 것이다. 이것은 역으로도 마찬가지다. 수 · 상 · 행 · 식의 온들도 색온으로서의 육체적 몸이 없다면 일어날 터전 자체가 없는 것이니, 색온이 없이는 수 · 상 · 행 · 식의 온도 성립될 수가 없는 것이다. 이처럼 우리가 '색'이라고 부르는 것은 연기의 이치에 따라서 오온이 상호간에 지속적으로 조건으로써 서로 상속되어지면서 일어나고 있는 것임으로 이것을 '색온'이라고 한 것이며, 온은 곧 연기의 이치에 따라서 형성되어지고 있는 것이기 때문에 '무상함'이라는 연기법의 속성으로부터 벗어난 색이란 존재하지 않는다. 그래서 "색은 무상하고" 라고 말하게 된 것이다.

다음은 '무아anattā'에 관한 본문의 문장을 보자. "루빵rūpaṃ 아낫따 anattā" 여기서 사용된 '앗따(pl. attan sk, ātman)'라는 단어는 인도에서는 고대문헌인 <리그웨다>에서부터 등장하기 시작한 것으로, 우리가 알고 있는 독립적인 개체의 '자아自我'라는 의미로 사용되기 시작한 것은 '우빠니샤드' 시대에 들어와서부터라고 알려져 있다. 하지만 이 단어에 부정접두사 an을 덧붙여서 '아낫따(無我)anattā'라는 용어를 만들고 쓰기 시작한 것은 물론 붓다가 처음이다. 이 문장에서도 루빠와 아낫따는 모두 '같은' 주격어미를 취하고 있고[138] 그 이유는 앞의 '무상anicca'의 경우와 같다. 모든 색은 어떤 것이건 예외 없이 다 무상하고, 또 동시에 모든 색은 다 어떤 것이건 예외 없이 무아다 라는 뜻이다.

138 앞의 anicca는 형용사지만 여기서의 an-attā는 남성명사다. attan은 어미가 ~an으로 끝나는 남성명사로 분류된다. 그럼으로 rūpaṃ이 중성명사로서 주격어미를 취함과 같이 anattā도 남성명사로서 주격어미 단수를 취했다.

그러면 모든 '색이 무아'라고 주장하는 근거는 어디에 있는가? 이미 필자는 앞에서 색은 곧 색온으로서의 색이라고 규정했다. 색이라는 물질부분은 수·상·행·식이라는 인식작용들과 연결되어진 상태에서 그 조건들 상호간에 연기적으로 상속相續되면서 색일 수 있기 때문에 색은 색온으로서의 색이라고 말한 것이다. 그런데 그렇게 연기적으로 상속된다는 설명을 들으면 이렇게 의심을 일으키고, 그 의심을 진행시키는 사람들이 있을 것이다. '상속되는 그 행위는, 그러면 그렇게 하도록 만드는 어떤 주체가 없이는 일어날 수 없을 것이다. 생명이 지속적으로 유지되고 있는 것은 무엇인가가 그렇게 시키는 것이고, 그렇게 의도하는 것이지 않겠는가? 그렇다면 그것이 도대체 무엇일까?' 라는 식으로 말이다. 사실 그런 의심은 '모든 행위에는 반드시 그 행위를 일으키는 실체로서의 주체가 있기 마련이다' 라는 견해의 집착에서 비롯된 것이겠지만, 자신이 그런 견해에 집착되어져 있다는 것 자체를 알아차리지 못하는 사람들은 자신의 견해에 의해서 일어난 의심에만 집중하여 그 의심에 합당한 답을 찾으려고만 하게 된다. 자신에게 일어난 의심을 합리적인 의심이라고 여기기 때문이다. 그렇게 자신에게 일어난 의심을 다시 의심하지 못함으로써, 그들은 결국 스스로 합리적이라고 여긴 자신의 의심에 답을 만들어주기 위해 궁리를 하게 되고, 그런 궁리의 결과가 바로 모든 행위의 주체로서 설정된 '자아'라는 개념일 것이다. 아마 그들은 그렇게 자아를 설정하고 나서는 안도의 한숨을 쉬었을지도 모른다. '이제 모든 의심이 사라졌다!' 라고 말이다. 인격신의 존재를 설정하고 나면 세상의 모든 것을 이해하지 못할 것이 없게 되는 유신론자有神論者들과 같은 경우가 될 것이다.

다음 장인 2-3장에서 삿짜까가 붓다의 오온무상과 오온무아에 대해 반론을 펼치는 대목에서 다시 확인할 수 있겠지만, 이러한 견해의 집착은 결국 삿짜까의 말한 것처럼, 인간 개체에게 주인공으로서의 자아가 있기 때문에 공덕이나 악덕을 짓게 되는 것이라는 주장으로 이어진다. 지금도 붓다의 무아론에 대해, 만약 행위의 과보를 받을 주인공이 없다면 누가 과연 선한 일을 하려고 하겠는가 라는 식으로 반론하는 사람들이 있는데, 사실 그들의 주장도 결국은 삿짜까와 같이 이런 자아에 대한 집착에서 연원된 것이고, 스스로 그런 반론을 신선한 것이라고 생각할지 모르지만, 그 연원을 따지자면 수천 년 전에 삿짜까에 의해서 이미 제기되었던 것이다. 이에 대해서는 다음 장에서 자세히 살펴볼 것이다.

그러면 과연 유아론자有我論者들이 말하듯이, 인간이 행하는 모든 행위는 그 행위를 주도하는 실체적인 주인공이 없이는 일어날 수 없는 것일까? 우리는 일반적으로, 우리가 몸을 움직여서 무슨 동작을 하는 것은, 먼저 '나'라는 주체가 있어서 그 주체가 마음을 일으키고, 그렇게 주체가 일으킨 마음이 몸의 근육에게 명령해서 몸이 움직이게 되는 구조라고 믿는다. 그러나 이런 우리의 믿음은, 단지 그렇게 믿게끔 생명 자체가 스스로 진화의 과정에서 터득한 어떤 시스템에 의해서 반복적으로 학습되어짐으로부터 형성된 '망상妄想'일 수 있다는 실험결과가 있다.[139]

139 『*Brain Story*』, 수전 그린필드(BBC 2004), P.303. 「런던 유니버시티 컬러지의 생리학자 패트릭 해거드가 리셋의 실험을 최근에 재현했다. 실험은 아주 간단하다. 나는 해거드의 피실험자가 되었다. 내 두개골에 설치된 전극이 운동피질의 전기 활동을 기록했다. 운동피질은 운동 생성에 관계되는 대뇌피질의 일부이다. 나는 내 마음대로 아무 때나 버튼을 누르면서 정확히 언제 그걸 누르고 싶은지를 보고하기만 하면 되었다. 리벳은 의식적 욕구가 발현되고 나서 운동피질이 작동하기 시작할 것이라고 예상했다. 그러나 그는 그 예상과 정확히 정반대가 되는 실험 결과를 얻었다. 운동피질이 활성화된 후 거의 1초가 지나서야 운동결정이 내려졌던 것이다. 당신의 뇌가 이미 잠재의식적으로 운동결정을 내렸고, 일단 그 과정이 시작되고 난 후에야 '당신'이 그것을 깨닫는 것뿐이다. 이 발견

즉 '나'라는 의식은, 나에 의해서 몸과 생각이 통제되고 있다고 믿고 사는 것이 생존에 유리하다는 생명 그 자체의 어떤 판단에 의해서 만들어진 '기만欺瞞'일 수 있다는 것인데, 이런 연구결과를 불교식으로 바꿔보자면, 인간 개체로서의 오온(생명 그 자체)은 따로 의식의 관여 없이도 오온 그 자체에 의해서 생명이 이어진다는 것이다. 그렇다고 해서 오온 그 자체가 또 다른 '자아'라는 것은 물론 아니다. 그 오온으로서의 몸의 형성 역시 전체적인 조건들과의 연기적 결합으로 이루어진 것이고, 그 조건들과의 연기적 결합에 따라 반응되고 있는 하나의 '현상'일 뿐이니, 거기에 따로 주인공이 있을 수 없다. 그럼

은 놀라운 사실을 내포한다. 무언가를 하려는 의도가, 뇌가 이미 그것을 하기로 결정한 다음에 발현된다면, 당신이 결정하기 전에 뇌가 결정을 한다면, 우리의 행위는 자유의지에 의해서가 아니라 잠재의식적 과정에 의해 인도되는 셈이다. 당신이라는 관념, 다시 말해 당신 머릿속에 존재하는 개인은 어쩌면 뇌가 보여주는 가장 그럴듯한 속임수인지도 모른다. 진짜 지배세력은 잠재의식인데도 뇌는 의식적 자아가 행동을 지배한다는 환상을 만들어낼지도 모른다.」
이 실험에 대한 또 다른 해석은 영국 BBC 방송재단에서 만든 과학잡지『*Knowledge*』(2008년 10월호)에 소개된「의식consciousness」에 대한 최근 뇌 과학계의 연구성과를 소개한 글 가운데 일부에 나타난다.
「"이들 모든 발견들이 암시하는 것은, 뇌가 우리 주위에서 일어나고 있는 것에 대한 의식의 모형을 우리에게 제공하기 위해서, 외부로부터 입력된 감각정보들을 함께 묶어버리는 기법들의 어떤 주체를 계발하고 있다는 것이다. All these findings suggest that the brain has developed a host of techniques binding together sensory inputs from the outside world to give us a conscious model of what's going on around us."」
이런 실험을 통해서 우리가 짐작할 수 있는 것은, 우리의 의식[서양에서는 이것을 단지 consciousness라고 지칭하지만 불교식 구분에 따르자면 이것은 식(識, viṇṇāṇa)이 아니라 마노(意, mano)에 해당될 것이다.]이라는 것이, 우리가 처음 어떤 정보를 경험하게 되면, 그 정보를 단순화 혹은 상징화시킨 어떤 의식의 모형(conscious model)으로 만들게 되고, 다음에 다시 그와 비슷한 정보가 외부로부터 들어오면 그 정보를 다시 일일이 확인하는 과정을 생략해 버리고, 곧바로 이미 만들어진 기존의 모형으로 그 정보를 대체한다는 것이다. 이런 의식의 일련의 과정을 통해서 잡지에서 인용한 글의 저자는, 우리 의식의 내부에 이와 같이 외부로부터의 정보를 효율적으로 편집하기 위해 어떤 주체(a host)가 함께 설정되고 있는 것이 아니겠는가라고 추측하고 있는 것이다. 즉 살아남기 위해서는 보다 빨리 주변상황을 판단해야만 하는데, 그렇게 주변상황을 효율적으로 판단하기 위한 인식의 과정상 필요하기 때문에 '나'라는 주체가 계발되었지 않았겠느냐라는 것이니, 결국 내가 있어서 그 내가 무언가를 인식하는 것이 아니라, 인식이 나라는 주체를 필요로 하기 때문에 '나'라는 의식을 만들어낸 것일 수도 있다는 얘기다.

으로 정리해 보자면, 우리가 의식이 관여되어 일어난다고 믿고 있는 행위들은 이미 앞에서 언급된 것처럼, 의식이 명령하는 것이 아니라 의식이 명령한 것처럼 믿게 만드는 것들일 뿐이고, 나머지 신진대사들, 심장이 뛰는 것, 몸에 피가 순환하는 것, 소화기관이 음식물을 소화시키는 것, 호흡이 이루어지는 것, 이 모든 것들은 모두 우리의 의식의 관여 없이, 소위 우리 몸의 '자율신경自律神經'과 '불수의근不隨意筋'에 의해서 '무의식적'으로, 즉 오온 그 자체로서 일어나는 행위들이다. 그리고 그런 자율신경이나 불수의근도 다른 조건들과의 연결에 의해서 일어나는 것이지 그것들 자체가 어떤 실체로서 작동하는 것은 아니기 때문에 결국 '나'라는 의식은 단지 오온 스스로에 의해서 계발한 효율적인 생존전략 가운데 하나에 지나지 않을 것이다.

그렇다면 아래와 같은 『법구경』의 문구는 어떻게 이해해야 될까?

마음의 의도는 법들에 앞장서나니,
마음의 의도가 대장이고, 마음의 의도가 만든다.
만약 불순한 마음의 의도로 말하거나 행동한다면,
그로부터 그에게 괴로움이 따를 것이다.
마치 수레바퀴가 소 발자국을 따르듯이.

manopubbaṅgamā dhammā manoseṭṭhā manomayā
manasā ce paduṭṭhena, bhāsati vā karoti vā
tato naṃ dukkhamanveti, cakkaṃva vahato padaṃ.[140]

140 KN1/P.1. 다음은 '월폴라 라훌라' 스님의 영역이다. 「모든 정신적 상태들은 마음을 그 선구자로 두나니. 마음은 그 정신적 상태들의 수장이고, 그것들은 마음이 만들었다. 만약 누군가 불순한 마음을 말하거나 행동한다면, 괴로움이 그를 따를 것이다. 마치 수레바퀴가 이끄는 소의 발자국을 따르듯이. All(mental) states have mind as their forerunner, mind is their chief, and they are mind made. if one speaks or acts, with a defiled mind, then suffering follows one even as the wheel follows the hoof of the draught ox」

여기 등장하는 '마노mano'라는 단어는 마음의 주체적인 기능을 가리킨다.(한역에서는 '意'라고 번역된다.) 불교의 전통에서는 인식작용으로서의 마음(心, citta)과 의식(識, viññāṇa)과 의도(意 mano)는 무언가를 알아차린다는 의미에서는 한 가지지만, 작용 범위나 기능에서 서로 다르다고 규정한다.[141] 의식(識)과 의도(意)는 전체적인 마음작용(心) 가운데 하나의 기능으로써 일어나는 것들이다.[142] 말하자면 심(citta)은 우리 몸에서 작동되는 전체적인 인식작용에 대한 명칭일 것이다. 그 인식작용 가운데 의식이라는 기능도 있고 의도라는 기능도 있는 것이다. 그런데 우리의 몸은 마음이 주인이 아니기 때문에 마음의 관여 없이도 다른 조건들만 충족되면 심장도 위장도 저절로 잘만 움직인다. 그럼으로 『법구경』에서의 "마음의 의도가 대장이고, 마음의 의도가 만든다"는 표현은 마음이 만들어낸 개념들(여기서는 '법들')에 대해서 대장이라는 뜻이지, 몸에 대해 대장이라는 뜻이 아님을 알아야 한다. 몸은 또 그러다가 조건이 맞지 않으면, 마음이 아무리 심장을 뛰게 하고 싶어도 억지로 뛰게 하지 못해서 심장병으로 죽게 되는 것이 사람이고, 아무리 소화를 잘 시키고 싶은 마음이 많아도 억지로 소화를 시키지 못해서 위장병으로 고생하는 것도 바로 사람이다. 이렇듯 마음먹은 대로 몸이 따라주지 않는 것이니, 당연히 마음은 몸의 주인이 아닌 것이며, 단지 몸을 조건으로 해서 마음은 그 기능을 일으키는 것일 뿐이다. 즉 색을 조건으로 해서 수 · 상 · 행 · 식의 과정이 일어나는 것뿐

141 Vism 14/P.542. 「識과 心과 意는 뜻에서는 하나다. viññāṇaṃ cittaṃ mano ti atthato ekaṃ」. 『청정도론』, 제 2권, P.438.

142 T31/ P.849. 『大乘五蘊論』, 「가장 수승한 '마음(citta)'이라는 것은, 아뢰야식을 말하는 것이다. 왜냐하면 이 앎 가운데는 연기적으로 형성되는 종자들을 다 끌어 모은 까닭이며, 또한 연기적으로 형성되는 것은 (그 결과가) 결정되지 않은 것임으로 앞과 뒤를 이어 한 종류로 상속되어 진행되기 때문이다. 가장 뛰어난 의도(mana)라는 것은 마음에 연결되는 것을 대상으로 삼아, 항상 어리석은 나와 나라는 생각, 자아에 대한 집착 등과 상응하는 앎이다. 最勝心者. 謂阿賴耶識. 何以故. 由此識中諸行種子皆採集故. 又此行緣不可分別. 前後一類相續隨轉 … 最勝意者. 謂緣阿賴耶識為境. 恒與我癡我見我慢及我愛等相應之識.」

이다. 몸은 몸을 구성하는 전체적인 조건들의 상태에 따라서 반응된 하나의 '현상'이고, 그 전체적인 조건들 가운데 하나가 마음이라는 정신작용일 뿐이지, 마음 이외에 몸에 어떤 주인이 따로 있어서 그것에 의해서 몸에서 그런 무의식적 행위가 일어나는 것도 아니다.

그렇듯, 의도(意, mana)는 전체적인 마음 작용 가운데 단지 주체적으로 행위를 이끄는 기능일 뿐이지만, 습관화된 행동방식(업)은 그 주체적인 기능에 의해서 형성되고, 그렇게 형성되고 습관화된 나쁜 행동방식에 의해서 인간은 괴로움을 일으키게 된다. 그래서 붓다께서 말씀하신 것이다. "만약 불순한 마음의 의도로 말하거나 행동한다면, 그로부터 그에게 괴로움이 따를 것이다" 라고. 하지만, 이런 마음의 주체적인 기능으로서의 의도(mano)에는 역으로, 괴로움을 만들어내지 않는 불순하지 않은 행위를 주체적으로 일으킬 수 있다는 반전도 포함되어져 있다. 의도에 의해서 일어난 행위로 인하여 괴로움이 일어난다면, 거꾸로 그런 의도에 의해서 괴로움을 일으키지 않는 행위를 형성해 나갈 수도 있다는 것이다. 붓다의 모든 가르침은 이처럼 언제나 '괴로움으로부터의 해탈'이라는 하나의 목표에 수렴된다. 태어나지 않았더라면 아예 문제가 되지 않았겠지만, 이미 태어났다면 괴롭지 않게 살다 죽는 것, 이것이 바로 괴로움으로부터의 해탈이다. 그렇게 괴로움으로부터 해탈을 위해, 마음의 주체적인 기능인 마노가 앞장서서 그런 해탈을 위한 행동을 이끄는 것임으로 일단 주인의 '역할'을 하는 것이다. 하지만 그것 또한 조건에 의지해서 일어나는 것이기 때문에 당연히 '무아'인 것이다.

그리고 '수受'에서부터 상 · 행 · 식의 항목들, 즉 우리가 '마음'이라고 부르는 것들은 사실, 서로 연결된 의식의 진행과정이기 때문에 이것들을 따로 떼어내서 그 기능이나 특징을 언급할 수 있는 것은 아니다. <맛지마니까야>의 제43경인 『마하웨달라숫따』에서의 사리뿟따의 발언을 통해서 우리는 이 점을 확인할 수 있다.

> "도반이여! 수와 상과 식이라는 이들 현상들은 결합된 상태입니까 또는 분리된 상태입니까? 한 상태를 다른 상태와 분리하여 이것들 사이의 차이를 알게 하는 것이 가능합니까?"
> "(사리뿟따가 답하기를) 도반이여! 수와 상과 식이라는 이들 현상들은 결합된 상태이지 분리된 상태가 아닙니다. 한 상태를 다른 상태와 분리하여 이것들 사이의 차이를 알게 하는 것이 가능하지 않습니다. 도반이여! 수한 것을 상하고, 상한 것을 식합니다. 그러므로 이들 현상들은 결합된 상태이지 분리된 상태가 아닙니다. 한 상태를 다른 상태와 분리하여 이것들 사이의 차이를 알게 하는 것이 가능하지 않습니다."[143]

그러면 이런 점을 염두에 두고 각각의 항목을 살펴보자. 우선 '受(수)'라고 번역되는 단어는 '웨다나vedana'라는 단어를 번역한 것[144]으로, 감각영역을 통해서 감각정보를 받아들이는 과정을 일컫는 말이다. 하지만 이 수라는 과정도 다른 모든 것들과 마찬가지로 그 이전에 일

143 MN1/P.283. 제43경, 『마하웨달라숫따』, 「"yā c'āvuso! vedanā yā ca saññā yañca viññāṇaṃ, ime dhammā saṃsaṭṭhā udāthu'visaṃsaṭṭhā? labbhā ca pan'imesaṃ dhammānaṃ vinibbhujitvā vinibbhujitvā nānāaraṇaṃ paññāpetun ti?" "yāc'āvuso! vedanā yā ca saññā yañca viññāṇaṃ ime dhammā saṃsaṭṭhā no visaṃsaṭṭhā. na ca labbhā imesaṃ dhammānaṃ vinibbhujivā vinibbhujitvā nānākaraṇaṃ paññāpetuṃ. yaṃ h'āvuso! vedeti taṃ sañjānāti, yaṃ sañjānāti taṃ vijānāti, tasmā ime dhammā saṃsaṭṭhā no visaṃsaṭṭhā. na ca labbhā imesaṃ dhammānaṃ vinibhujitvā inibbhujitvā nnākaraṇaṃ paññāpetun ti."」

144 MN1/P.293. 제43경, 『마하웨달라숫따』, 「웨데띠(느낀다)라고 하는 것은 도반이여, 저것을 느끼기 때문에 웨데띠(느낀다)라고 하는 것입니다. vedeti vedetīti kho ayouso tasma vedana ti vuccati」 ※이 용어의 어근은 ved로서 (PED: Veda [fr. vid, or more specifically ved as P. root) 동사인 vedeti의 용례로 보아 이것은 무언가를 안다, 라든지 무언가를 경험한다 라는 의미로 추정된다.

어난 어떤 것을 조건으로 해서 일어나는 연기적 과정의 하나일 뿐이고, 그 이전의 조건을 우리는 '촉phassa'이라고 부른다. 즉 감각정보를 받아들이는 주체로서의 눈(根)과 그 대상인 모양(境)과 이 두 가지가 일어나면서 함께 일어나는 눈의 알아차림(識), 이 세 가지가 함께 일어나는 것이 '촉觸'이고, 이 촉을 조건으로 해서 일어나는 것이 '수'의 기능이라는 말이다.[145] 이러한 과정은 눈과 귀와 코와 혀와 몸이라는 다섯 곳의 감각영역이 모양과 소리와 냄새와 맛과 감촉이라는 다섯 가지 감각대상을 정보로써 받아들이는 다섯 가지 경로에다, 마음이라는 감각영역에서 그 다섯 가지 경로를 통해서 받아들인 정보를 다시 대상으로 삼는 마음의 영역까지를 합해서 여섯 종류로 나뉜다. 그러니까 눈을 통한 수, 귀를 통한 수, 코를 통한 수, 혀를 통한 수, 몸의 감촉을 통한 수, 그리고 마음을 통한 수의 여섯 가지다.

그런데 앞에서 촉을 설명하는 대목에서도 드러났듯이, 수라는 과정에는 이미 식이라는 과정이 전제되어져 있다. 그럼으로 인식의 진행과정은 수 → 상 → 행 → 식이라는 직선의 도식이 아니라, 식 → 수 → 상 → 행 → 식 → 수 … 이런 순서가 나선형으로 계속 이어지는 도식이 될 것이다.(이것은 수의 과정이 이미 수많은 이전의 인식과정을 거친, 살아있는 한 인간에게 일어나는 '인식의 재생산 과정'이기 때문이다.) 경전에서 수에는 즐거운 것, 괴로운 것, 즐겁지도 괴롭지도 않은 것의 세 가지가 있다고[146] 설명하는 것도 그것 때문이다. 수(느낌)의 종류에 즐겁거나 괴롭거나 혹은 이도 저도 아닌 세 가지가 있다는 것 자체가 우리가 각각의 감각영역을 통해서 무언가를 느낄 때, 그때 받아들여지

145 MN1/P.111. 제18경, 『마두삔디까숫따』, 「cakkhuñcāvuso paṭicca rūpe ca uppajjati cakkhuviññaṇaṃ, tiṇṇaṃ saṅgati phasso, phassapaccaya vedanā,」
146 MN2/P.500. 제74경, 『디가나카숫따』, 「tisso kho ima aggivessana, vedanā sukha vedana dukkhā vedana, adukkhamasukhā vedana.」

는 대상에 대한 정보는 순수하게 처음으로 나의 눈을 통해서 접하게 되거나 귀를 통해서 접하게 되는 가공되지 않은 정보인 것이 아니라, 이미 내부적으로 개개인의 축적된 업으로서의 식識의 작용에 의해서 즐거운 것, 괴로운 것, 이도 저도 아닌 것으로 분류작업이 끝난 것을 (그러면서도 마치 대상에는 원래부터 그런 느낌이 있었던 것처럼) 느낀다는 뜻이다. 이것이 불교에서 정의하는 수(느낌)의 과정이고, 이렇듯 수의 기능도 전체의 인식작용과 연결됨으로써 드러나는 기능이기 때문에 당연히 무상과 무아라는 속성을 띨 수밖에 없다.

다음 항목은 상(想, saññā)이다. 수의 과정이 이전 과정인 촉으로부터 일어나듯이, 상도 그 이전 과정인 수를 통해서 일어나는 표상과 인식작용이다. 산냐saññā라는 단어로부터 보자면, 이것은 saṃ(함께, 같은, 하나의)+jñā(앎)이라는 단어의 분석으로부터 무언가와 비교해서 인식함이라는 의미로 사용되었음을 짐작하게 한다. 따라서 이 상이라는 과정은 받아들여진 어떤 느낌을 대상으로 해서, 그것을 이미 경험에 의해서 축적된 어떤 내부의 이미지와 맞춰서 그것과 '같은' 것으로 분류하는 표상과 인식의 과정이라고 보여진다. 『마두삔디까숫따』에서 마하깟짜나 존자는 사람이 어떻게 자기 견해에 집착하게 되는지를 다음과 같이 설명하고 있다.

> 촉을 조건으로 하여 느낍니다. 그렇게 느낀 저것을 인식하고, 그렇게 인식한 저것을 숙고하고, 그렇게 숙고한 저것을 빠빤짜하고, 그렇게 빠빤짜한 것을 그 연유로 하여, 빠빤짜에 의한 상에서의 정의가 사람에게, 눈에 의해서 알아차려지는 과거와 미래와 현재의 색들에서 일어납니다.[147]

147 MN1/P.111. 제18경, 『마두삔디까숫따』, 「phassapaccayā vedanā yaṃ vedeti taṃ

위의 인용문에서도 알 수 있듯이, 사실 우리가 지금 현재 눈을 통해서 받아들이는 어떤 시각정보는, 이처럼 내부적으로는 한 바퀴 다 돌아서 이미 작업이 끝난 어떤 이미지가 현재 보고 있는 대상에 덧씌워진 것이에, 현재 내가 어떤 것을 보고 있다고 하더라도 그것은 이미 나에 의해서 '손질'이 끝난 것이기 때문에 객관적인 시각정보라고 할 수 없다. 예를 들어 '중이 미우면 가사만 봐도 밉다' 라는 속담처럼, 한번 누군가에 대해 미움이 일어나면 상대방이 무엇을 하든 그가 하는 짓이나 모습들이 다 밉게 보여지는 것과 같은 이치다.

그리고 이러한 상의 기능은 앞의 조건과 연기적으로 연결되는 동안에만 비로소 드러나는 기능이기 때문에 당연히 상 또한 항상한 것이 아니라, 조건에 따라서 변할 수밖에 없는 속성을 지녔음으로 이를 '무상'과 '무아'라고 말하는 것이다.

그 다음은 '상카라saṅkhāra'의 과정인데, 이것의 영역으로는 '의지적 형성volitional formation'이라는 번역어가 주로 사용되고, 한역으로는 '行(행)'이라는 번역어가 주로 사용되는데, 다른 수 · 상 · 식과 비교하자면 불분명한 점이 많다. 위에서 인용한 『마하웨달라숫따』의 내용에서도 인식의 과정을 설명하면서 이 행의 항목은 언급되지 않았다. 일단 『청정도론』에서는 행에 대한 설명을 보자면 다음과 같다.

> '(업을) 형성하는 특징을 가진 것은 그 무엇이건 모두 한 데 묶어 상카라들의 연기적 쌓임이라고 알아야 한다' 라고 앞서 말했다. 여기서 형성하는 특징은 연기적 쌓임을 만드는 특징을 가진다. 그러면 그것은 무엇인가? 상카라들이다. 그래서 말씀하셨다. "비구들이여, 형성된 것을 계속

sañjānāti, yaṃ sañjānāti taṃ vitakketi, yaṃ vitakketi taṃ papañceti, yaṃ papañceti tatonidānaṃ purisaṃ papañcasaññāsaṅkhā samudācaranti atītānāgata paccuppannesu cakkhuviññeyyesu rūpesu.」

형성하기 때문에 상카라들이라 부른다." 이들은 형성하는 특징을 가지고, 쌓는 역할을 하며, 관심을 가짐으로 나타난다. 나머지 세 가지 연기적 쌓임(수, 상, 식)이 가까운 원인이다.

필자는 『청정도론』의 설명 가운데 '(업을) 형성하는 특징'이라는 표현이나 '나머지 세 가지 연기적 쌓임이 가까운 원인이다' 라는 표현을 통해서, 이 상카라라는 작용에는 어떤 형식으로든 자아라는 망념이 관여된 상태에서 일어나는 것이며 '형성된 것을 계속 형성하기 때문에'라든지 '관심을 가짐으로 나타난다' 라는 표현을 통해서는, 이 기능이 받아들여진 느낌(수)에 지속적으로 '초점을 맞추고' 그것을 다음 단계인 상과 식으로 이어지게 하는 어떤 것이 아닐까 하는 생각을 가지고 있다. 그런 의미에서, 앞에서 이미 인용했던 『마두삔디까숫따』에서의 "그렇게 인식한 저것을 숙고하고, 그렇게 숙고한 저것을 빠빤짜하고, 그렇게 빠빤짜한 것을 그 연유로 하여" 라는 과정에서의 그 '숙고vitakka, vicāra'와 '빠빤짜papañca'의 과정도 그런 행(상카라)의 과정에 포함될 것이다. 위딱까와 위짜라라는 과정은 『청정도론』의 설명에 의하자면, 녹슨 청동그릇을 한 손으로 꽉 부여잡고(위딱까) 나머지 손에 솔을 쥐고는 열심히 그 녹슨 그릇을 닦는 것으로 묘사되어져 있다.[148] 이 두 과정은 인식의 과정에서 우리가 무언가 한 가지 목표에 지속적으로 관심을 가지는 것을 표현한 것이고, 이것은 다시 『청정도론』의 상카라에 대한 설명 가운데 '관심을 가짐으로써 나타난다' 라는 대목과 일치한다. 참고로 세친보살은 이 행온을 '행의 연기적 쌓임이란 수와 상온을 제외한 나머지 마음작용과 마음과 상응하지 않고 일어나는 작용들을 말한다'[149] 라고 설명하고 있다.

148 『청정도론』, 제1권, 4장/초선의 주석 91번.
149 T31/P.848. 『大乘五蘊論』, 世親 「云何行蘊. 謂除受想. 諸餘心法及心不相應行」

다음은 식(識, viññāṇa)이다. 대상을 무엇이라고 아는 것이며, 이런 앎은 현실적인 경험을 통해서 만들어진다. 이렇게 경험에 따라서 그 앎의 내용이 바뀌는 것임으로 식은 '규정되지 않은 앎의 틀'이라고 할 수 있다. 붓다를 이런 식의 규정되지 않은 틀을 다음과 같이 설명하셨다.

> 비구들이여! 무엇이라도 조건에 의지하면서 식識이 발생하면, 그것에 의해서 (식의) 이름이 결정된다. 눈과 모양들을 의지하면서 식이 일어나면, 안식眼識이라는 이름이 된다. 귀와 소리들을 의지하면서 식이 일어나면, 이식耳識이라는 이름이 … 비식鼻識 … 설식舌識 … 의식意識이라는 이름이 된다.[150]

> 눈으로부터 일어나는 앎은 형태 지어진 것(색)을 대상으로 하고, 귀로부터 일어나는 앎은 소리를 대상으로 하고 … 마음작용으로부터 일어나는 앎은 개념(법)을 그 대상으로 한다.

이렇게 해서 오온의 다섯 가지 항목들은 모두 주변 조건들에 의지해서 일어나면서 형성된 온들임으로, 어느 것이나 다 무상하고 무아임을 붓다께서는 제자들에게 늘 설하셨고 강조해서 설하셨다고 말씀하신 것이다. 그 이유는, 모든 경전에서 반복되는 것이지만 다시 한 번 언급하자면, 그렇게 오온이 무상하고 무아임을 아는 것으로부터 비로소 괴로움으로부터 벗어나는 길이 시작되기 때문이다. 본경의 3-3장에서 붓다께서 삿짜까에게 물으신 내용이 그것을 말해준다.

150 MN1/P.259. 제38경, 『마하탕하상카숫따』, 「yaññadeva bhikkhave! paccayaṃ paṭicca uppajjati viññāṇaṃ tena teneva saṅkhaṃ gacchati. cakkhuñ ca paṭicca rūpe ca uppajjati viññāṇaṃ. cakkhuviññāṇanteva saṅkhaṃ gacchati … sotaviññāṇan … ghānaviññāṇan … jivhāviññāṇan … kāyaviññāṇan … manoviññāṇan」

"그러면 무상하고 괴로움이고 변하기 마련인 것을 두고 이것은 내 것이다, 이것은 나이다, 이것은 나의 자아다 라고 보는 것이 현명한 것이겠는가?"

"'일체의 행들은 무상하고, 일체의 법들은 무아다' 라고."

다음은 마지막으로 "일체의 행들은 무상하고, 일체의 법들은 무아다. sabbe saṅkhārā aniccā, sabbe dhammā anattā"라는 문장을 보자. 한역에서 '諸行無常(제행무상)', '諸法無我(제법무아)'라고 번역되는 것이다. '색'에서부터 시작해서 '식'까지의 무상과 무아를 각각 설하신 다음에 이것들을 다시 '행'과 '법'으로 묶어서 정리한 것이다. 필자는 여기서의 행과 법은 순서상으로 의미를 가진 연결이라고 이해하고 있다. 그 의미를 설명하자면 이렇다.

조건들에 의지되면서 일어나는 각각의 모든 현상들은(諸行) 변하기 마련이다(無常). 색이 그렇고, 수 · 상 · 행 · 식이 다 그렇다. 조건에 의지되면서 일어나는 것들은 '그 조건들에 의지되면서 일어난다' 라는 '그 법'을 따르기 때문에, 조건들의 변화를 따라 함께 변할 수밖에 없다. 하지만 조건들에 의지되면서 일어난 현상들마다 변할 수밖에 없도록 적용되는 그 법들은(諸法) 하나도 아니고, 그 각각의 현상들을 주관하는 어떤 주인공들이거나, 그 주인공들이 일으키는 기능들도 아니다(無我). 왜냐하면 그것들 또한 조건들에 의지해서 적용되는 것이기 때문이다. 그리고 만약 이런 법들이 어떤 주인공이거나 그 주인공이 일으키는 기능이라고 주장한다고 하더라도, 그 주인공 역시 조건들에 의지해서 일어난다 라는 그 이치를 벗어날 수 없는 것이고, 그 이치에서 벗어나지 못한다면 그 스스로도 무상한 것일 수밖에 없는 것이고, 무상한 것이니 또한 무아일 수밖에 없다. 그럼으로 그 법들은 모두 주인공들도 아니고, 주인공이 일으키는 기능들도 아닌 것이다. 이렇듯 '그 조건들에 의지되면서 일어난다'라는 것은, 세상의 각각의 존재들이 구성되고 운영되는 이치이니, 이를 일러 '법들'이라고 한 것이다 라고 필자는 이해하고 있다.

그럼으로 붓다께서 오온의 무상과 무아를 설명하시고 나서, 이처럼 "일체의 행들은 무상하고 일체의 법들은 무아다" 라고 두 가지로 다시 정리하여 말씀하신 것은, 우리의 인식 이전에 있는 현실세계가 어떻게 존재하고 어떻게 운영되고 있는가에 대해 정리하신 것으로 생각된다. 그래서 이 문장에서는 '괴로움'에 대해, 즉 삼특상 가운데 하나인 소위 '제행개고諸行皆苦'에 대해서는 굳이 따로 말씀하시 않으신 것이다. 우리는 이렇게, 조건들에 의지되면서 일어나기 때문에 무상하고 무아일 수밖에 없는 현실세계를 현실 그대로 인식하지 못함으로써, 우리의 몸에서 드러나는 무상하고 무아인 현실이 우리에게 괴로움을 주는 것으로 나타나게 되는 것이다. 태어나고 늙고 병들고 결국 죽게 되는, 조건에 의지해서 일어난 것들이라면 그렇게 진행되는 것이 너무도 당연한 이런 것들이, 우리에게는 그저 괴로움이 되는 것이다. 이렇게 우리 자신에게 어떻게 해서 괴로움이 일어나게 되는지를 스스로 납득하여, 그 괴로움을 일으키는 행위를 스스로 하지 않기 위해서 우리 스스로가 선결적으로 알아야 할 내용이 "일체의 행들은 무상하고, 일체의 법들은 무아다" 라는 것이니, 붓다께서 오온의 무상과 무아를 설명하신 후에 다시 이를 정리하여 말씀하신 것이다, 라고 필자는 생각한다.

그러면 이쯤에서 '삼특상ti-lakkhaṇa'이라고 해서 자주 언급되는 용어에 대해 한번 살펴보자. 삼특상의 세 가지는 다음과 같다.

1) sabbesaṅkhārā anicca(諸行無常)

2) sabbesaṅkhārā dukkhā(諸行皆苦)

3) sabbedhammā anattā(諸法無我)

위의 문장에서는 붓다에 의해 이들 삼특상 가운데 두 가지인 제행무상과 제법무아가 설해졌고, 두 번째인 제행개고에 대해서는 언급되지 않았다. 그 이유에 대해서는 위에서 설명한 대로, 순서적으로 먼저 알아야 할 것, 선결되어져야 할 것이라는 의미에서 두 가지가 설해졌을 것이다. 그러면 위와 같이 제행개고를 추가해서 '삼특상'이라는 용어로 정리한 것은 붓다의 생각일까, 아니면 후대의 작품일까? 우선 붓다에 의해서 '삼특상'이라는 '용어'가 사용된 경전의 기록은 없다. 이것은 상좌부 주석서에서 사용하기 시작한 용어이기 때문이며, 위와 같이 완결된 형태의 문장이 등장하는 경전도 필자가 아는 한 <앙굿따라니까야>에서의 한 곳과[151] 『법구경*dhammapada*』[152]에서의 한 곳뿐이다. 오온의 무상과 무아를 처음으로 설하신 경전으로 알려진 『무아상경』에도 이 삼특상의 완결된 문장은 물론이고, 세 가지 중 어느 한 문장도 나타나지는 않는다.

이 삼특상의 내용은 본경의 3-3장에서 확인할 수 있는 것처럼, 붓다와 비구들 간에 있었던 다음과 같은 간곡한 대화의 내용에서 비롯된 것으로 보인다. 비구들이여! 조건 지어진 것들은 늘 변하기 마련

151 AN1/P.286. 「*dhammaniyāma sutta*」

152 DP/P.78. 「모든 조건 지어진 것들은 무상하다 라고 이와 같이 통찰지로 살펴본다… 모든 조건 지어진 것들은 괴로움이다 라고 이와 같이 통찰지로 살펴본다… 모든 조건 지어진 법들은 무아다 라고 이와 같이 통찰지로 살펴본다. sabbe saṅkhārā anicca'ti yadā paññāya passati.… sabbe saṅkhārā dukkhā'ti yadā paññāya passati… sabbe dhammā anattā'ti yadā paññāya passati.」

이지 않던가? (그렇습니다. 세존이시여!) 그렇게 변하기 마련인 것들을 내 것이라고 여기니 그런 변화가 그대들에게 괴로움이 되는 것이지 않겠는가? (그렇습니다. 세존이시여!) 그러니 내 것이라고 하는 그 어떤 생각이라도 다 헛된 것이며, 어리석은 것임을 알아야 하지 않겠는가? (그렇습니다. 세존이시여!) 라는 이 내용이 후대의 주석가들에 의해 하나의 관용구로써 정형화한 것으로 보인다.

그런데 붓다의 이런 살아 있는 가르침을 이런 식으로 정형화하는 것은, 어쨌든 당시 상황에서 승가의 지도자들이 후학들의 교육을 위해서 붓다의 가르침을 텍스트화 시킬 필요성을 느껴서 한 일일 수도 있겠지만, 이렇게 법문의 내용을 앞뒤 문맥을 잘라버리고 정형화시킴으로써 단점 또한 생기기 마련이다. 예를 들자면, 두 번째 문장의 '제행개고' 같은 대목을, 모든 조건 지어진 것들은 다 괴로운 것이다 라는 식으로 이상하게 해석을 하게 되는 경우가 그런 경우일 것이다.[153] 또한 주석서에서는 이 대목을 설명하면서, 붓다께서는 여기서 왜 삼특상 가운데 '제행개고'의 항목을 언급하지 않으셨는가? 라고 스스로 질문을 만들고, 또 그것에 해명을 붙이고 있지만,[154] 이것은 자신들이 삼특상이라는 용어를 나중에 만들어놓고는 그것을 거꾸로 붓다의 말씀에 적용하는 것과 같이, 앞뒤가 뒤바뀐 것이다. 이에 대해서는 이미 1-2장에서 언급한 대로다.

153 『*The Three Basic Facts of Existence*』 by Ven. Nyanaponika thero/P.2. 「한편 두 번째(제행개고)는, 물론 오직 살아 있는 것의 경험에 관한 것이다. 무생물도 어쨌든, 자주 살아있는 것들에게 괴로움의 원인이 될 수 있다. 예를 들어서, 굴러 떨어지는 바위는 상처를 입히거나 재산상의 손실을 가져오는 원인이 될 수 있고, 그로 인해 정신적 고통의 원인이 되기도 한다. while the second (suffering) is, of course, only an experience of the animate. the inanimate, however, can be, and very often is, a cause of suffering for living beings: for instance, a falling stone may cause injury or loss of property may cause mental pain.」

154 MA2/P.271.

참고로, 이 대목에 해당되는 한역 <잡아함>에서는 '제행무상, 제법무아'에 대한 내용은 보이지 않는다.

> "나는 실지로 제자들을 위해서 그와 같이 법을 설한다. 나는 실지로 항상 제자들에게 가르친다. 법의 가르침에 수순하도록, 색을 무아로, 수, 상, 행, 식을 무아로 관하도록. 이 오수음을, 마치 질병과 같고, 혹 덩어리와 같고, 가시와 같고, 죽음과 같고, 무상하고, 괴로움이고, 공하고, 내가 아님으로 관하도록 가르친다."[155]

이렇게 해서, 붓다께서 제자들에게 늘 강조해서 설하셨던 핵심적인 법문인 오온의 무상과 무아에 대한 내용을 살펴봤다. 다음 장에서는 이에 대한 니간타인 삿짜까의 반론이 있고, 이 반론에 대해 붓다께서 다시 비유를 들어 삿짜까의 견해가 왜 틀렸는지를 설명하시는 장면이 이어진다.

155 T2/P.35. <잡아함>, 「我實常教諸弟子. 令隨順法教. 令觀色無我. 受. 想. 行. 識無我. 觀此五受陰如病. 如癰. 如刺. 如殺. 無常. 苦. 空. 非我.」

023
삿짜까, 붓다의 설법에 반론을 펴다

"존자 고따마여! 저에게 비유가 떠올랐습니다."
"악기웻사나여! 그것을 말해 보라."
라고 세존께서 말씀하셨다.
"존자 고따마여! 예를 들어서, 어떤 것이든 자라고, 번창하고, 충실하게 되는 씨앗들이나 식물들은, 저것들 모두는 땅에 의지하고, 땅에 근거하여, 이와 같이 저들 씨앗이나 식물들은 자라고 번창하고 충실하게 됩니다. 존자 고따마여! 다시 예를 들어서, 어떤 것이든 힘을 써서 해야 되는 일들을 행하는 것은 모두 땅을 의지하고, 땅에 근거하여, 이와 같이 힘을 써서 해야 되는 그 일들을 행합니다. 존자 고따마여! 이와 같이, 사람이란 이 색色이 곧 자아이니, 색을 근거로 하여 공덕이나 악덕을 짓습니다. 사람이란, 이 수受가 곧 자아이니, 수를 근거로 하여 공덕이나 악덕을 짓습니다. 사람이란, 이 상想이 곧 자아이니, 상을 근거로 하여, 공덕이나 악덕을 짓습니다. 사람이란, 이 행行들이 곧 자아이니, 행들을 근거로 하여 공덕이나 악덕을 짓습니다. 사람이란, 이 식識이 곧 자아이니, 식을 근거로 공덕이나 악덕을 짓습니다."
"악기웻사나여! 그대는 참으로 이와 같이 말하고 있는 것인가? '색은 곧 나의 자아다, 수는 곧 나의 자아다, 상은 곧 나의 자아다, 행들은 곧 나의 자아다, 식은 곧 나의 자아다' 라고?"

"존자 고따마여! 저는 참으로 이와 같이 말합니다. '색은 곧 나의 자아다, 수는 곧 나의 자아다, 상은 곧 나의 자아다, 행들은 곧 나의 자아다, 식은 곧 나의 자아다' 라고 이것은 대다수가 알고 있습니다."

"악기웻사나여, 왜 저들 대다수가 알고 있다는 것을 말하는가? 악기웻사나여! 그대는 어서 자신의 주장이나 말해보라."

"존자 고따마여, 저는 참으로 이와 같이 말합니다. '색은 곧 나의 자아다, 수는 곧 나의 자아다. 상은 곧 나의 자아다, 행들은 곧 나의 자아다, 식은 곧 나의 자아다' 라고."

"이와 같이, 사람이란, 이 색이 곧 자아이니, 색을 근거로 하여 공덕이나 악덕을 짓습니다."

붓다로부터 직접 평소의 가르침의 내용을 확인한 삿짜까가 붓다의 가르침에 대해 본격적으로 반론을 시작하는 장면이다. 그는 먼저 '루빳따양 뿌리사뿟갈로rūpyaṃ purisapuggalo'라는 말로써 반론을 시작했다. 주석서에서는 이 대목을 "루빠(色)가 앗따(自我)일 것이다 라고 해서 '루빳따'라고 한 것이니, 루빠를 앗따라고 파악하면서 있는 사람을 설명한 것이다"[156] 라고 풀이하고 있다. 그럼으로 이런 주석서의 풀이대로라면 이 문장은 "사람이란(purisapuggalo), 이(ayaṃ) 색이(rūpaṃ) 곧 자아(attaṃ)이니" 라고 번역되는 것이 옳을 것이다. 하지만 필자의 생각에는 주석서의 이런 풀이가 삿짜까가 말한 의도와 전적으로 일치하는 지에 대해서는 다소 의문스럽다. 왜냐하면 붓다와 니간타들이 사용하는 용어들이 서로 의미하는 바가 조금씩 달랐기 때문이다.

그럼으로 사실 여기서 삿짜까가 붓다 앞에서 자신의 주장을 펼치기 전에, 자신이 사용할 용어인 '앗따attā'와 '루빠rūpa' 그리고 '뿟갈라puggala'에 대해서는 사전에 붓다와 그 용어의 정의에 대해 확인했어야 했다. 이 가운데 자아라는 의미의 '앗따'라는 용어는 니간타 자신들이 사용하는 '지와(영혼)'라는 용어 대신에, 그들이 이 '앗따'라는 단어를 쓴다고 해도 의미상에서 별 차이가 없기 때문에 니간타들이나 불교도 어느 쪽에서도 이 단어로 인해 오해가 발생하진 않겠지만 '루빠'와 '뿟갈라'는 다르다. 먼저 '루빠'라는 용어를 보자. 니간타들은

156 MA2/P.275. 「rūpaṃ(색을), attā(자아)라고(ti) 파악하면서(gahetvā), 있는(ṭhita) 사람을(puggalaṃ)을 설명한 것이다 (dīpeti).rūpattāyaṃ purisapuggaloti rūpaṃ attā assati rūpattā, rūpaṃ attāti gahetvā ṭhitapuggalaṃ dīpeti.」 <증일아함>에서는 이 대목이 「色者是常」이라고 번역되었고, <잡아함>에서는 「色是我人」이라고 번역되었다. <잡아함>에서의 我와 人은 아마 purisa와 puggla를 번역한 것으로 보인다.

'루빠'라는 용어를 실재하는 물질인 뿟갈라(뿟갈라는 니간타들이 주장하는 비영혼ajiva에 속하는 다섯 가지 실체dravya 가운데 하나다.)가 가진 속성인 '형태를 지닌'이라는 뜻을 설명할 때 따로 사용하고, 구체적으로는 흔히 정신과 상대되는 덩어리로서의 '육체' 혹은 '몸'이라는 의미로 대체되기도 한다.(한역 경전에서 루빠를 '色'이라고 번역한 것이나 영어로 material form 이라고 번역하는 것도 '형태를 갖춘'이라는 이 내용에 맞춘 번역이다.) 이에 반해서 불교도들이 말하는 '루빠' 혹은 '루빠칸다'의 의미는 네 가지 근본 물질과 그 물질에 의지해서 발생하는 형태를 지닌 모든 물질로 정의하고 있음은 이미 앞의 2-2장에서 살펴본 바와 같다. 그럼으로 불교에서 '루빠'라고 지칭된 것은 언제나 무상하고, 또 조건에 의지해서 일어나는 '현상'임으로 언제나 무아일 수밖에 없다. 이것 또한 이미 앞에서 설명되었다.

그런데 니간타들은 실체이면서도 형태를 갖지 못한 지와(영혼)가, 실체이면서 동시에 형태를 갖춘 아지와(비영혼)인 뿟갈라(물질)와 만나면서[157] 가시적인 형태를 띤 몸이 만들어지고, 그렇게 가시적인 형태를 띤 부분을 따로 일러서 '루빠'라고 부른다. 그렇게 '루빠'는 형태를 띠고 있음을 지칭하는 것임으로 그 형태로서의 루빠는 변화하는 것이고, 변화하는 것이기 때문에 '루빠는 무상하다' 라는 말은 니간타들에게 있어서도 성립되고 또 부정하지도 않는다.[158] 하지만 불교도들이 말하는 '루빠는 무아다' 라는 주장은 니간타들에게는 받아들여

157 『諦義證得經』, P.408. 本文: 「이들(비영혼)과 영혼은 모두 다 실체이고, 이것들은 상주하는 것이지만, 형태를 띠고 있지는 않다(無色). 보특가라만 형태를 띠고 있다. (有色).這些與命都是實體 是常住的. 無色的 補特伽羅是有色的.」

158 『諦義證得經』, P.413. 本文: 「(뿌드갈라)는 원자들이 결합하여 원자들의 덩어리를 이루고, 결합으로 인하여 분할되거나 생산되며, 원자가 분할되고 생산되는 까닭에 분할 혹은, 집합됨이 가히 눈으로 그것을 볼 수 있는 것이 이루어진다. 「複合體」(skandha), 由原子結合而成的原子團 由結合, 分割而產生 原子由分割而產生 由分割或集合而成為可見的」

질 수 없는 것이다. 왜냐하면 니간타들에게 루빠는 영혼과 물질이 여러 가지 형태로 결박되어 만들어낸 가시적인 '형태'임으로, 그 형태는 무상한 것이지만 그 형태를 갖춘 덩어리인 루빠는 자아인 영혼과 이미 둘이 아닌 관계로 엮어져 있는 것으로서의 루빠임으로 당연히 무아일 수가 없는 것이다. 그럼으로 삿짜까가 "루빠-앗따"라고 말한 것을 빠알리 주석가들의 풀이가 아닌, 이미 알려진 니간타의 이론에 따라서 풀이하자면, 앗따(자아)와 뿟갈라(물질)가 얽혀서 가시적인 형태를 띤 것이 루빠(색)임으로, 그 루빠는 앗따와 그대로 같은 것도 아니지만 다른 것도 아니라는 뜻으로 말한 것이 될 것이다.

일단 이렇게 불교도들이 말하는 '루빠'와 니간타들이 말하는 '루빠'는 서로 그 용례가 다르다는 것을 확인했으니, 다음 단어를 보자. 삿짜까는 '뿌리사-뿟갈라purisa-puggala'[159]라는 단어를 사용해서 '인간 개체'를 정의했다. 여기서 말하는 '뿟갈라'라는 단어는 니간타 이외의 사람들에게는 '인간 개체'를 지칭할 때 사용되는 일반적인 용어로 이해되었을 것이다. 이미 앞에서 확인했다시피, 붓다는 다섯 가지 연기적 쌓임(오온 혹은 오취온)으로 인간 개체를 규정했다. 하지만 니간타들은 인간을 규정할 때, 비물질이면서 동시에 독립적인 실체인 지와(영혼)가 물질이면서 동시에 실체인 뿟갈라(물질)와 만나서 뿟갈라를 통해서 육체가 형성되고(루빠), 그렇게 형성된 육체를 통해서 지와의 본래 기능인 감수나 인식과 같은 기능들을 일으키는 것으로 인간 개체를 규정한다. 그럼으로 위에서 삿짜까가 '인간'이라는 뜻으로 사용이 모두 가능한 두 단어(뿌리사와 뿟갈라)를 이처럼 함께 묶어서 '뿌리사뿟갈

159 뿌드갈라(sk. pudgala p. puggala)라는 단어는 pud+gala로 세분되는데, 앞의 pud는 보충, 더하다 라는 의미고, 뒤의 gala는 분해, 혹은 분류의 의미다. 그럼으로 극히 작은 원자가 집적되면서 형태를 띤 것으로 분류되는 것이라는 뜻으로 이를 '물질'이라고 번역한다. 여기에는 '인간'이라는 뜻도 포함되는데, 그것은 물질(뿌드갈라)이 사람의 육체를 구성하는 기본 재료라고 보기 때문이다.

로'라고 한 것도, 말하자면 '인간이란(뿌리사) 곧 지와(영혼)와 뽓갈라(물질)가 결합된 것이다' 라는, 자신들의 인간 개체에 대한 정의를 드러내기 위한 목적에서 일부러 사용된 단어로 보여진다.

그렇게 지와(영혼)가 뽓갈라(물질)를 통해 비로소 그 지와의 본래 기능을 발현하는 것이기 때문에 그들의 입장에서는 '뽓갈라(물질)'가 곧 '지와(영혼)'고 '지와'가 곧 '뽓갈라'라고는 말할 수 있지만 '루빠가 곧 지와고, 지와가 곧 루빠다' 라고는 말하지 않는다. 물론 니간타들도 뽓갈라와 지와가 일대일 대응의 관계로 동일하다고 주장하지는 않는다. 이에 대한 니간타경전『수뜨라끄리땅가』의 설명은 다음과 같다.

> "일부의 어리석은 자들은 말하기를, 다섯 가지 일시적인 존재로서의 칸다(蘊)가 있다고 한다. 그들은 저것(영혼, jiva)이 그 요소들과 같지 않다는 것도, 또한 (그 요소들과) 다르지 않다는 것도, 이것은 하나의 원인(그 요소들)으로부터 만들어지는 것도 아니고, 원인이 없이 만들어지는 것(그것이 영원하기 때문에)도 아니라는 것을 인정하지 않는다."[160]

이것은 불교도들이 인간 개체를 오온으로 규정하는 것에 대해, 불교도들을 '일부의 어리석은 자들'이라고 칭하면서 불교도의 오온설에 대해 비판한 것이다. 위와 같은 니간타 경전의 내용을 근거로 해서 혹자는, 본문에서 붓다께서 삿짜까의 "사람이란, 이 루빠(색)를 앗따(자아)로 삼아서, 루빠를 근거로 하여 공덕이나 악덕을 짓습니다" 라는 발언을 듣고, 그러면 그대는 루빠(색)가 나의 앗따(자아)라고 주장하

160 『*Jaina Sutras*』, part 2/P.238. 『*sutrakritanga*』「Some fools say that there are five skandhas of momentary existence. They do not admit that (the soul) is different from, nor identical with (the elements), that it is produced from a cause (i.e. the elements), nor that it is without a cause (i.e. that it is eternal).」

는 것이냐? 라고 묻는 장면이, 삿짜까가 루빠는 나의 앗따다 라거나 루빠가 곧 앗따다 라고 주장한 것이 아니었는데도 붓다는 삿짜까의 질문 내용을 그런 식으로 오도誤導한 것이 아니냐고 의심하는 사람이 있다.[161] 즉, 삿짜까의 주장(삿짜까가 니간타의 교리에 밝은 사람이라고 전제하고)은 루빠가 곧 앗따다 라거나, 루빠가 나의 앗따다 라고 주장한 것이 아니라, 위의 『수뜨라그리땅가』에서 주장하듯이 뿟갈라와 지와는 서로 다른 것도 아니고, 같은 것도 아니다 라는 의미로 그런 말을 한 것이다 라고 말이다. 그럼으로 붓다의 질문은 마치, 금광석을 제련하면 금을 얻을 수 있다고 니간타가 말하는데, 그러면 금광석을 금이라고 하는 것이냐? 라고 묻는 것과 같은 '추론推論'이라는 것이다.[162]

하지만 잘 생각해 보면, 아무리 그들이 위의 니간타 경전에서 언급했듯이, 영혼과 색 · 수 · 상 등의 항목들과의 관계는 다르지도, 그렇다고 같지도 않은 관계라고 주장한다고 하더라도, 그들은 이미 뿟갈라(물질)는 지와(영혼)와 마찬가지로 모두 독립적인 실체(sk. dravya)라고 전제하고[163] 시작한 사람들이다. 그럼으로 그들의 전제와 이런 주장은 서로 모순된다. 독립적인 실체로서의 지와와 또 다른 독립적인 실체인 뿟갈라로서 만들어진 육체는 같지도 않고, 다르지도 않는 관계를 가질 수가 없기 때문이다. 그런 '비일비이非一非異'의 관계는 오직 지와와 뿟갈라가 독립적인 실체가 아니라, 그것들이 서로 조건에

161 「영혼에 관한 불교와 자이나교의 논쟁」, 『불교평론』(2004), 김미숙(동국대 인도철학과 강사).

162 위와 같은 논문의 내용에 들어있는 비유다. 이것 말고도 저자는 "'바닷물의 주요 성분은 소금과 물로 이루어져 있다. 그런데 소금이 바닷물이라고 할 수 있는가? 물이 바닷물이라고 할 수 있는가? 그렇다고 말할 수 없지 않은가? 따라서 바닷물이란 없는 것이다.' 붓다의 논박은 이와 같은 방식으로 전개되고 있다" 라고 주장하고 있다.

163 『諦義證得經』 P.407. 本文: 「이것들과(비영혼) 영혼(지와)은 모두 실체다. 這些與命都是實體, dravyāṇi jīvāś ca」

의지해서 일어나는, 그들의 표현대로 그것들이 서로 '일시적인 존재' 일 때만 주어지는 속성이다.

그래서 삿짜까의 발언 내용을 정리하자면 이렇다. (사실 이런 정리는 필자가 해야 할일이 아니라, 삿짜까 자신이 붓다 앞에서 해야 할 일이지만) 그가 말한 "사람이란 이 색이 곧 자아이니, 색을 근거로 하여 공덕이나 악덕을 짓습니다" 라는 내용은 (그가 니간타의 교리에 밝은 사람이라는 전제하에) "애초부터 지와(영혼)와 뿟갈라(물질)가 결합되어져 생긴 것이 '뿌리 사뿌드갈라' 즉 형태를 띤 '인간'이기 때문에 인간은 누구라도 지와와 뿟갈라가 모여서 형성된 육체를 실체적인 것으로 삼고, 그 형태가 있는(有色) 육체(무상하긴 하지만 무아는 아닌)를 통해서 공덕을 짓거나 악덕을 지을 수밖에 없습니다(身業)" 라는 뜻으로 한 말이었을 것이다.

"그대는 참으로 이와 같이 말하고 있는 것인가? '색은 곧 나의 자아다', 라고?"

삿짜까의 이런 자신만만한 발언이 아무래도 석연치 않으셨던지, 붓다께서 일단 삿짜까의 발언 내용을 확인하시는 장면이다. '그대는 그대가 지금 하는 말이 도대체 무슨 뜻인지는 알고 그렇게 말하고 있는 것인가?' 라고 물으신 것이다. 그렇게 물으신 내용 중에 "색은 곧 나의 자아다 라고 하는 것인가?" 라는 문장은 흔히 세 가지 형태로 경전에 자주 등장하는 것으로, 어리석은 자들이 자아를 집착하게 되는 형태에 관한 것이다. 즉 '이것은 나의 것이다etaṃ mama. 이것은 나다esohamasmi. 이것은 나의 자아다esomeattā'라는 세 가지다. 그런데 이것은 사실 집착에 대한 세 가지 '다른 표현'이지, 집착이 세 가지 '다른 형태'로 일어난다는 뜻은 아닌 듯하다.[164] 왜냐하면 만약 색을 두고 '색은 나의 것이다' 라고 했다면, 그 '나'는 이미 '자아'로서의 '나' 이기 때문에, 그것은 '색은 곧 나다' 라는 두 번째 문장이나 '색은 나의 자아다' 라는 세 번째 문장과 결국 같은 내용에 대한 다른 표현이 되기 때문이다.

그럼으로 붓다께서 삿짜까에게 하신 질문의 형태가, 그대는 색은 나의 것이다 라고 주장하는 것인가 라고 물었든지, 아니면 색은 나다 라고 주장하는 것인가 라고 물었든지 그 질문의 형태와는 상관없이, 결국 붓다께서 삿짜까에게 확인하고자 했던 것은 "어쨌든, 그대는 지금 독립적 실체로서 모든 것을 통제하는 '자아(혹은 영혼)'라는 것을 전제하고 있는 것이 아니냐?" 라는 것이다. 비록 삿짜까가 말하는 그 색은 자아와 하나도 아니고 둘도 아닌 관계로 얽혀진 색임으로 그 색은 자아와 같은 것도 아니고 다른 것도 아니라고 하지만, 삿짜까의 논리는 어쨌든 독립적인 자아를 처음부터 전제하고 있다는 것을 간파하신 붓다께서는 그렇게 물으신 것이다.

"존자 고따마여! 저는 참으로 이와 같이 말합니다. '색은 곧 나의 자아다', 라고"

이처럼 붓다께서는 삿짜까의 발언에서 뭔가 용어 사용의 혼란 같은 것이 느껴졌기 때문에 삿짜까에게 확인 차 물어보셨던 것일 터인데, 정작 삿짜까는 별다른 해명이나 확인 없이 "저는 참으로 이와 같이 말합니다. 색은 곧 나의 자아라고" 라고 곧바로 말해버렸다. 아무리 이런저런 말로 장황하게 설명을 한다고 하더라도 니간타로서 주

164 이 세 가지 표현에 대해서는 『알라갓뚜빠마숫따』(2013), 도서출판 성현/ 3장에서 자세히 언급했음으로 이를 참고할 수 있을 것이다.

체적인 영혼의 존재를 부정할 수는 없었을 것이기 때문이라고 생각되지만, 주석서가 설명하는 이유는 좀 더 한심하다.[165] 삿짜까가 이렇게 덜렁 붓다의 질문에 '그렇다' 라고 대답해 버린 것은, 혹시 자신이 한 말에 어떤 실수가 있었다면, 자기 혼자만 비난받을 것이기 때문에 많은 사람들도 그렇게 생각하고 있다고 미리 말해 두는 게 좋겠다고 생각했기 때문이라는 것이다.(적어도 이 대목에서의 주석서의 설명은, 아무래도 주석가들에게 삿짜까의 입장을 잘 설명해야할 의무가 없어서였겠지만, 삿짜까의 심리나 발언의 의도를 객관적으로 이해하는 데 도움이 될 만한 내용은 사실, 별로 없다.)

삿짜까는 스스로 '현자'라고 자처할 정도고, 논쟁의 달인라고 불리던 사람이었음으로 붓다께서 왜 "그대는 참으로 이와 같이 말하고 있는 것인가? '색은 곧 나의 자아다 … 라고?" 라고 물으셨는지 정도는 논리적으로도 충분히 알아차렸을 것이다. 그렇다면 삿짜까는 자신의 견해에만 매달릴 것이 아니라, 불교도와 니간타 간의 서로 다른 용어에 대한 정의를 언급하면서 니간타의 교리를 충분히 다시 설명했어야 했다. 예를 들어서 자아와 색의 하나도 아니고 둘도 아닌 관계에 대해서 토론을 했더라면 아마 붓다와의 이 토론이 좀 더 길게 진행되었을지도 모른다. 하지만 자신의 견해를 지키기 위해서 붓다의 질문에 그냥 그렇다 라고 대답해 버림으로써 이 대화 자체가 약간은 '동문서답' 비슷하게 되고 말았다.(아마 마하위라가 삿짜까의 이런 발언

165 MA2/P.276.「그러자 니간타가 생각했다. '지나치게 사문 고따마가 나의 말을 정립시킨다. 만약 나중에 어떤 잘못이 있다면, 나 혼자만을 비난할 것이다. 자, 나는 이 말을 많은 사람들 앞에서 미리 말해두어야겠다' 라고. 그래서 그렇게 말한 것이다. "그렇습니다. 고따마 존자시여, 저는 이와 같이 말합니다. 색은 나의 자아이니…"라고. atha nigaṇtho cintesi - 'ativiya samaṇo gotamo mama vādaṃ patiṭṭhapeti, sace upari koci doso bhavissati, mamaṃ ekakaṃyeva niggaṇhissati, ehandāhaṃ imaṃ vādaṃ mahājanassāpi matthake pakkhipami iti. tasmā evaṃāha. ahaṃpi bho gotama, evaṃ vadāmi rūpaṃ me attā」

내용과 토론의 결과를 알았다면 정말 그가 '피를 토할' 상황이 일어났을지도 모른다. 그러고 보면 붓다께서 마하위라와 직접 대화를 하지 못하신 것이 못내 아쉽다.)

"악기웻사나여! 그대는 참으로 이와 같이 말하고 있는 것인가? … 수는 곧 나의 자아다, 상은 곧 나의 자아다, 행들은 곧 나의 자아다, 식은 곧 나의 자아다, 라고?"

뒤에 이어지는 수 · 상 · 행 · 식에 대한 삿짜까의 주장도 마찬가지다. 니간타들은 감수기능인 수vedana와 형상기능인 상sañña과 인식기능인 식viññāṇa은 모두 지와(영혼)가 뿟갈라(물질)와 결합되면서 뿟갈라를 통해 드러내는 지와의 자기 기능들이라고 믿기 때문에 삿짜까가 한 말을 그들의 교리에 맞춰서 다시 정리하자면 '감수기능(受)과 형상기능(想)과 인식기능(識)은 지와가 뿟갈라와 만나서 형성된 실재적인 몸을 통해서 일으키는 영혼의 본래 기능임으로, 감수기능이 곧 영혼의 기능이며, 형상기능도 그리고 인식기능도 모두 이와 같이 주체로서의 영혼이 뿟갈라와 만나서 형성된 몸을 통해서 발현되는 영혼 본래의 기능입니다. 그럼으로 뿟갈라가 곧 영혼이고, 웨다나(受)가 곧 영혼이고, 산냐(想)가 곧 영혼이고, 윈냐나(識)가 곧 영혼입니다' 라는 내용이 될 것이다.(단 니간타들은 상카라(行, saṅkhāra)라는 단어는 불교에서 말하는 의미와는 전혀 다른 의미로 사용하기 때문에[166] 행에 대해서는 달리 말해야 할 터인데, 무슨

166 『*Jaina Sutras*』 part 2/P.238. footnote No 2: 「the Buddhas. The five skandhas are explained in the commentary as follows: 1. rupaskandha, or substances and their qualities; 2. vedanaskandha, feelings, as pleasure and pain; 3. vignanaskandha, perceptions of the qualities of things; 4. samgnaskandha, perception and knowledge of things; 5. samskaraskandha, merit and demerit.」
※ 불교도의 오온에 대한 니간타들의 주석서의 내용에 의하자면 그들은 '상카라'를 '장점과 단점(merit and demerit)'으로 풀이하고 있다. 위에서 주석에 언급된 'in the commentary'라는 것은 니간타의 주석서의 내용을 번역자가 옮긴 것인데, 아마 예전 글이라 폰트 자체가 현재의 것하고는 다르게 인쇄되어져 있는 것 같다. vignanaskandha는 빠알리어의 viññāṇa에, samgna는 sañña에, samskara는

이유에서인지는 모르겠지만, 삿짜까는 불교의 오온의 순서에 따른 '행'을 그대로 인정하는 듯이 말하고 있다.)

그럼으로 삿짜까의 말은, 인간에게 있어서의 감수기능을 포함한 모든 정신적 활동들은 그것이 모두 각 인간 개체들이 가지고 있는, 하지만 지금 당장은 과거의 업에 의해서 더럽혀져 있는, 독자적인 영혼의 본래기능이기 때문에 업 자체가 현재의 느낌을 결정한다는 것이 아니라, 업에 의해서 가려진 본래의 영혼이 결정한다는 뜻이 될 것이다. 그래서 삿짜까도 "수受가 자아이니, 수를 근거로 하여 (사람들은) 공덕이나 악덕을 짓습니다" 라고 주장했던 것인데, 이런 삿짜까의 주장은 결국 '수가 나의 자아다' 라는 주장과 같은 것임을 파악하신 붓다께서는 삿짜까에게 "그대는 수受는 나의 자아다 라고 주장하는가?" 라고 물으시게 된 것이다.

"이것은 대다수가 알고 있습니다." "악기웨사나여! 왜 저들 대다수가 알고 있다는 것을 말하는가? 악기웨사나여! 그대는 어서 자신의 주장이나 말해보라."

이미 삿짜까가 영혼의 실재를 전제한 자신이 견해를 지키기 위해, 색이 곧 자아다 라고 스스로 인정했을 때부터 토론의 주도권은 붓다에게로 넘어간 것이지만, 스스로 '논쟁의 달인'임을 자처한 사람치고는 아무래도 준비가 너무 허술했다. 게다가 궁지에 몰리게 된 삿짜까는 자신의 주장을 스스로 점검해 볼 생각은 하지 않고, 다른 사람들도 다 그렇게 생각하는 것이라고, 다른 사람들을 들먹이면서 자신의 주장이 옳다는 것을 입증하려는, 논쟁의 초보자들도 잘 하지 않는

saṅkhāra에 해당될 것이다.

그런 악수를 두고 말았다. 자기 견해에 집착하는 사람이 범하게 되는 일반적인 잘못을 논쟁의 달인이라던 삿짜까도 별수 없이 그대로 따르고 있다.

붓다께서는 『알라갓뚜빠마숫따』에서, 사람이 이처럼 자기 견해에 대해 집착을 일으키게 되는 토대에는 6가지가 있다고 말씀하신 적이 있다. 색 · 수 · 상 · 행 · 식의 다섯 가지에 대해 각각 이것은 나의 것이다, 이것은 나다, 이것은 나의 자아다 라고 여김으로부터 자신에게서 일어난 견해에 대한 집착이 일어나는 것이 다섯 가지고, 마지막 여섯 번째 토대에 대해 붓다께서는 이렇게 설명하셨다.

또한 보여진 것, 들려진 것, 상상된 것, 이해된 것, 얻어진 것, 찾아진 것, 마음으로 숙고된 것, 이것들을 또한 '이것은 나의 것이다, 이것은 나다, 이것은 나의 자아다' 라고 여긴다.[167]

사람들은 자신이 들은 것, 본 것, 이해한 것, 마음으로 숙고한 것을 '이것은 나의 것이다' 라고 여김으로써 이처럼 자기 견해에 대한 집착이 발생한다는 것이다. 이것은 자아라는 망념 자체가 자아의 실재성을 확보하기 위하여, 역으로 색과 수와 상과 행과 식을 모두 소유의 형태로 삼아서 그것들을 '나의 것'으로 집착하는 것으로, 냐나난다 스님은 이것을 자아라는 망상이 지닌 탐욕적인 면 때문에 '이것은 나의 것이다' 라는 식의 집착이 일어나는 것이고, 자아라는 망상이 지닌 이기적인 면 때문에 '이것은 나다' 라는 식의 집착이 일어나는 것이고, 자아라는 망상이 지닌 어리석은 면 때문에 '이것은 나의 자아

167 MN1/P.135. 제22경, 『알라갓뚜빠마숫따』, 「yampidaṃ diṭṭhaṃ, sutaṃ, mutaṃ, viññātaṃ, pṃ, pariyesitaṃ, anuvicaritaṃ, manasā tampi 'etaṃ mama. eso'ham asmi, eso me .'ti samanupassati.」

다' 라는 식의 집착이 일어나는 것으로 설명하고 있다.[168] 그럼으로 다른 많은 사람들도 자신의 주장과 같은 생각을 하고 있다는 점을 들어서라도 자신의 주장이 옳다는 것을 입증하려는 삿짜까의 이와 같은 행동은 결국은 자신의 견해에 대한 집착에서 일어난 것임이 붓다의 눈에 어찌 읽혀지지 않았겠는가? 그래서 말씀하신 것이다. "(쓸데없는 소리하지 말고) 악기웻사나여! 그대는 어서 자신의 주장이나 말해보라."

그런데 붓다의 이런 질문의 내용은, 삿짜까가 "색을 자아로 삼아서"라고 말했던 부분을 붓다께서 '색은 나의 자아다' 라는 식으로 오도誤導한 것이라고 주장하는 사람이 또한 참고로 할 만한 대목이다. 즉 붓다께서 누군가와 토론을 하실 적에, 상대방이 자신이 듣거나 보거나 혹은 생각하고 이해한 것을 자기 견해로 삼아서 집착하고 있다는 것을 파악하게 되면, 그가 주장하는 바의 내용에 대해서 말하는 것이 아니라, 그가 집착한 것이 어떠한 내용의 견해이든, 그 견해가 원천적으로 어떤 전제 속에서 일어났는가를 먼저 드러내 보이신다는 것이다. 마치 누군가가 꿈속에서 자신이 부자가 된 것을 떠벌리고 있다면, 붓다께서는 그가 부자가 된 이야기를 함께 하는 게 아니라, 그대는 지금 꿈속의 일을 말하고 있지 않은가 라고 지적하는 방식이다.

예를 들어서, 위의 삿짜까와 같이 자신에 의해서 이해된 것, 숙고된 것 가운데 "A는 B다" 라는 생각을 집착하는 경우가 있다고 하자. 이런 경우 'A는 B다' 라는 이 생각을 집착하는 사람이 실제로 '이 생각은 나의 것이다' 라든지, '이 생각은 나다' 라든지, '이 생각은 나의 자아다' 라는 식으로 생각하면서 집착하지는 않는다. 그런데도 붓다께서 이런 표현을 쓰신 이유는 'A는 B다' 라는 생각을 집착하게 되는

168 『*Concept and Reality*』, Bhikkhu Nanananda BPS/PP.10~11.

그 밑바탕에는, 그 생각을 일으킨 어떤 주인공이 조건의 변화와 관계없이 독립적인 실체로서 자기 내부에 존재한다고 여기는 마음이 이미 있다는 것이고, 그렇게 주체로서의 주인공이 전제되었기 때문에 자신에게서 일어난 'A는 B다' 라는 생각을 대상화하게 되는 것이고, 대상화된 생각을 집착하게 된다는 것이다. 그런 과정을 통해서 붓다께서는 삿짜까에게 그렇게 물으셨던 것이다. "그대는 참으로 이와 같이 말하고 있는 것인가? '색은 곧 나의 자아다' … 라고?"

3부

031 붓다, 비유를 들어 유아론을 비판하심에,
삿짜까 침묵하다

032 붓다, 삿짜까에게
유아론의 잘못을 확인시키다

033 붓다, 삿짜까에게 무아론을 설명하시다

031
붓다, 비유를 들어 유아론을 비판하심에, 삿짜까 침묵하다

"악기웻사나여! 그렇다면 이것을 그대에게 물어보리니 그대가 원하는 대로 대답하라. 악기웻사나여! 이것을 어떻게 생각하는가? 예를 들어서 꼬살라의 빠세나디 같은 왕이나 웨데히 부인의 아들인 아자따삿뚜 마가다의 왕처럼, 관정식을 거친 끄샤뜨리야 왕은, 자신의 영토에서 사형에 처해야 할 자를 사형시키고, 벌금을 물려야 할 자는 벌금을 물리고 추방시켜야 할 자는 추방시키는 권력을 행사하는가?"

"고따마 존자시여! 예를 들어서 꼬살라의 빠세나디 같은 왕이나, 웨데히 부인의 아들인 아자따삿뚜 마가다의 왕처럼, 관정식을 거친 끄샤뜨리야 왕은, 자신의 영토에서 사형에 처해야 할 자를 사형시키고, 벌금을 물려야 할 자는 벌금을 물리고, 추방시켜야 할 자는 추방시키는 권력을 행사합니다. 고따마 존자시여! 예를 들자면 공화정제나 연맹제로 운영되는 왓지국 사람들이나 말라국 사람들도 자신들의 영토에서 사형에 처해야 할 자를 사형시키고, 벌금을 물려야 할 자는 벌금을 물리고, 추방시켜야 할 자는 추방시키는 권력을 행사하는데, 하물며 꼬살라의 빠세나디 같은 왕이나 웨데히 부인의 아들인 마가다의 왕 아자따삿뚜처럼, 관정식을 거친 끄샤뜨리야 왕에 대해서야 말해 무엇 하겠습니까? 그는 그렇게 행하고 있고, 또 충분히 그렇게 행할 만합니다."

"악기웻사나여! 그렇다면 이것은 어떻게 생각하는가? 그대는 색色은 나의 자아다 라고 주장하는데, 그대는 나의 색은 이렇게 되라든지, 혹은 이렇게 되지 마라든지, 라고, 그 색을 지배할 수 있는가?"

이렇게 말씀하실 때 니간타의 후손 삿짜까는 침묵했다. 세존께서는 두 번째에도 니간타의 후손 삿짜까에게 이렇게 말씀하셨다.

"악기웻사나여! 이것을 어떻게 생각하는가? 그대는 색은 나의 자아다 라고 주장하는데, 그대는 나의 색은 이렇게 되라든지, 이렇게 되지 마라든지 라고 그 색을 지배할 수 있는가?"

이렇게 말씀하셨을 때 니간타의 후손 삿짜까는 역시 침묵했다. 그러자 세존께서는 니간타의 후손 삿짜까에게 이렇게 말씀하셨다.

"이제 대답을 하라, 악기웻사나여! 지금은 그대가 침묵하고 있을 때가 아니다. 악기웻사나여! 여래가 세 번이나 여법한 질문을 해도 대답하지 않는 자는 그 자리에서 그의 머리가 일곱 조각 날 것이다."

그때에 '금강저를 쥔 야차'가 달구어지고, 이글거리며, 불타고 있는 쇠로 된 금강저를 들고 '만일 니간타의 후손 삿짜까가 세존께서 세 번이나 여법한 질문을 했는데도 대답하지 않으면 이 자리에서 당장 그의 머리를 일곱 조각 내어버리리라' 라고 생각하면서 니간타의 후손 삿짜까의 바로 윗쪽 허공에 나타났다. 세존께서도 그 '금강저를 쥔 야차'를 보셨고, 니간타의 후손 삿짜까도 그를 보았다. 그러자 니간타의 후손 삿짜까는 무섭고, 떨리고, 털이 곤두서서, 세존께 피난할 곳을 찾고, 세존께 도망갈 곳을 찾고, 세존께 숨을 곳을 찾더니, 세존께 이렇게 말씀드렸다.

"고따마 존자시여, 질문해 주십시오, 대답하겠습니다."

"꼬살라국의 빠세나디 같은 왕이나 웨데히 부인의 아들인 아자따삿뚜 마가다국의 왕처럼, 관정식을 거친 끄샤뜨리야 왕은"

상대방의 잘못을 지적하셨으니 책임지고, 이제는 그 잘못을 상대방이 스스로 이해할 수 있도록 비유를 들어 친절하게 설명해 주시는 대목이다. 여기서 '관정식을 거친 왕'이라고 한 것은 붓다 당시 인도에서 왕위에 오를 자에게 행하는 의식인 관정식을 거친 왕이라는 뜻이다. 관정식은, 네 방향의 바닷물을 떠서 왕위를 계승할 태자의 정수리에 부음으로써(관정灌頂, muddhāvasitta) 앞으로 왕이 되어 사방의 넓은 영토를 장악하기를 발원하는 의식인데, 붓다께서 이 용어로써 붓다 당시의 두 강대국의 왕이었던 아자따삿뚜 마가다 국왕과 빠세나디 꼬살라 국왕을 칭한 것은, 그들이 이런 공식적인 절차를 통해 준비된 왕이기 때문에 막강한 권력을 가지고 있다는 점을 강조하기 위한 것이다.

하지만 이런 관정 의식은 어디까지나 붓다께서 출가하기 이전에 경험했던 당시의 문화적 전통이었기 때문에 언급한 것이지, 결코 불교의 전통도 아니고 붓다께서 권장하신 것도 아니다. 그런데 이런 관정의식이 오늘날까지도 여전히 성행하고 있다. 그것도 불교도들 사이에서 말이다. 아마 대표적인 것이 티베트 불교에서 매년 주최하는 '깔라짜끄라'행사에서의 관정식이 될 것이다.[169] 요즘은 참석자들

169 '깔라짜끄라kālachakra'은 '시간의kāla 수레바퀴chakra'라는 뜻으로, 진언을 중시하는 密敎계통(vijrayāna)에서 연원된 행사로 알려져 있다. 수많은 진언과 상징물들이 등장하는 것으로 유명하다. 2014년 행사는 티베트 임시정부가 있는 인도의 라다크에서 7월 3일부터 14일까지 10일간 열렸다. 이 행사는 공식적으로 관정식으로부터 시작해서 채색된 모래로 그린 만트라를 해체하는 것으로 끝난다. 물론 좋게 해석하자면, 행사를 주관하는 쪽에서는 행사의 핵심은 관정식이나 만트라가 아니라, 달라이라마의 법문이고 그 법문에 집중하게 하는 보조적인 수

이 너무 많아서, 차를 우려낸 물을 페트병에 담아서, 관정식에 참석한 승려들이 자신의 손으로 직접 자신의 머리에 찻물을 바르는 식으로 바뀌었지만, 다들 그것이 '나쁜 업을 씻어내는 의식'이라고 스스로 믿고 지극한 마음으로 자신의 머리에 바른다.

이런 관정의식(혹은 침례浸禮의식)에 대해 붓다께서는 평소에 전혀 다른 견해를 피력하셨다. <맛지마니까야> 제7경인 『옷감의 비유경』의 내용에 의하자면, 한때 붓다께서는 수행자들에게 있어서 '더러움'이라는 것이 어떤 것이고, 또 어떻게 그것을 없애야 하는가에 대해 법문하셨던 적이 있다. 그런데 이 법문이 끝나자마자, 한 바라문이 붓다에게 바후카 강으로 목욕하러 가자고 청했다. 이유를 묻는 붓다께 바라문은 이렇게 말한다.

> 존사 고따마여! 바후카 강은 많은 사람들에게 해탈을 주는 것으로 알려져 있습니다. 존사 고따마여! 바후카 강은 많은 사람들에게 공덕을 주는 것으로 알려져 있습니다. 바후카 강에서 많은 사람들이 (자신이) 지은 나쁜 업을 씻어버립니다.

이 말을 듣고 기가 막힌(?) 붓다께서 그것이 잘못된 것임을 다음과 같은 게송으로 설명하셨다.

> 만약 그대가 거짓말을 하지 않는다면,
> 만약 생명을 해치지 않는다면,
> 만약 주지 않은 것을 갖지 않는다면,

단으로 관정식과 만트라가 있을 뿐이라고는 하지만, 현실은 주객이 전도된 상태인 것도 사실이다.

믿음이 있고, 욕망에서 벗어난 그대가,
왜 굳이 가야 강으로 가야 하는가?
(여기) 우물도 그대에게는 가야 강인 것을.[170]

업을 맑게 하려면, 더불어 사는 규칙인 '계'를 잘 지키고, 욕망에서 벗어나도록 수행을 하면 되지, 강이 무어라고, 강이 그대들에게 도대체 무엇을 해 줄 수 있다고 강에는 가냐는 것이다. 이것이 무려 2천 5백여 년 전에 붓다께서 하신 말씀이다. 그러나 '방편'이라는 미명하에 무슨, 옛날 제정일치시대의 무당들이나 할 짓이 자칭 불교도라는 사람들에 의해서 지금까지 행해지고 있는 것을 만약 붓다께서 보셨다면, 과연 어떤 표정을 지으실지 모르겠다. 이처럼 예전 사람이나 지금 사람들이나 사람들이 일단 '나쁜 업을 씻어낸다' 라는 표현을 쓰게 되면, 그 때의 업은 붓다께서 말씀하신 능동적 행위에 의해서 바뀌어지는 업이 아니라, 정확하게 니간타들이 말하는 그 숙명적인 '업'이 되고 만다. 왜냐하면 나쁜 업을 씻어낸다는 그 생각이나 표현 속에는 '본래청정의 영혼'이라는 것이 전제되어 있기 때문이다. 깨끗한 영혼이 전제되어 있지 않다면 어찌 더러운 업이라는 판단이 일어나겠는가. 그럼으로 입으로는 나쁜 업을 씻어낸다, 혹은 업으로 인한 장애를 소멸한다고 떠들면서도, 위에서 붓다께서 설명하신 것처럼, 자신에게 주어진 주체성에 의지하여 사고방식과 행동방식을 바꿀 생각은 안하고 엉뚱한 짓을 하는 사람이 있다면, 그들은 누구라도 더 이상 붓다의 제자가 아닌 것이다. 본인들은 자신들이 한 발언이나 생각이 이런 전제하에서 발언되고 생각되어지는지를 모르고 한 것이라

170 MN1/PP.39~40. 제7경, 『왓뚜빠마숫따』. 이 게송부분은 이전부터 해석하기 어려운 문장으로 유명하다. 필자의 번역은 일단 빅쿠보디 스님의 영역과 이전에 필자가 공부했던 스리랑카의 아누룻다 스님의 번역을 참고로 한 것이다.

고 하더라도 말이다.[171]

"악기웻사나여, 그렇다면 이것을 그대에게 물어보리니 그대가 원하는 대로 대답하라."

이것은 붓다께서 삿짜까의 대답 이후에 하신 말씀이다. 붓다께서는 그를 토론의 상대로 여기셔서, 혹시 용어 사용에 혼란이 있는 것은 아닌지를 확인하라는 차원에서 '그대가 정말 색이 곧 나의 자아다라는 의미로 말한 것인가?' 라고 물으셨다. 물론 이때 붓다께서 물으신 바는, 그대는 정말 자신의 육체나 사유의 과정을 통제하는 무언가 독립적인 실재로서의 '주인공'이 그대에게 있다고 여기는 것이냐? 라

171 지난 번 저서에서 필자는 멕시코 청년불자 '메모'에 대한 이야기를 언급한 적이 있다. 2014년 겨울 필자가 천축선원에 머무는 동안에도, 메모가 속해있던 멕시코 불자그룹 20여 명이 다녀갔다. 그들은 멕시코 여기저기 사는 사람들이 불교공부를 위해서 매년 모여서 성지순례 차 인도를 방문한다고 한다. 일주일 정도 천축선원에 머물면서 그들과 차담을 나눈 기회가 있었다. 필자는 근래, 외국인 불자들을 만나면 항상 묻는 질문이 있다. 어떤 계기로 불교에 관심을 가지게 되었는가 하는 것이다. 그런데 그들의 대답을 종합해 보자면, 학교에서 심리학 시간에 'compassion(자애)'이라는 단어를 배우면서 불교에 관심을 가지게 되었다든지, 심리치료의 일환으로 명상을 배우게 되었는데, 그것이 불교에 관심을 가지게 된 계기가 되었다든지 등등 여러 가지 경우가 있었지만 수행에 대한 집중도는 하나같이 뛰어났다. 차담시간에 물어오는 내용들도, 왜 법당에서는 전등이 켜진 상태에서 촛불을 또 켜느냐는 질문서부터, 불교에서는 가톨릭에서 말하는 'Grace(은총)'와 같은 것이 있느냐는 내용까지 다양했다. 한 중년여성이 물어온 질문인 이 '은총과 같은 것이 있느냐'는 질문에 대해서 꽤 오랫동안 이야기가 오고갔다. 이에 대해 필자가 말한 내용은 다 기억나진 않지만, 불교에는 그런 거 없다 라고 말했던 것 같고, 사람들이 영성이나 은총 같은 것을 상상하거나 구하게 되는 이유는 이 우주, 이 세상은 현재 믿음직한 누군가의 의지에 의해서 잘 유지되고 있다고 믿고 싶기 때문이라고 보기 때문에, 불교에서는 그런 은총을 구하는 대신에 '왜 나는 은총을 구하는가?' 혹은 '무엇이 나로 하여금 은총을 구하게 하는가?' 라는 것을 거꾸로 탐구하기를 권하는 입장이다. 그렇게 은총을 구하는 자기 자신을 탐구해 들어가는 것이, 은총을 구하는 것보다 더 낫다고 본다는 말을 했던 것 같다. 아무래도 가톨릭 전통에서 살아온 사람들이라 그런 질문이 나온 듯하다. 그럼으로 결국, 사람들이 영성이나 은총을 구하는 것과 머리에 물을 뿌리는 행위가 더러운 업을 깨끗하게 한다는 그런 믿음은, 다 동일한 전제, 즉 이 세상은 그리고 나 자신은 무언가 주체적인 것에 의해서 움직이고 있다고 믿고 싶은 마음에서 비롯된 것이라 게 필자의 생각이다.

는 것이었다. 하지만, 막상 삿짜까는 자신의 견해를 지키려는 마음에 곧바로 '루빠(色)는 곧 나의 앗따(自我)입니다' 라고 대답해 버렸다. 붓다께서는 이쯤해서, 아무래도 이 사람은 니간타를 대표하기는 좀 부족한 사람인 것 같다 라는 판단이 들었을지도 모르겠다. 하지만 어쨌든 릿차위 사람들을 500명이나 데리고 왔으니, 내가 그들을 위해서라도, 아니면 니간타와의 토론을 지켜보기 위해 모인 비구대중들을 위해서라도 '자아에 대한 집착'이 왜 틀린 것인지를 이 기회에 설명하리라 라고 생각하셨을 것이다. 그럼으로 필자의 판단으로는, 지금부터 이어지는 붓다의 법문은 단지 삿짜까를 핑계로 해서, 같이 모인 500명의 릿차위들과 대화를 들으려 모인 비구대중들을 위해 하신 법문이라고 생각해도 될 것 같다.

"악기웻사나여! 이를 어떻게 생각하는가? 그대는 색은 나의 자아다 라고 주장하는데, 그대는 나의 색은 이렇게 되라, 혹은 이렇게 되지 마라 라고, 그 색을 지배할 수 있는가?"

위에서 필자가 쓸데없이 니간타의 입장에서 삿짜까의 생각을 대변하려고 한 것처럼, 니간타들이 사실은 색이 곧바로 자아라고 주장하는 것은 아니었다고 하더라도, 예를 들어서 삿짜까가 느낌에 대해 말하는 바는, 실제로 '그 실체적인 영혼이라는 것이 어떤 느낌에 대해서 이렇게 되라든지 이렇게 되지 마라든지 하는 것은 아니지 않는가? 단지 영혼은 즐거운 느낌은 즐거운 느낌 그대로, 불쾌한 느낌은 불쾌한 느낌 그대로를 느끼는 것뿐이지 않는가?' 라고 하더라도, 문제는 여전히 남는다. 그렇다면 영혼은 육체나 정신작용을 주체적으로 지배하는 것이라고 할 수 없고, 주체적으로 지배할 수 없다면 주체적인 '영혼'이라고 말할 수 없다. 주체적인 영혼이 있다고 주장한 것은 애초에 니간타들이었고, 그들이 주체적인 영혼이 있다고 했으니, 그것이 과연 육체와 정신작용 모두를 지배하더냐고 붓다께서 물었던 것이다. 어쨌든 자아가 색을 통해 비로소 그 주체로서의 기능을 드러낸다는 것은 그들의 일관된 주장이니까, 붓다께서 여기서 물으신 '(자아가) 그 색을 지배할 수 있는가?' 라고 물으신 이 질문은 삿짜까에게도 여전히 유효한 질문일 것이다.

그리고 여기서 붓다께서 삿짜까에게 물으신 "그대는 색은 곧 나의 자아다 라고 주장하는데" 라는 대목 대신에 '색은 나다' 혹은 '색은 나의 것이다' 라는 형식의 문장을 바꿔 넣어도 삿짜까의 기본전제인 색을 통제하는 '주인공이 존재한다'는 것에서는 다름이 없다. '색은 나다' 라는 것은 색을 자아와 동일시하는 것이고, 색은 나의 것이다 라는 주장은 색은 색과 동일시한 그 자아의 것이다 라는 것이니 이 역시 색은 나의 자아다 라는 주장과 같은 것이다. 결국 이 세 가지 형식의 문장은 모두, 인간 개체에는 독립적인 실재로서 자신의 몸을 통제하는 '주인공'이 있고, 그 주인공의 의도로써 몸으로 짓는 행위들이 일어난다는 주장이 되기 때문이다. 몸으로 짓는 행위 즉, 신업身業을 니간타들이 강조하는 이유도 여기에 있음은 이미 앞에서 살펴본 대로다.

일단 그렇게 니간타인 삿짜까의 주장을 확인하고 나서 붓다께서는 다시 물으시기를, 만약 그대가 몸의 주인이 있다고 한다면(그것을 영혼이라고 부르든, 자아라고 부르든 간에) 그 주인공이 명령하는 대로 그대의 몸이 따라주어야 그것을 주인공이라고 할 수 있지 않겠는가? 그런데 어떤가? 정말 그대의 몸이 그대의 주인공인 그대의 자아의 명령에 따라주던가? 라고 물으신 것이다. 그렇게 주인 대접을 지극정성으로 받았으니 팔이 하나 떨어져 나갔더라도 "팔이여, 다시 생겨나라!" 라고 명령하면 팔이 저절로 생겨나게 할 정도가 되든지, 그것이 좀 과한 부탁이라면, 아프지 마라! 라든지 늙지 마라! 라는 정도는 들어줘야 감히 내 몸의 주인이라고 할 수 있을 것이지 않겠는가 라는 것이다. 통제할 수 없는 것은 육체적인 몸뿐만 아니라, 괴로운 느낌이라든지 괴로운 생각들도 마찬가지다. 아무리 잊으려고 해도 과거의 괴로운 기억들은 시도 때도 없이 제멋대로 떠오르니까 말이다.

그런데 사실, 사람들이 자신의 마음, 의지, 생각, 혹은 영혼이나 자아, 그것을 무엇이라고 부르든 간에 그런 어떤 것이 자신을 통제하고 있다고 믿게 된 데는 그만한 이유가 있다. 사람들이 일상의 반복된 경험을 통해서 자신의 의지대로 자신의 몸을 움직일 수 있다고 믿어왔기 때문이다. 예를 들어서 우리가 "지금 왼팔을 위로 올려보자!" 라고 마음먹고 실제로 왼손을 위로 올리는 동작이 이루어졌다면, 이 동작이 일어난 메카니즘은, 먼저 왼손을 위로 올리려는 생각을 '내가' 일으키고, 그 나라는 주인공이 일으킨 생각이 근육에 명령을 하게 되고, 그래서 명령을 받은 근육이 작동을 해서 왼손을 올리게 된다는 메카니즘이라고 믿어왔다는 것이다. 하지만 사실은, 손을 올린 근육의 동작은 팔을 올려야겠다는 의도(意, mana)가 일어나기 전에, 먼저 일어나고 "왼팔을 위로 올리겠다" 라는 그 의도는 이미 근육이 작동을 시작한 이후에 시간차를 두고 뒤늦게 나타난다는 실험 결과가 나왔고, 이런 실험 결과를 통해서 우리의 의식 구조는 자기 내부의 어떤 주인공을 설정하기 위해서, 일부러 이런 시간상의 차이를 지워버리고 순서를 바꿔치기했을 수도 있다는 추론도 이미 2-2장에서 소개한 바가 있다.[172] 즉 우리의 의식 구조는 스스로 자기 내부에 어떤 주

172 주석 137번을 참고, 자세한 것은 『마두삔디까숫따』(2010), P45~를 참고하길 바란

인공이 있어서 그 주인공이 먼저 의도를 일으키고, 그 주인공의 의도에 따라서 자신의 몸이 통제된다고 믿게끔 하는, 어떤 의식 구조 자체의 프로그램이 작동하는 것일 수도 있다는 것이다.

"이제 대답을 하라, 악기웻사나여, 지금은 그대가 침묵을 지킬 때가 아니다."

이것은 처음부터 자아를 전제하고 시작한 니간타로서는 결코 답할 수 없는 질문이었음으로 아무리 논쟁의 달인이라고 하는 삿짜까에게도 달리 할 말이 없었을 것이다. 하지만 붓다께서 이렇게 꾸짖지 않더라도 지금 분위기가 자신이 침묵할 때가 아님을 삿짜까 자신도 스스로 인정하지 않을 수 없었다. 만약 혼자서 조용히 붓다를 찾아왔었다면 아무리 큰 창피를 당했더라도 돌아가서는 시치미를 뚝 떼면 그만이었겠지만, 자신이 논쟁에서 승리하는 것을 보여주기 위해 동원한 500명의 릿차위 사람들의 눈이 모두 자신의 입에 모여 있으니까 말이다.

"악기웻사나여, 여래가 세 번이나 여법한 질문을 해도 대답하지 않는 자는 그 자리에서 그의 머리가 일곱 조각 날 것이다."

이것은 붓다께서 '그대는 누구라도 존경받을 만한 성인聖人이 올바른 질문을 세 번에 걸쳐서 했음에도 불구하고 아무런 대꾸도 하지 않는 사람이 있으면, 하늘에서 시뻘겋게 불타는 금강저[173]를 든 약카

다.

173 '금강저'는 '와지라vajira'라는 단어를 번역한 것으로, 이는 '벼락thunderbolt'을 가리키는 것인데, 무엇이라도 다 잘라버릴 수 있는 강력한 것이라는 뜻에서 『金剛經』에서의 예처럼 한역에서는 '金剛'이라고 번역되기도 한다. 여기서는 인도의 신화 속에서 약카가 지닌 무기로서 등장한 것이기 때문에 이를 '금강저金剛杵'

가 그 사람의 머리를 내리쳐서 일곱 조각으로 쪼개버린다는 저주에 대해서 들어본 적이 없는가?' 라는 정도의 의미로 민가에 떠도는 이야기를 들어 약간은 놀리는 듯이, 혹은 가볍게 삿짜까를 꾸짖듯이 하신 말씀이다. 법구경의 주석서인 『법구의석法句義釋, *dhammapadāṭṭakathā*』에도 머리가 일곱 조각으로 쪼개진다는 이런 저주 이야기가 내용 중에 여러 번 등장하는데, 모두 그런 의미로 사용되었다.[174] 그럼으로 이 말씀 뒤에 이어지는 "그때에 '금강저를 쥔 야차'가 … 세존께 이렇게 말씀드렸다" 라는 대목은, 말하자면 붓다가 아닌 제3자가, 마치 영화나 연극에서 관객들의 이해를 돕기 위해서, 배우의 대사가 아닌 작자의 말로 상황을 설명하는 '자막'이나 변사의 말과 같은 정도로 가볍게 이해해야지, 이걸 진지하게 받아들일 필요는 없을 것이다. 그러니까 "세존께서도 그 '금강저를 쥔 야차'를 보셨고" 라는 '자막'도 편집자가 순전히 독자들을 위해 스스로 쓴 것이지, 세존께서 직접 '그래, 나도 야차를 봤어!' 라고 하셨기 때문에 그렇게 쓴 것은 아니다. 한역 <잡아함>에는 '세존께서도 그 야차를 보셨다'는 내용이 빠져 있으니, 빠알리 경전보다는 좀 더 세련되게 편집이 된 셈이다.

이때에 맹렬하게 불타고 있는 금강저를 쥐고 있는 금강역사 귀신이 있었다. 허공 가운데 살차 니건자의 머리 위에 머물면서 이렇게 말했다. "세존께서 거듭 세 번이나 물었거늘 너는 어째서 답하지 않는가? 내가 당장에 금강저로써 너의 머리를 쪼개어, 일곱 조각으로 만들 것이다." (하지만) 부처님의 신통력으로써 오직 살차 니건자만

라고 번역했다. 이에 대해서 참조할 만한 논문은 다음과 같다.「금강저의 인도 신화적 기원과 상징적 원형」, 인도철학, 제33집 / 김미숙.

174 『*The commentary of the Dhammapada*』, PTS, vol 1/P.40.「수행자 나라도는 "선생이시여! '우리는 잘못은 없습니다' 라는 나의 발언에도 당신은 저주를 하겠노라고 했으니, 그 잘못이 있는 자를 쪼개고 죄 없는 자를 (쪼개지는) 마십시오" 라고 말했다.」

금강신을 보게 하였고, 나머지 대중들은 보지 못했다. 살차 니건자는 크게 두려워하며 세존께 아뢰었다. "그렇지 않습니다. 구담이시여!" 라고.[175]

아무리 '초기' 경전이라고 분류되는 것이긴 하지만 빠알리 경전을 읽다보면 가끔, 현대인의 시각으로 보자면 뭔가 이렇게 좀 허술하게 느껴지는 내용들을 접하게 될 때가 있다. 그럴 때마다 필자에게 든 생각은 이렇다. 아마도 초기의 빠알리 경전들(글자로 쓰여진 경전이 아니라 암송에 의한 기억된 법문)은 분명히 출가 수행자들을 위해 편집되었을 것이다. 만약 경전들이 출가 수행자들을 위해 편집된 것이고, 편집을 담당했던 사람들이 붓다 자신이었거나 아니면 상좌부의 문헌들에서 주장하듯이 초기의 상가를 이끌던 상수제자들이었다면, 경전에 이런 내용이 포함되지는 않았을 것이다. 그럼으로 경전에 이런 내용들이 포함되었다는 것은 경전의 내용을 듣는 대상들이 출가 수행자들에서 재가자에게까지 확대되었다는 것을 뜻하는 것일 테고, 후대 어느 시기에서부터인가 이렇게 재가자들을 염두에 둔 내용들이 일부의 편집자들에 의해서 첨부되기 시작했을 것으로 짐작된다. 이렇게 의심되는 내용들 중에 가장 두드러진 것을 들라면 필자는 <디가니까야> 제16경인 『마하빠리닛빤나숫따』에서, 마치 붓다의 열반이 시자였던 아난다가 붓다께서 보내신 신호를 알아차리지 못하고, 붓다의 열반을 말리지 않았던 탓이었던 것처럼 몰고 가는 내용을 들 수 있을 것이다.[176] 관심 있는 독자들은 직접 한번 확인해 보시기 바란다.

175 T2/P.36. <雜阿含>, 「時. 有金剛力鬼神持金剛杵. 猛火熾然. 在虛空中臨薩遮尼犍子頭上. 作是言. 世尊再三問. 汝何故不答. 我當以金剛杵碎破汝頭. 令作七分佛神力故. 唯令薩遮尼犍子見金剛神. 餘衆不見. 薩遮尼犍子得大恐怖. 白佛言. 不爾. 瞿曇」

176 DN2/P.102~121. 제16경, 『마하빠리닛빤나숫따』의 3장에서는 아난다가 붓다께서 보여주신 징표를 얼른 알아차리지 못하였기 때문에 결국 붓다께서 열반에 들게 되셨다는 내용이 이어지고, 이 빠알리 경전에 대응하는 한역경 가운데 하

그림 8) 표지에 사용된 그림과는 다른 버전의 그림이다. 미얀마의 그림이다보니 금강저를 쥔 야차도 미얀마 전통무사의 복장을 하고 있다. 표지에 사용된 그림이 붓다를 너무 여성스럽게 그린 것이 좀 불만이었는데, 이것은 그래도 좀 덜한 것 같다. 그림 출전 - 『*THE ILLUSTRATED HISTORY OF BUDDHISM*』 by ASHIN JANAKA BHIVAMSA. Artist U Ba Kyi

나인 『불반니원경』에서는 한술 더 떠서, 시자인 아난다가 귀신에게 사로잡혀서 붓다에게 오히려 어서 열반에 드시라고 재촉하는 것으로까지 묘사되었다. 경전에 실린 이런 내용들은, 역으로 당시 붓다의 열반으로 빚어진 승가 내의 권력분쟁이라든지, 당시 사람들의 붓다에 대한 이해의 정도, 붓다의 열반을 받아들이는 세상 사람들의 시선, 또 그 시선을 염두에 둔 승가 지도자들의 대응 등 복잡한 일들이 많았음을 짐작하게 한다.

032

붓다, 삿짜까에게 유아론의 잘못을 확인시키시다

"악기웻사나여! 이것을 어떻게 생각하는가? 그대는 색色은 나의 자아다 라고 주장하는데, 그대는 나의 색은 이렇게 되라든지, 이렇게 되지 마라든지 라고 그 색을 지배할 수 있는가?"

"그렇지 않습니다. 고따마 존자시여."

"악기웻사나여! 잘 생각해 봐라. 악기웻사나여! 잘 생각해 보고나서 대답하라. 그대의 말은 먼저 한 말이 뒤에 한 말과 일치하지 않고 뒤에 한 말이 먼저 한 말과 일치하지 않는다. 악기웻사나여! 이것을 어떻게 생각하는가? 그대는 수受는 나의 자아다 라고 주장하는데, 그대는 나의 수는 이렇게 되라든지, 이렇게 되지 마라든지, 라고 그 수를 지배할 수 있는가?"

"그렇지 않습니다. 고따마 존자시여."

"악기웻사나여! 잘 생각해 봐라. 악기웻사나여! 잘 생각해 보고나서 대답하라, 그대의 말은 먼저 한 말이 뒤에 한 말과 일치하지 않고 뒤에 한 말이 먼저 한 말과 일치하지 않는다. 악기웻사나여! 이것을 어떻게 생각하는가? 그대는 상想은 나의 자아다 라고 주장하는데, 그대는 나의 상은 이렇게 되라든지, 이렇게 되지 마라든지,

라고 그 상을 지배할 수 있는가?"
"그렇지 않습니다. 고따마 존자시여."
"악기웻사나여! 잘 생각해 봐라. 악기웻사나여! 잘 생각해 보고나서 대답하라. 그대의 말은 먼저 한 말이 뒤에 한 말과 일치하지 않고 뒤에 한 말이 먼저 한 말과 일치하지 않는다. 악기웻사나여! 이것을 어떻게 생각하는가? 그대는 행行들은 나의 자아다 라고 주장하는데, 그대는 내 행들은 이렇게 되라든지 이렇게 되지마라든지, 라고 그 행들을 지배할 수 있는가?"
"그렇지 않습니다. 고따마 존자시여."
"악기웻사나여! 잘 생각해 봐라. 악기웻사나여! 잘 생각해 보고나서 대답하라. 그대의 말은 먼저 한 말이 뒤에 한 말과 일치하지 않고 뒤에 한 말이 먼저 한 말과 일치하지 않는다. 악기웻사나여! 이것을 어떻게 생각하는가? 그대는 식識은 나의 자아다 라고 주장하는데, 그대는 나의 식은 이렇게 되라든지 이렇게 되지마라든지 라고 그 식을 지배할 수 있는가?"
"그렇지 않습니다. 고따마 존자시여."
"악기웻사나여! 잘 생각해 봐라. 악기웻사나여! 잘 생각해 보고나서 대답하라. 그대의 말은 먼저 한 말이 뒤에 한 말과 일치하지 않고 뒤에 한 말이 먼저 한 말과 일치하지 않는다."

"그대는 색色은 나의 자아다 라고 주장하는데, 그대는 나의 색은 이렇게 되라든지, 이렇게 되지 마라든지 라고 그 색을 지배할 수 있는가?" "그렇지 않습니다. 고따마 존자시여!"

이미 앞장에서 삿짜까는 인간의 육체(색)가 인간 개체의 주인공이라고 주장하는 그 '자아'라는 것에 의해서 과연 통제가 되든가 라는 붓다의 질문에 그저 침묵할 수밖에 없었다. 비록 그들이 아무리 명칭을 아뜨만ātman이 아니라 지와jiva라고 따로 부르더라도, 그것이 독립적 실체이고 주도성을 가진 것이라는 자신들의 전제를 버리기 전에는 결코 대답할 수 없는 질문이었을 것이다. 주인공으로서의 자아가 그 신하격인 사지육신에게 이렇게 되라, 저렇게 되라 라고 할 수 없다면, 그 스스로 생각해도 자아가 주인공이라는 자신의 주장이 이치에 맞지 않기 때문이다. 그렇다고 스스로 초대한 500명의 릿차위 사람들 앞에서, 자칭 논쟁의 달인이라는 했던 자신이 마냥 침묵할 수만도 없었기 때문에, 결국은 사람들 앞에서 "그렇지 않습니다" 라고 스스로의 주장을 부정할 수밖에 없었다.

그런데 만약 붓다께서도 이 논쟁의 목적을 삿짜까의 경우처럼 승자와 패자를 가리기 위한 것으로 생각하셨다면, 이미 삿짜까가 이렇게 스스로 패배를 인정한 상황이니만큼 붓다께서는 굳이 나머지 부분에 대해서 삿짜까에게 더 물어볼 필요도 없었을 것이고, 삿짜까의 대답을 더 들어볼 필요도 없었을 것이다. 하지만 붓다께서는 이 논쟁을 진리를 드러내기 위한 기회로 여기셨기 때문에 오온의 각 항목을 다시 하나씩 언급하시면서 삿짜까에게(더불어 구경꾼들에게도 그리고 지금 이 글을 읽는 우리들에게) 확인하라고 물으신 것으로 필자는 생각한다. 만약 삿짜까가 자신이 논쟁에서 졌다거나, 져서 분하다거나 하는 생각에 묶여있지 않았다면, 그래서 붓다께서 지금 오온의 각 항목을 하나씩 들어가며 확인하라고 하셨을 때, 정말 스스로 따라가며 확인했다면, 그는 논쟁의 패자가 아니라 어쩌면 앗사지 존자와 같이 '번뇌로부터 해탈'을 얻은 자가 되었을지도 모른다. 그리고 이것은 지금 이 글을 읽고 있는 우리들에게도 그대로 적용될 것이다. 그럼으로 만약 이런 의도를 인정한 독자라면 지금부터는 삿짜까가 논쟁에서 졌다거나 붓다가 논쟁에서 이겼다거나 하는 것은 더 이상 생각할 필요가 없고, 삿짜까와의 토론을 통해서 붓다가 드러내고자 한 바가 무엇인지, 오직 그것에 대해 집중하는 것이 옳을 것이다.

위의 문장에 나오는 삿짜까를 향한 붓다의 5가지 질문은, 표면적으로는 자신을 통제하는 어떤 주인공이 자기 안에 있다고 주장하는 니간타교도에게 주어진 것이기는 하지만, 삿짜까처럼 비록 입으로는 영혼이 자신의 주인공이라고 주장하진 않더라도 살면서 마음의 안정을 얻지 못하고, 늘 탐욕과 성냄과 어리석음에 휘둘려 살고 있는 사람이라면, 그가 비록 주인공으로서의 영혼의 존재를 입으로 주장하진 않더라도, 그는 이미 어떤 형태로든 자신의 삶을 통제하는 주인공이 자기에게 있을 것이라고 스스로 여기는 사람임을 반증하는 것이다. 왜냐하면 몸에 대한 집착, 자신이 보고 듣고 느끼고 생각한 것들에 대한 집착과 그 집착에 의해 자연적으로 발생하는 온갖 괴로움들은 모두 그 근원에 '자아'에 대한 집착이 자리 잡고 있기 때문이다. 그래서 삿짜까를 향한 붓다의 이 질문은, 평생을 탐진치에 휘둘려 사는 바로 우리 자신들을 향한 질문으로 받아들이면서 한번 스스로 생각해 볼 필요가 있다는 것이다.

우리는 이미 2-2장에서 오온의 각 항목에 대해서는 살펴보았고, 그것이 조건에 의지해서 일어나는 연기적 현상들임을 확인했다. 하지만 여기서 다시 한 번 확인하고 넘어가야 할 것은, 붓다에 의해서 차례로 언급된 "그 색을… 그 수를… 그 상을… 그 행들을… 그 식을 지배할 수 있는가?" 라고 물었던 것에서의 그 다섯 가지 항목들은, 비록 이 문장에서 수·상·행·식이라는 객관적 용어가 사용되었지만, 오온이 갖추어진 상태에서의 수온이고 상온이고 행온이고 식온을 말한다는 것, 즉 연기적 결합이 지속적으로 진행되고 있는 상황인 살아있는 한 인간 개체에게서 일어나는 정신활동 혹은 인식과정을 말한다는 것, 이것을 확실히 해야 한다. 그럼으로 여기서 인식의 과정으로 설명되는 수·상·행·식은 이미 살아있는 인간 개체에게 있어서 인식이 '재생산'되는 과정을 말하는 것이지, 처음으로 인식이 일어나는 과정을 설명하는 것이 아니다.

이런 점을 염두에 두고 첫 번째 질문을 보자. 첫 번째는 "색을 지배할 수 있는가?" 라는 질문이다. 앞의 2-2장에서도 이미 확인했지만, 우리가 우리 자신의 몸을 스스로 지배할 수 있다고 믿게 된 것은, 그렇게 믿는 것이 진화의 과정에서 생존에 유리하다고 판단되고 검증되었기 때문에 하나의 생존전략으로 우리에게 스스로 그런 믿음이 일어난 것이지, 실제로 어떤 자아가 있어서 그것이 자신의 몸을 조절하고 지배하더라는 과학적 사실을 통해서 그런 믿음을 우리가 선택적으로 갖게 된 것이 아니다. 과학적 사실은 오히려 근육계통의 극히 일부분을 제외하고는 대부분의 기관들은 몸의 순환기 계통 장기들이나 소화기 계통의 장기들처럼, 우리의 의지와 전~혀 상관없이 저절로 움직이고 있다는 것을 입증해준다.

경전에서는 때로 오온 대신에 명색(名色, nāma-rūpa)이라는 좀 더 단순한 구분법으로 우리의 마음과 육체를 정의할 때가 있는데, 이것으로도 또한 마음이 몸을 통제하는 것이 아님을 설명할 수 있다. 명색에서의 명은 색을 제외한 나머지 수 · 상 · 행 · 식의 네 가지 인식과정을 '명'이라는 하나의 용어로 묶는 것이다. 그리고 이 명과 색은 서로가 서로에 의해 존립하는 것으로 설명되고는 한다. 인식기능은 예를 들어서, 눈의 보는 기능은 무언가를 볼 수 있게 해주는 안구, 각막, 혈류 그리고 또한 중력이나 공기 중의 산소의 농도라든지 하는 모든 외부환경에 깊이 영향을 받는 유기체로서의 몸 전체와 연결되고, 그렇게 연결된 물질적 토대로서의 몸을 바탕으로 사람은 무언가를 보는 인식기능이 가능해진다. 이렇듯 명은 색이라는 물질적 토대를 근거로 그 기능들이 일어난다. 그러면 색은 어떤가? 명은 색을 통해서 그 기능이 일어나는 것이지만, 명에 의해서, 명에 의한 존재로서 드러나는 색이 있다는 것뿐이지, 우리의 몸은 우리의 마음작용에 의해서 그것을 지배하기는커녕, 우리의 인식기능으로는 몸의 모든 부분을 다 인식하는 것조차 불가능하다. 예를 들어서 내가 아무리 나의 모든 감각기능이나 인식기능을 총동원해서 애를 써 봐도, 특별한 기구를 사용하거나 특수한 경우가 아니고는 혈액이나 세포와 같은 미세한 부분은 말할 것도 없고, 내 배 속의 창자나 허파의 움직임을 나 자신의 감각기관을 통해서 감촉하거나 인식할 수조차 없다. 그렇다고 자신의 창자나 허파나 혈액의 움직임이 자신에 의해서 인식되지 않는다고 해서 자신에게는 창자나 허파가 없다거나, 혈액이 흐르지 않는다고 말하는 사람은 없을 것이다. 그러니 색을 지배한다는 말이 얼마나 터무니 없는 말인지를 알 것이다.

색은 수 · 상 · 행 · 식이라는 우리의 인식기능에 의해서 그 낱낱이 인식되지 못하더라도 인식기능을 가능케 해주는 모든 물질적 토대를 우리가 색이라고 지칭하는 것이다. 그러면 이런 '명색'에 대한 붓다의 설명을 한번 보자.

"비구들이여, 무엇이 '명색'인가? 수, 상, 의도, 접촉, 숙고 이것이 '명'이라 불린다. 사대원소 그리고 그 사대원소와 의지해 있는 색, 이것이 '색'이라 불린다. 비구들이여! 이 명과 색을 '나마루빠'라고 부른다."[177]

여기서 보자면, 붓다께서 사용하신 색이라는 용어는 자기 자신이 인지하건 하지 못하건 간에, 인식의 기능을 가능케 해주는 모든 물질적 토대라는 뜻으로 사용하신 것임을 알 수 있다. 그리고 이를 좀 더 확장해서 생각해 보면, 우리의 육체적 몸이란 외부세계와의 소통이 유지되었을 때만 살아있는 몸으로서의 그 기능과 형태를 유지하는 것임으로, 결국 색이란 몸을 유지케 해주는 그 모든 외부적인 조건들까지도 다 포함될 것이다. 이에 대해서는 4장에서 물질에 대해 언급해 놓은 붓다의 말씀을 미리 한번 살펴볼 필요가 있다.

"악기웻사나여, 여기 비구는, 물질이라고 하는 것은 그 어떤 것이든 그것이 과거의 것이든 미래의 것이든 현재의 것이든, 안의 것이든 밖의 것이든, 거칠든 섬세하든, 저열하든 수승하든, 멀리 있든 가까이 있든 간에, 그 모든 물질에 대해, 이것은 내 것이 아니다, 이것은 내가 아니다, 이것은 나의 자아가 아니다 라고 이렇게 있는 그대로 바른 통찰지로서 보아, 취착함이 없이 해탈한다."

177 SN2/PP.2~3. 「katamañca bhikkhave nāmarūpaṃ? vedanā saññā cetanā phasso mansikāro. idam vuccati nāmaṃ. cattāro ca mahābhūta, catunnaṃ ca mahabhūtanaṃ upādāyarūpaṃ idam vuccati rūpam. idañca namaṃ, idañca rūpaṃ. idaṃ vuccati bhikkhave nāmarūpaṃ」

여기서 '과거의 것이든, 미래의 것이든, 현재의 것이든'이란 우리의 몸을 구성하고 있는 물질 부분들 가운데, 이미 과거에 있었던 것들, 현재 몸을 구성하고 있는 것들, 그리고 앞으로 새로 생겨나서 몸을 구성할 것들이라는 뜻일 것이다. 우리 몸을 구성하고 있는 세포 가운데 수명이 짧은 소화기 계통의 세포는 불과 몇 시간 만에 새로 재생하는 것들이고, 우리 몸의 골격들은 7년이면 완전히 새로운 세포로 바뀐다는 의학적 상식[178]을 생각하면 이 표현은 쉽게 이해될 것이다. 다음의 '안의 것이든 밖의 것이든'이라는 것은, 우리의 몸을 내부에서 구성하고 있는 것들이나, 그 내부적인 물질들을 존재하게 하는 외부적인 조건들, 중력이나 공기나 습도와 같은 것들을 말하는 것으로 이해될 수 있을 것이다. 아무튼 이렇게 붓다에 의해서 설명되고 있는 색은 우리들 자신이 비록 그 물질들의 구체적인 모습들을 다 인지하지 못하더라도, 인식작용이 일어나게 하는 그 모든 물질적 토대들, 이것을 붓다께서는 '색'이라고 정의하신 것이니, 그런 색을 인식작용으로 통제하거나 지배한다는 것은 그야말로 어불성설인 셈이다.

"그대는 수受는 … 상은 … 행들은 … 식은 나의 자아다, 라고 주장하는데, 그대는 나의 수는 … 상은 … 행들은 … 식은 이렇게 되라든지, 이렇게 되지 마라든지, 라고 그 수를 … 상을 … 행들을 … 식을 지배할 수 있는가?"

그렇다면 '명nāma'에 해당되는 나머지 네 가지 기능들은 지배가 가능한가? 지배가 가능하다면, 나는 나에게서 일어난 모든 느낌과 생각과 판단을 통제하고 지배할 수 있어야 할 것이다. 그런데 어떤가? 나

178 지난 해, 인도 천축선원에 찾아온 서양불자들 가운데, 독일에서 온 학자풍의 한 불자는 대중들 간의 차담시간에 "과학적 상식은 불교를 이해하게 하는 가장 좋은 참고서다" 라는 취지의 말을 해서 대중들이 크게 공감했던 적이 있다.

는 나에게 일어난 나쁜 느낌들을 거부하거나, 나쁜 기억을 거부하거나, 늘 그렇게 이해해오던 방식을 바꾸려고 하면 언제라도 바꿀 수 있는가? 당연히 그럴 수 없다. 아무리 나쁜 기억을 떠올리지 않으려고 머리를 세차게 흔들어도 나쁜 느낌, 나쁜 기억들은 버려지지 않고 심지어 꿈속에서까지 나타나서는 사람을 피폐하게 만든다. 그렇게 생각하면 안 되는데 하면서도 또 그 대상을 만나거나 그 상황을 만나면 자신도 모르는 사이에 늘 해오던 방식대로 이해하고 만다. 저 사람을 용서해야지! 용서해야지! 하루에도 몇 번씩 다짐을 해도, 막상 당사자 발자국 소리만 들어도 다시 분노가 치솟는 경험을 해본 사람이라면 쉽게 마음을 바꾸지 못하는 자신의 부덕만 탓할 것이 아니라, 왜 나는 이 마음을 바꾸지 못하는가, 그 이유를 논리적으로 곰곰이 생각해 봐야 한다.

느낌이나 생각들이 자신에 의해서 통제되지 않는 것은, 그 느낌들이나 생각들이 '나'라는 어떤 주체가 따로 있어서, 그 주체에 의해서 일어나는 것이 아니기 때문이다. 단지 생존경쟁에서 유리하기 때문에 진화의 과정에서 우리는 그렇게 주체에 의해서 일어나는 것처럼 착각하는 방식이 택해지게 된 것뿐이고, 그런 착각은 인식의 과정을 정확하게 이해하지 못한 '무지'에서 비롯된 것이니, 그에 따른 책임 또한 그런 착각으로 인해 괴로움을 받게 되는 그 자신에게 있는 것이다. 그럼으로 역으로 보자면, 자신에게서 일어나는 어떠한 느낌이나 생각이라도 그것이 각자의 전체적이고 연속된 삶의 방식이 스스로 연기적 결합을 통해서 만들어낸 느낌이고 생각이라는 것을 투철하게 꿰뚫어 알았을 때, 그는 비로소 자신을 통해 일어난 그 느낌과 생각에 끌려가지 않고 집착하지 않게 됨으로써, 집착으로 인해 발생하는 모든 괴로움으로부터 비로소 자유로워진 상태, 즉 '해탈'에 이르게 되는 것이다.

그리고 본문에서는 비록 삿짜까 스스로가 "사람이란, 이 수가… 상이… 행들이… 식이 곧 자아이니, 수를… 상을… 행들을… 식을 근거로 하여 공덕이나 악덕을 짓습니다" 라고 한 발언 때문에 붓다에 의해서 '수를 … 상을 … 행들을 … 식을 지배할 수 있는가?' 라는 질문이 이어지게 된 것이지만, 사실 그렇게 이것이 수요, 이것이 상이요 라는 식으로 인식의 과정들을 나누어서 알아차리는 것조차 우리에게는 불가능한 일이다. 수와 상과 행들과 식은 서로 꼬리에 꼬리를 물고 일어나는 전체적인 인식의 과정이기 때문에 이것이 수다, 이것이 상이다 라고 잘라내서 들여다 볼 수 있는 것들이 아님은 이미 2-2장에서 살펴본 바와 같다. 그러니 이런 낱낱의 인식과정들을 지배한다는 것 또한 색을 지배할 수 있다는 것만큼 어불성설인 것이다. 그렇게 삿짜까가 주장하는 모든 곳에서 주인 노릇을 한다는 그 독자적인 영혼의 존재는, 이처럼 우리 몸 어디에서도, 우리의 생각 어디에서도, 입증될 수 없었기 때문에 이어지는 붓다의 질문에 삿짜까는 그저 "그렇지 않습니다 고따마 존자시여!" 라고밖에는 달리 대답할 말이 없었던 것이다.

"악기웻사나여! 잘 생각해 봐라. 악기웻사나여! 잘 생각해 보고나서 대답하라. 그대의 말은 먼저 한 말이 뒤에 한 말과 일치하지 않고 뒤에 한 말이 먼저 한 말과 일치하지 않는다."

할 말이 없어서 침묵하고 있었더니 '그대가 지금 침묵하고 있을 때가 아니다' 라고 추궁했고, 추궁에 못이겨 '그렇지 않습니다. 고따마 존자시여!' 라고 겨우 자신의 잘못을 인정했더니, 이제는 '앞에 한 말과 뒤에 한 말이 서로 다르지 않느냐?'고 추궁하신다. 자신이 논쟁에서 얼마나 멋지게 이기는지를 보여주기 위해 동원한 수백 명의 고향사람들이 저렇게 자신을 빤히 쳐다보고 있는데, 삿짜까로서는 그야말로 '겨드랑이에서 식은땀을 흘리지 않을 수 없는 상황'인 것이다. 그러니까 너무 나댈 일이 아니었다.

033
붓다, 삿짜까에게 무아론을 설명하시다

"악기웻사나여! 이것을 어떻게 생각하는가? 색色은 항상한가 무상한가?"
"무상합니다. 고따마 존자시여."
"그러면 무상한 것은 괴로움인가, 즐거움인가?"
"괴로움입니다. 고따마 존자시여."
"그러면 무상하고 괴로움이고 변하기 마련인 것을 두고 이것은 내 것이다, 이것은 나다, 이것은 나의 자아다 라고 보는 것이 현명한 것이겠는가?"
"그렇지 않습니다. 고따마 존자시여."
"악기웻사나여! 이것을 어떻게 생각하는가? 수受는 항상한가 무상한가? …"
"악기웻사나여! 이것을 어떻게 생각하는가? 상想은 항상한가 무상한가? …"
"악기웻사나여! 이것을 어떻게 생각하는가? 행行들은 항상한가 무상한가? …"
"악기웻사나여! 이것을 어떻게 생각하는가? 식識은 항상한가 무상한가?"
"무상합니다, 고따마 존자시여."
"그러면 무상한 것은 괴로움인가 즐거움인가?"
"괴로움입니다. 고따마 존자시여."

"그러면 무상하고 괴로움이고 변하기 마련인 것을 두고 이것은 내 것이다, 이것은 나다, 이것은 나의 자아다 라고 보는 것이 현명한 것이겠는가?"

"그렇지 않습니다, 고따마 존자시여."

"악기웻사나여! 이것을 어떻게 생각하는가? 괴로움에 집착된 자가, 괴로움에 의지된 자가, 괴로움에 탐닉된 자가, 괴로움을 두고 '이것은 나의 것이다, 이것은 나다, 이것은 나의 자아다' 라고 여기는 자가, 그 스스로 괴로움을 완전히 이해하거나 혹은 괴로움을 완전히 소멸시킨 채로 머물 수 있겠는가?"

"어찌 그럴 수 있겠습니까, 고따마 존자시여, 참으로 그렇지 않습니다. 고따마 존자시여."

"악기웻사나여! 이것을 어떻게 생각하는가? 색色은 항상한가 무상한가?" … "그러면 무상한 것은 괴로움인가, 즐거움인가?" … "그러면 무상하고 괴로움이고 변하기 마련인 것을 두고 이것은 내 것이다, 이것은 나이다, 이것은 나의 자아다 라고 보는 것이 현명한 것이겠는가?"

여기서는 소위, 조건 지어진 것들의 '세 가지 특상'이라고 할 수 있는 무상, 고 그리고 무아에 대한 설명이 붓다에 의해서 이루어지고 있다. 이것은 왜 붓다께서 오온이 무아인 줄 알아야한다고 했는지, 그 목적이 분명하게 드러나는 대목이다. 목적은 단 한 가지다. '괴로움으로부터 벗어남' 그것을 위해 붓다의 모든 가르침이 설해진 것이기 때문이다. 색이 무상하고 무아임을 설하시는 이유는, 무상하고 무아인 것은 무엇이라도 움켜쥐지 않고는 살 수 없는 우리들에게 곧 괴로운 것임을 알게 하고자 함이다. 순서상으로는 무상과 고와 무아가 차례로 언급되었지만, 최종 목적은 두 번째 고이며, 첫 번째 무상과 세 번째 무아는 모두 그 고에서 벗어나기 위해 시설된 항목들인 셈이다.

그리고 붓다께서 고를 설하시는 이유는 이해하라는 것이지, 경험을 통해서 체득하라는 것이 아니다. 체득되는 것 자체가 곧 괴로움인데, 괴로움으로부터 벗어남을 목적으로 하면서, 괴로움을 체득하라고 할 이유가 없다. 그럼으로 무상한 것을 내 것이라고 집착하는 것이 괴로운 것임을 바르게 이해하여, 무상한 것을 내 것이라고 집착하지 않는 그런 '선택'을 하라는 것이고, 그것이 '현명한' 것이라고 말씀하신 것이다. 여기에는 아주 중요한 시사점이 있다. 이런 '이해를 통한 선택'은 누구나 할 수 있다는 점이다. 굳이 수행이 깊은 사람이 아니더라도, 비록 자아에 대한 집착이 여전히 남아있는 평범한 사람이라고 하더라도, 현실을 통해서 젊음이 영원하지 않다는 사실, 삶이 영원하지 않다는 사실을 통해 제행이 무상하다는 것을 '이해'하는 데는 전혀 문제될 것이 없을 것이기 때문이다.

그러고 나면 두 번째 질문인 "무상한 것은 괴로움인가 즐거움인가?" 가 주어진다. 이것도 역시 이해하라는 말이지 체험하라는 말은 아니다. 저 건너 들판의 나무가 겨울이 되어 잎이 다 떨어지고 앙상한 가지만 남아있는 것을 보더라도, 혹은 병이 들어서 나무가 썩어 자빠지는 것을 보더라도, 그것 때문에 내가 괴롭지는 않을 것이다. 하지만 거울에 비친 자신의 모습을 보고, 하루하루 늘어가는 주름과 줄어드는 머리카락을 보거나, 깊은 병이 들어 거의 죽게 된 자기모습을 보게 된다면, 그것은 정말 괴로울 것이다. 창밖의 나무도 무상하고, 내 몸도 무상하다. 하지만 나무의 무상함은 나의 괴로움의 원인이 되지 않지만, 내 몸의 무상함은 나의 괴로움의 원인이 된다. 무엇 때문인가? 당연히 그것을 '나의 것'이라고 여겼기 때문이지 않겠는가. 내 것이라고 여김과 여기지 않음의 그 단순한 차이가 똑같은 '무상함'에서 괴로움 아님과 괴로움으로 갈라지는 것이다. 그러면 자연히 스스로 이해하게 될 것이다. 나에게 있어서 무상한 것은, 나에게 있어서 괴로움이고, 그 이유는 그것을 내 것이라고 여기기 때문이구나 라고 말이다. 즉 이 두 번째 질문도 충분히 '이해'를 통해서 받아들일 수 있는 것이다

이제 마지막으로, 우리들 자신의 현명한 선택이 필요한 세 번째 질문이 주어진다. 이것이 바로 '무아'에 관한 것이지만, 붓다는 결코 이 단계에서 시건방진 수행자들처럼, 우리에게 '니들이 제법무아의 이치를 알기나 하느냐?' 라고 윽박지르지도 않고 반드시 알아야 한다

고 강요하지도 않는다. 왜냐하면 우리 같은 여전히 집착에 의해 살아가고 상(saññā)에 의지해서 살아가는 사람에게 있어서 무아의 이론은 아는 것이 아니라, 스스로 선택하는 것이고, 스스로 선택한 것을 실천을 통해 자신에게 확립시켜 나가는 것임을, 쉽게 말해서 그렇게 자신이 점차 '무아가 되어가는 것'임을 붓다께서도 잘 아셨기 때문이라고 필자는 생각한다. 그래서 '무아' 그 자체에 대해 설명하시는 대신에, 우리가 왜 대상에 대해 이것은 내 것이 아니다 라고 해야 하는지를 설명하신 것이다. '괴롭지 않던가? 그런데 자신이 괴로웠던 이유도 자신이 잘 알고 있지 않은가? 그렇다면 자, 어떻게 할 것인가? 내 것이 아닌 것을 내 것이라고 해서 생겨난 괴로움인 줄을 알았다면, 내 것이 아닌 것을 내 것이라고 하지 않으면 없어지는 줄도 알 것이 아닌가?' 이렇게 우리들 자신이 무상한 대상에 대해, 내 것이 아니다 라고 여기도록 이끌어 주시는 것이다. 그래서 범부들에게 있어서 무아는 이해하는 것이 아니라 스스로 선택하는 것이고, 스스로 선택한 것을 실천을 통해 확립해 나아가는 것이라고 말해 주시는 것이다. 필자는 이것이 바로 붓다께서 조건 지어진 것들의 세 가지 특상을 제자들에게 반복해서 설명하시는 이유라고 확신하고 또 확신한다.

"악기웻사나여! 이것을 어떻게 생각하는가? 악기웻사나여! 괴로움에 집착된 자가, 괴로움에 의지된 자가, 괴로움에 탐닉된 자가, 괴로움을 두고 '이것은 나의 것이다, 이것은 나다, 이것은 나의 자아다' 라고 여기는 자가, 그 스스로 괴로움을 완전히 이해하거나 혹은 괴로움을 완전히 소멸시킨 채로 머물 수 있겠는가?"

여기서 '괴로움을 두고 … 이것은 나의 자아다 라고 보는 자'가 과연 누구를 가리키는 말이겠는가? 당연히 고행이 아니면 업을 밝힐 길이 없다고 주장하는 삿짜까를 포함한 모든 니간타들을 두고 하는 말이다. 괴로움이 일어나는 몸도, 몸에서 일어나는 괴로움의 느낌도, 괴로운 느낌에 대한 인식도 모두 영혼의 것이요, 영혼의 작용이라고 주장하는 니간타들이 과연 괴로움이 무엇인지 객관적으로 판단할 수 있을 것이며, 괴로움이 무엇인지를 판단할 수조차 없다면, 그들이 무슨 수로 괴로움을 소멸시키겠는가. 그들이 아무리 괴로움으로부터 벗어나는 것이 그들의 수행목표[179]라고 아무리 주장하더라도 말이다.

<맛지마니까야> 제22경인 『알라갓뚜빠마숫따』의 1-5장에서 붓다께서는 감각적 욕망을 추구하더라도 욕망에 매이지 않을 수 있다면 욕망을 추구하는 것이 잘못이 아니라고 주장하는 한 비구의 어리석은 주장에 대해 이렇게 말씀하셨다.

> "비구들이여! 참으로 저 자가, 감각적 욕망 없이, 감각적 욕망에 대한 인식이 없이, 감각적 욕망에 대해 일으킨 생각이 없이, 감각적 욕망을 추구하겠다는 것은, 이치에 맞지 않는다."[180]

제22경의 이 내용을 뒤집어서 적용하면 왜 붓다께서 니간타들이 괴로움으로부터 벗어나는 것이 불가능하다고 말씀하셨는지 그 이유가 된다. 즉, 괴로움에 집착되어져 있고, 괴로움에 의지되어져 있고, 괴로움에 탐닉되어져 있는 자는, 곧 괴로움을 자기 것으로 삼고 있는 자이고, 괴로움 느낌을 자기 것으로 삼고 있는 자이고, 괴로움에 대

179 『諦義證得經』, P.358. 「本文: 바른 견해와 바른 지혜, 바른 실천이 해탈의 길이다. 正見, 智, 行就是解脫道, samyagdarśana jñāna cāritrāṇi mokṣa mārgaḥ」

180 MN1/P.133. 제22경, 『알라갓뚜빠마숫따』, 「bhikkhave! aññatreva kāmehi aññatra kāmasaññāya, aññatra kāmavitakkehi kāme paṭisevissatīti netaṃ ṭhānaṃ vijjati.」

한 인식이 자기 것이라고 생각하는 자이니, 이런 자가 스스로 괴로움으로부터 벗어나는 길을 추구하겠다고 하는 것이, 이게 이치에 맞겠는가? 하는 말씀이다.

현자라고 자처하던 삿짜까지만 붓다의 이 말씀에는 뭐라고 반론할 수가 없었다. 그렇다고 입 닫고 있자니 구경꾼들의 눈이 무섭고 해서 삿짜까는 "참으로 그렇지 않습니다. 고따마 존자시여!" 라고 거듭 시인할 수밖에 없었다. 아마 어쩌면 삿짜까가 붓다의 이 말씀으로 인해 느낀 좌절감과 당혹감이 마치 야차에게 금강저로 얻어맞아서 머리가 일곱 조각으로 쪼개지는 것 같은 기분이었기 때문에, 야차 이야기가 나오게 된 건지도 모르겠다.

참고로, BBS본과 SBJ본에는 본장의 마지막 "참으로 그렇지 않습니다. 고따마 존자시여!" 라는 삿짜까의 대답 다음에 다시 아래와 같은 문장이 추가되어져 있다.

> "이를 어떻게 생각하는가, 악기웻사나여! 비록 그와 같다 하더라도 그대는 괴로움에 들러붙고 괴로움에 의지하고 괴로움을 고수하여 괴로움을 두고 이것은 내 것이다, 이것은 나이다, 이것은 나의 자아다 라고 보고 있지 않은가? 어찌 그렇지 않겠습니까, 고따마 존자시여, 참으로 그렇습니다. 고따마 존자시여."[181]

181 BBS, SBJ, 「taṃ kiṃ mañjasi, aggivessana, nanu tvaṃ evaṃ sante dukkhaṃ allīno dukkhaṃ upagato dukkhaṃ ajjhosito, dukkhaṃ etaṃ mama, esohamasmi, eso me 'ti samanupassasī ti? kiñhi no siyā, bho gotama? evametaṃ bho gotamā ti,」

4부

041 붓다, 비유를 들어 삿짜까의
패배를 확인시키다

042 둠무카, 삿짜까의 패배를 선언하다

043 삿짜까, 비구들의 수행과정에 대해 묻고,
붓다 답하시다

044 삿짜까, 비구들의 수행의 완성에 대해 묻고,
붓다 답하시다

045 삿짜까, 자신의 잘못을 인정하고
승가에 공양을 올리다

041

붓다, 비유를 들어 삿짜까의 패배를 확인시키다

"악기웻사나여, 예를 들어서, 나무의 심재가 필요해서, 심재를 찾아서 이리저리 돌아다니는 사람이, 예리한 도끼를 들고 숲으로 들어가서는 크고, 곧고, 싱싱하고, 열매의 봉오리도 아직 없는 바나나줄기를 봤다고 하자. 그것을 보고는, 곧바로 뿌리를 자르고, 뿌리를 자르고 나서는 윗부분을 자르고, 윗부분을 자르고 나서는 겹쳐진 껍질을 벗겨낼 것이지만, 그곳에서 겹쳐진 껍질을 벗겨낸 그는 나무의 변재도 얻지 못할 것이거늘 어찌 나무의 심재이겠는가? 악기웻사나여! 그와 같이 나에 의해서 확인되어지고, 물어지고, 배경에 대해 추궁을 받으면서도 그대는 스스로 공허하고, 내용도 없고, 잘못된 말만 하고 있다. 그런데도 그대는 웨살리의 집회에서 이런 말을 했다고 들었다. '나는 사문이든 바라문이든, 승가를 이끄는 자이든 무리를 이끄는 자이든 무리의 스승이든, 또는 아라한이나 정등각자라고 하는 자이든, 나와 토론을 시작한 자로서 동요하지 않고, 떨지 않고, 전율하지 않고, 겨드랑이에 땀을 흘리지 않을 수 있는 자를 보지 못했다. 내가 만약 감정 없는 기둥과 토론을 시작한다 하더라도 나에 의해 토론이 시작된 그것은 동요할 것이고, 떨 것이고, 전율할 것이거늘, 사람이야 무슨 말이 필요하겠는가?'라고. 악기웻사나여! 그런데 정작 그대의 이마에서 흐른 땀방울은 윗옷을 적시고 땅바닥에까지 떨어져 있고, 지금 나의 몸에서는 땀이 나지 않는다. 악기웻사나여!"

이렇게 말씀하시고 세존께서는 사람들에게 황금색 몸을 드러내 보이셨다. 이렇게 말씀하실 적에, 삿짜까는 묵묵히 당황해서 어깨를 늘어뜨리고, 고개를 숙이고, 힘없이 아무런 대답도 못하고 앉아있었다.

"악기웻사나여! … 바나나 줄기를 봤다고 하자 … 그곳에서 겹쳐진 껍질을 벗겨낸 그는 나무의 변재도 얻지 못할 것이거늘 어찌 나무의 심재이겠는가?"

여기서 비유에 등장하는 것은, 흔히 한역에서 '파초芭蕉'로 번역되는[182] '바나나kadalī의 겹쳐진 껍질khandha'이다. 이 껍질이 겹쳐진 것이 바나나 줄기이니(나무가 아니다), 마치 양파처럼, 겉으로 보면 뭔가 그 속에 알맹이가 따로 있을 것 같지만, 아무리 그 껍질들을 벗겨도 껍질 이외의 따로 알맹이가 없기 때문에, 불교에서는 '무아'를 설명할 때 아주 효과적으로 사용되는 비유다. 이 바나나 줄기는 어느 정도 성장하면 어린 바나나 열매가 잔뜩 들어 있는 보라색의 커다란 꽃봉오리 같은 것이 윗부분에 생겨나고, 봉오리 속의 바나나 열매가 다 자라고 나면, 그 바나나 열매의 무게를 견디지 못하고 저절로, 그야말로 '퍽'하고 그 자리에서 쓰러져서 죽는다. 그리고는 얼마 후 옆에서 뿌리를 통해 다시 싹이 올라오는데, 이런 바나나 줄기의 일생이 마치 사람의 일생과 같다고 해서 그런 쪽의 비유로도 자주 사용된다.

위의 비유는 일차적으로는, 아무런 실속도 없으면서 허세만 부리는 삿짜까가 마치 알맹이 없이 그저 껍질뿐인 바나나 줄기와 같다고 비유한 것이지만, 또 하나는, 그런 삿짜까에게서 뭔가 들을만한 것이라도 있다고 여기고, 그를 오래토록 '논객이며 현자이며 종교적 스승'으로 대접하면서 여기까지 와서 구경을 하고 있는 릿차위족들은, 마치 바나나 줄기에서 나무의 심재를 구하려고 헛수고를 하는 사람들

182 T2/P.36. 「譬如士夫持斧入山. 求堅實材. 見芭蕉樹洪大傭直」 '초기불전연구원'의 한글 번역에서는 이것이 '야자나무'로 번역되었는데 '야자나무tāla'는 흔히 위의 가지부분을 잘라내면 몸통 옆에서 다른 가지가 자라지 못하고 죽고마는 속성 때문에, 번뇌가 더 이상 생겨나지 않는 상태를 비유할 때 주로 사용된다. 아마 번역자가 착각을 한 것 같다.

과 같다고 한 비유이기도 할 것이다.

삿짜까는 묵묵히 당황해서, 어깨를 늘어뜨리고, 고개를 숙이고, 힘없이, 아무런 대답도 못하고 앉아있었다.

경전에 묘사된 삿짜까의 모습은 상상만 해도 딱하기 그지 없지만, 자업자득이니 어쩌겠는가. 이 장면에 대한 붓다고사 해설을 보면, 여기서 표현된 내용은 삿짜까가 말없이 그냥 가만히 앉아있었던 것이 아니라, 발끝으로 부질없이 땅을 긁으면서 앉아있는 모습이라고 설명하고 있다.[183] 재미있는 것은 이 장면에서 묘사된 것과 같이 그렇게, 뭔가 할 말이 없어서 당황스런 상황에서는, 인도사람들이나 스리랑카 사람들은 대부분 지금도 그와 같은 동작을 한다는 것이다. 이 이야기는 필자가 처음 빠알리 경전을 배웠던 스리랑카의 한 스님에게서 직접 들은 얘긴데, 그 스님은 직접 그 동작까지 나에게 해 보여주면서, 혹시 한국 사람들은 그러지 않느냐고 물었던 적이 있다. 우리들도 그렇게 하는가?

이렇게 말씀하시고 세존께서는 사람들에게 황금색 몸을 드러내 보이셨다.

여기서 말하는 '황금색 몸suvaṇṇavaṇṇaṃ kāyaṃ'이라는 것은 붓다의 신체를 표현할 때 자주 사용되는 단어다.[184] 이것은 아마도 황금처럼 빛난다거나, 황금처럼 밝고 아름답다는 뜻에서 사용된 것으로 보이는데, 가끔 경전에서의 이런 표현을 석가족이 아리안족이 아니라 네팔

183 MA2/P.280. 「nisīdi ti pādañguṭṭhakena bhūmiṃ kasamāno nisīdi」
184 MA2/P.136. 「suvaṇṇavaṇṇo kho pana so bhavaṃ gotamo」

쪽에 기원을 둔 황인종이었음을 나타내는 증거라고 주장하는 사람도 없지는 않다. 뿐만 아니라, 지금도 인도에서는 자신들이 석가족의 후예라고 주장하는 사람들을 가끔 만날 수 있다. 북인도 '상카시아'지역 사람들도 그렇고(그들은 심지어 공식적으로 족성을 '석가sakya'라는 쓰고 있다.) 네팔 쪽의 일부 부족들도 자신들이 석가족의 후예라고 주장한다. 스리랑카 사람들 가운데도 자신들이 석가족의 후예라고 믿는 사람들이 적지 않다. 하지만 그들이 주장하는 붓다의 후예라는 것이 단순히 인종적인 후손을 말하는 것이라면, 설령 그들의 주장에 대한 사실 여부가 밝혀진다고 하더라도 그것으로 단지 학문적 궁금증은 충족될지는 몰라도, 불자의 입장에서 보자면 그런 주장 자체에 크게 의미를 둘 일은 아닌 것 같다. 인종이나, 신분의 구분을 버리고 오직 '행위'로서 그 사람을 평가해야 한다고 하셨던 붓다의 가르침[185]을 기억하고 있는 사람이라면, 그래서 그분의 가르침을 충실히 따르는 사람이라면, 그가 어느 인종, 어느 신분의 사람이라도 그는 '석가모니의 후예'라고 말할 수 있을 것이기 때문이다.

붓다의 가르침을 인류가 마침내 도달한 경지라고 평가한다면 필자로서는 기쁜 마음으로 동의할 수 있지만, 인도의 역사나 현재 인도사람들의 삶을 보면서는 붓다의 가르침이 인도인들만의 어떤 문화적 혹은 사상적 배경이나 어떤 특별한 인도인만의 유전적 특성에 의해 시작되었다는 그 어떤 주장에도 필자는 전혀 동의하지 않는다. 필자의 생각에는 오히려, 그 반대되는 부분이 더 많다고 여겨지기 때문에(부정적인 의미도 어쨌든 '도움'이라고 친다면, 그런 의미에서라면 불교는 인도인들의 문화나 사상에서 아주 크게 도움을 받았다고 할 것이다.) 붓다의 가르침이

185 SNP/P.23.「천민으로 태어나는 것도 아니고, 브라만으로 태어나는 것도 아니다. 행위에 의해서 천민이 되는 것이고, 행위에 의해서 브라만이 되는 것이다. na jaccā vasalo hoti, na jaccā hoti brāhmaṇo, kammanā vasalo hoti, kammanā hoti brāhmaṇo」

인도에서 시작된 것은 '참으로 희유한 일'이라는 평가를 필자는 여전히 지지한다.

042
둠무카, 삿짜까의 패배를 선언하다

그때에 릿차위의 후손인 둠무카라는 자가 묵묵히, 당황해서 어깨를 늘어뜨리고, 고개를 숙이고, 힘없이, 아무런 대답도 못하고 앉아있는 니간타의 후손 삿짜까를 보고는 세존께 이렇게 말씀드렸다.
"세존이시여! 저에게 한 비유가 떠올랐습니다."
"둠무카여! 그것을 말해보라"라고 세존께서 말씀하셨다.
"세존이시여, 예를 들어 마을이나 동네로부터 멀지 않은 곳에 연못이 있는데, 그곳에 게가 있다고 합시다. 세존이시여! 그리고 많은 소년들이나 소녀들이 그 마을이나 동네에서 나와 그 연못이 있는 곳으로 갑니다. 가서는 그 연못으로 들어가 그 게를 물 밖으로 끄집어내어 땅바닥에 던져 놓을 것입니다. 세존이시여! 그리고 그 게가 집게발을 내어 놓을 때마다 저들 소년들이나 소녀들은 그것을 막대기나 돌로 잘라버리고 끊어버리고 부서버릴 것입니다. 세존이시여! 이렇게 해서 그 게는 모든 집게발들이 잘리고 끊어지고 부서져서 다시는 전처럼 그 연못으로 내려갈 수 없을 것입니다. 그와 같이 니간타의 후손 삿짜까의 견해의 일관되지 못함, 견해의 혼란스러움, 견해의 비틀림, 이 모든 것이 세존에 의해 잘리고 끊어지고 부서졌습니다. 세존이시여! 그럼으로 니간타의 후손 삿짜까는 다시 세존과의 논쟁을 목적으로 찾아오는 것은 불가능하게 되었습니다."

이렇게 말할 적에, 니간타의 후손 삿짜까는 릿차위의 후손인 둠무카에게 이렇게 말했다.

"그대 둠무카여! 그만하시오. 그대 둠무카여! 그만하시오. 우리는 그대와 더불어 이야기 하는 것이 아니라, 지금 우리는 고따마 존자와 더불어 이야기 하고 있습니다. 고따마 존자시여! 우리들의 말들, 다른 평범한 사문과 바라문들의 이 말들은, 그냥 놔두십시오. 쓸데없이 한 이야기라고 생각합니다."

"그 게는 모든 집게발들이 잘리고 끊어지고 부서져서 다시는 전처럼 그 연못으로 내려갈 수 없을 것입니다."

'둠무카'는 삿짜까가 논쟁에서 이기는 모습을 보려고 찾아온 500명의 릿차위족들 가운데 한 사람이다. '릿차위족의 후손'이라고 묘사한 것으로 보아, 웨살리에서 대대로 살아오던 릿차위족의 유지쯤 될지도 모르겠다. 아무튼 그는 두 사람의 논쟁을 유심히 보고 있다가, 이쯤해서 승패가 결정되었다고 생각하고는, 말하자면 관중을 대변해서 관전평을 하게 된 것이다. 그 관전평의 결론은, 삿짜까는 이제 더 이상 웨살리에서 예전처럼 '논객이며, 현자이며, 종교적 스승'으로서의 생활을 할 수 없게 되었다는 것이다. 즉 이제 웨살리를 떠나달라는 말이기도 한 것이다. 둠무카의 이런 주장은 곧 지역주민들에게 확산될 것이고, 그렇게 된다면, 정말 삿짜까는 웨살리를 떠나야 될지도 모르는 상황인 것이다.

"그대 둠무카여! 그만하시오. 그대 둠무카여! 그만하시오. 우리는 그대와 더불어 이야기 하는 것이 아니라, 지금 우리는 고따마 존자와 더불어 이야기 하고 있습니다."

당황한 삿짜까가 부랴부랴 둠무카의 말을 중간에 틀어막는 장면이다. 지금 나는 붓다와 더불어 이야기를 나누고 있는 중인데, 왜 이런 자리에 끼어들어서 성급하게 삿짜까가 논쟁에서 졌다느니 하는 그런 주제넘은 짓을 하느냐는 식이다. 그런데 정작 주석서에서는 이 둠무카에 대해서 이렇게 짧게 해설하고 있다.[186] "그는 입이 거친 사람이

186 MA2/P.280. 「dummukho ti na virūpamukho. abhirūpo hi so pāsādiko. nāmaṃ pan'assa etaṃ.」

아니다. 바른 사람이고 또 점잖은 사람이다." 왜 이런 해설을 주석가들이 덧붙였을까? 아마 둠무카가 실없이 말참견하면서 끼어들고 있다는 삿짜까의 위의 발언 때문일 것이다. '아니에요. 둠무카 그 사람 점잖은 사람이라 삿짜까의 말처럼, 그렇게 실없이 남의 대화에 끼어들어서 말참견이나 하는 그런 사람 아닙니다' 라고 주석가들도 참견을 하고 싶었던 모양이다.

"고따마 존자시여! 우리들의 말들 그리고 다른 평범한 사문과 바라문들의 이 말들은, 그냥 놔두십시오. 쓸데없이 한 이야기라고 생각합니다."

필자는 처음에 이 문장을 이렇게 해석했었다. "고따마 존자시여! 우리들과(붓다와 삿짜까 자신)는 다른, 저들 평범한 사문과 바라문들의 말은 그냥 놔두십시오. (저들이) 쓸데없이 한 말이라고 생각합니다."[187] 즉, 삿짜까는 자신을 붓다와 같은 부류의 사람이라고 분류하고는, 둠무카를 비롯한 다른 평범한 사문이나 바라문들과 우리들은 부류가 다르니, 그들이 쓸데없이 지껄이는 말에 신경쓰지 마시고 무시하자라는 뜻으로 해석을 했던 것이다. 아마 이것은 삿짜까에 대한 필자의 어떤 고정된 선입견 때문이었던 것 같다.

앞에서도 언급했다시피, 어쨌든 그는 본 법문이 끝난 뒤에도 붓다

187 이 번역은 한국 빠알리성전협회의 번역과 같은 것인데, 이런 번역이 초기불전연구원의 번역이나 영어 번역과 다르게 된 이유는 「bho gotama, esā amhākañc'eva aññesañ ca puthusamaṇabrāhmaṇānaṃ vācā tiṭṭhatu.」라는 문장에서 'aññesañca'이라는 단어를 우리들과(amhakañca) '다른 이'라고 번역했기 때문일 것이다. 이에 반해 전자의 번역들은 이 두 단어(amhākañca aññesañca)가 'ca'로 연결되었음으로 이를 병렬로 이해하여 '우리들과 저 평범한 사문 바라문들의 말은'이라고 번역했기 때문일 것이다. 필자는 처음에 전자를 따라 번역했다가, 나중에는 후자의 번역을 따랐다.

에게 귀의하지 않고 여전히 니간타 스승으로서의 생활을 계속했던 인물이었고, 그러면서 어떻게 하면 붓다를 논쟁에서 꺼꾸러뜨릴까만을 생각하다가 결국 좋은 시빗거리를 찾았다고 생각하고는 다시 붓다를 찾아와 토론을 제의한 것이 <맛지마니까야> 제36경인 『마하삿짜까숫따』의 내용이었음으로, 이런 이유로 필자는 그가 쉽게 자신의 잘못을 인정하는 사람이 아닐 것이라고 생각했던 것 같다. 그리고 삿짜까에 대한 이런 나쁜 선입견을 갖게 된 또 다른 근거는, 4-5장 맨 마지막 장면에서, 삿짜까가 붓다와 승가에 공양을 올린다고 수고한 저들 릿차위들에게 공양의 공덕과 큰 과보가 있기를 바란다는 말을 붓다에게 하는데, 삿짜까의 발언이 끝나자마자 바로 이어서 붓다께서 "그대처럼 탐욕을 여의지 못하고 성냄을 여의지 못하고 어리석음을 여의지 못한 자…" 라고, 삿짜까를 면전에서 비난하는 장면 때문이다. 게다가 이 대목에 대한 주석서의 설명조차도 독자들로 하여금 삿짜까에 대해 좋지 않은 이미지를 갖게 하는 데 일조한 것 같다. 어쨌든 이렇게 해서 삿짜까에 대해서는 나쁜 사람, 교활한 사람이라는 선입견을 필자가 가지게 되었음으로, 삿짜까가 스스로 자신이 이제까지 한 말은 그저 쓸데없는 이야기였노라고 시인하는 뜻으로도 충분히 받아들일 수 있는 대목에서조차, 자신은 쏙 빠지고, 다른 사람들을 하열한 인간이라고 말한 것으로 해석을 했던 것이다.

이 대목의 번역은 필자와 같이, 삿짜까에 대해 갖게 된 번역가나 주석가들의 선입견 때문인지는 몰라도, 두 개의 한문 번역과 두 개의 영어 번역, 그리고 두 개의 한글 번역, 그리고 주석서의 설명이 전부 조금씩 다르기 때문에[188] 정리할 필요가 있어 보인다. 먼저 한글 번역

188 T2/P.36. <잡아함> : 다시 붓다께 고하기를, 저 보잘 것 없고 비천한 무리의 말은 버려두소서. 저는 지금 따로 묻고자 하는 바가 있습니다. 復白佛言. 置彼凡輩鄙賤之說. 我今別有所問.

가운데 초기불전연구원의 번역과 빅쿠보디 스님과 타니사로 스님의 두 가지 영어 번역은, 삿짜까가 자신을 포함해서 이제까지 자기들끼리 한 얘기는 그냥 쓸데없는 소리를 한 것이었다고 스스로 시인하는 내용으로 번역이 되었고, 이에 반해 한문 번역인 <잡아함>과 〈증일아함> 그리고 한국 빠알리성전협회의 한글 번역은, 삿짜까가 그렇게 시인하지 않은 것으로 되어있다. <잡아함>과 <증일아함>의 해당 경전에서는, 이것은 단지 둠무카라는 사람이 비천한 말을 한 것뿐이라며, 그에게 그런 헛소리를 더 이상 하지 말라고 꾸짖는 식으로 번역

MSB/P.329 ; <빅쿠보디 스님의 영역본> : (다시 붓다에게 말하기를) 그냥 우리끼리 이야기하게 놔두세요. 고따마 존자시여! 평범한 사문들이나 브라만들과 같이, 제가 생각키로는 이것은 단순한 한담이었을 것입니다. Let that talk of ours be, Master Gotama. Like that of ordinary recluses and brahmins, it was mere prattle, I think.
〈*Cula-Saccaka Sutta: The Shorter Discourse to Saccaka*>, 2012 / 타니사로 스님 영어 번역 : (붓다에게 말하기를) 고따마 존자시여, 그냥 놔두세요. 우리의 이야기나 다른 평범한 사문들이나 브라만들의 얘기들은 - 그저 농담을 말한 것이었습니다. "Let that be, Master Gotama, our words & those of other ordinary contemplatives & brahmans — prattled prattling, as it were."」
MA2/P.270. <주석서> : tiṭṭhatesā bho, gotamā라는 것은, 존사 고따마께서는 우리들과 다른 평범한 사문과 바라문의 말은 그냥 놔두소서. vilapaṃ vilapitaṃ maññe라는 것은, 저 말은 그저 농담을 말한 것과 같은 것이라고 생각한다는 것이고, 수다를 떨면서 말한 것이다 라는 뜻이다. 그리고 tiṭṭhatesā라는 것은 여기서의 대화라고, 그것을 가지고서, 설해져야 할 것이다. vācāvilāpaṃ vilapitaṃ maññeti라는 것은, 여기서 또한 이 말이 일어난 것은, 단지 농담을 한 것이었다고 생각한다는 뜻이다. tiṭṭhatesā, bho gotamāti, bho gotama, esā amhākañc'eva aññesañ ca puthusamaṇabrāhmaṇānaṃ vācā tiṭṭhatu. vilapaṃ vilapitaṃ maññeti, etañhi vasanaṃ vilapitaṃ viya hoti. vippalapitaṃattam hotīti attho. atha va tiṭṭhatesāti ettha kathāti āharitvā vattabbā. vācāvilāpaṃ vilapitaṃ maññeti; ettha panidaṃ vācānicchāraṇaṃ vilapitamattaṃ maññe hotīti attho.」
<맛지마니까야>, 제2권, 초기불전연구원 : 고따마 존자시여, 이제 이것을 그만둡시다. 우리의 대화도 여느 보통 사문 바라문들의 논쟁처럼 단지 한담에 지나지 않는다고 생각합니다.
<맛지마니까야>, 제3권, 한국빠알리성전협회 : 존자 고따마여, 우리와는 다른 범용한 그들 수행자들이나 성직자들이 말하는 것에 관여치 마십시오. 나는 희론에 불과하다고 생각합니다.
『*cūlasaccakasutta – The Lesser Discourse on Saccaka*』 by Piya Tan/P.75. 「고따마 존자시여, 저로 하여금 우리의 대화와 그리고 다른 평범한 사문과 바라문들의 이야기를 멈추게 하소서. 이것은 단순히 쓸데없는 이야기일 뿐입니다. 저는 인정합니다. Master Gotama, let me stop this talk of ours, and of other ordinary ascetics and brahmins. It was mere idle talk, I must admit!」

이 되어있음으로, 당연히 자신이 쓸데없는 말을 했다고 시인하지 않은 쪽에 해당될 것이다. 그리고 한국 빠알리성전협회의 번역 역시 한문 번역본과 같은 내용으로, 둠무카의 말은 자신과 붓다와는 다른 무리의 사람들의 말이니, 그런 사람들의 희론을 들을 필요가 없다는 식으로 번역이 되었다. 주석서의 설명은 물론 문장의 분석방법에 따라서 내용이 달라질 수는 있지만, 그냥 우리들끼리 쓸데없는 이야기를 한 것이니 존자께서는 우리들의 말에 신경쓰지 말라는 뜻이었다고 설명된 것으로 필자는 이해하고 있다. 단지 삿짜까가 쓸데없는 이야기였다고 칭하는 것이 자신이 앞에서 한 말까지를 포함한 것인지, 아니면 단지 둠무카가 들었던 연못 속의 게의 비유만을 말하는 것인지는 불분명하지만 일단, 필자는 삿짜까가 자신이 한 말을 포함해서 쓸데없는 소리를 했던 것에 대해 시인한다는 뜻으로 번역했다.

043

삿짜까, 비구들의 수행과정에 대해 묻고, 붓다 답하시다

"그런데 어떻게 해서 고따마 존자의 제자는 가르침을 실천하고, 훈계를 받들어 행하고, 의심을 극복하고, 망설임으로부터 벗어나고, 두려움 없음을 얻고, 다른 것에 의지하지 않고, 스승의 가르침에 머뭅니까?"

"악기웻사나여! 여기서 나의 제자는 색色이라는 것은 그 어떤 것이든, 그것이 과거의 것이든, 미래의 것이든, 현재의 것이든, 안의 것이든 밖의 것이든, 거대한 것이든 미세한 것이든, 저열한 것이든 수승한 것이든, 멀리 있는 것이든 가까이 있는 것이든, 그 모든 색에 대해 '이것은 내 것이 아니다.', '이것은 내가 아니다.', '이것은 나의 자아가 아니다' 라고, 이렇게 이것을 있는 그대로, 바른 통찰지로써 본다. 악기웻사나여, 여기서 나의 제자는 수受라는 것은 그것이 어떤 것이든, 상想이라는 것은 그것이 어떤 것이든, 행行들이라는 것은 그것이 어떤 것이든, 식識이라는 것은 그것이 어떤 것이든, 그것이 과거의 것이든, 미래의 것이든 현재의 것이든, 안의 것이든 밖의 것이든, 거대한 것이든 미세한 것이든, 저열한 것이든 수승한 것이든, 멀리 있는 것이든 가까이 있는 것이든, 그 모든 식에 대해 '이것은 내 것이 아니다', '이것은 내가 아니다', '이것은 나의 자아가 아니다' 라고, 이렇게 이것을 있는 그대로, 바른 통찰지로써 본다. 악기웻사나여, 이렇게 해서 나의 제자는 가르침을 실천하고 훈계를 받들어 행하고 의심을 극복하고 망설임으로부터 벗어나고, 두려움 없음을 얻고, 다른 것에 의지하지 않고 스승의 가르침에 머문다."

"그런데 어떻게 해서 고따마 존자의 제자는 가르침을 실천하고 훈계를 받들어 행하고 의심을 극복하고 망설임으로부터 벗어나고, 두려움 없음을 얻고 다른 것에 의지하지 않고 스승의 가르침에 머뭅니까?"

삿짜까가 붓다에게 이제까지의 이야기는 그저 쓸데없는 것들이었으니, 이제 본격적으로 '쓸데 있는' 대화를 계속해 보자면서 던진 첫 번째 질문이기는 한데, 이 질문이 정말 삿짜까가 알고 싶어서 한 질문이었는지는 여전히 알 수 없다.

사실 삿짜까처럼, 한 사람이 두 곳의 경전에 걸쳐서 붓다의 법문을 들은 자로 등장하는 경우도 드물거니와, 그렇게 두 번에 걸쳐서 붓다의 법문을 들었음에도 불구하고 끝내 붓다에게 귀의하지 않은 경우는 삿짜까가 유일할 것이다. 그래서 그런지, 제36경의 주석서에는 이 점에 대한 이런 해명이 실려 있다.

> 세존께서는 이 니간타에게 두 번의 경전을(법문을) 이야기 하셨다. 앞의 경전(제35경)에서는 한 개 분량의 암송분을, 여기서는(제36경) 한 개 반 분량의 암송분을. (그러나 이렇게) 두 개 반 분량의 암송분을 듣고도, 이 니간타는 통찰을 얻지 못하고, 출가하지도 않았고, 귀의처에서 확립되지도 못했다. (그러면) 왜 세존께서는 그에게 법을 설하셨는가? 미래의 훈습을 위해서다. 세존께서는 "지금 이 자에게 (불법에 귀의할) 인연이 없지만, 나의 열반으로부터 두 번의 백 년이 지난 후에, 땀바빠니 섬(현 스리랑카)에 가르침이 확립될 것이다. 그곳에서 바로 한 가정집에서 다시 태어나서는, 적당할 때에 출가해서, 삼장을 배우고, 위빳사나를 증장하여, 분석적인 통찰력과 함께 한 아라한과에 이르러서, 그

는 '깔라붓다락키따'라는 이름의 번뇌가 소멸된 큰 수행자가 될 것이다" 라고 아셨다. (그래서) 이것을 보고, 미래의 훈습을 위하여 법을 설했다고 한 것이다.[189]

이게 무슨 뜻이겠는가? 필자가 짐작키로는, 이 두 개의 경을 듣거나 혹은 읽어본 사람들 가운데는 중생심으로, 이렇게 생각하는 사람들이 있었을 것이다. 붓다에게 두 번에 걸쳐서 법문을 들었음에도 불구하고 삿짜까가 끝내 붓다의 가르침에 귀의하지 않았다면, 이제 붓다도 '영험'이 없다는 거 아니냐고. 물론 이것은 붓다의 열반 이후 한참 뒤의 상황이겠지만, 어쨌든 그렇게 생각하는 사람들의 숫자가 점점 늘어났다면, 승가를 이끌던 책임자들, 주석가들은 뭐라도 해명이나 변명을 해 두지 않으면 안 될 상황이었을 것이다. 그래서 아마 주석가들이 고민 끝에 삿짜까는 붓다에게 두 번에 걸쳐 법문을 들은 공덕으로 200년 후에 스리랑카에 태어나서 출가하여 도를 닦아, 나중에 큰 아라한이 되었다 라는 이 이야기를 내놓게 된 것이 아닐까 싶다. 중생심의 나약함을 익히 알고 있는 자라면, 당장의 깨달음은 얻지 못하더라도, 미래를 위해 지금은 열심히 부처님 법을 들어놔야 한다는 식으로 중생들을 다독일 수밖에 없었던 주석가들의 고민을 충분히 이해할 것이지만 사실, 내용상으로는 그다지 불교적이라고는 볼 수 없는 내용이다.

189 MA2/P.293.「bhagavatā imassa nigaṇṭhassa dve suttani kathitani. purimasuttaṃ eko bhāṇavāro, idaṃ diyaḍḍho, iti aḍḍhatiye bhāṇavāre sutvā pi ayaṃ nigaṇṭho neva abhisamayaṃ patto, na pabbajito, na saraṇesu patiṭṭhit. kasmā etassa bhagava dhammaṃ desesīti? anāgate vāsanatthaya. passati hi bhagava; imassa idāni upanissayo natthi, mayhaṃ pana parinibbānato samadhikānaṃ dvinnaṃ vassasatanaṃ accayena tambapaṇṇidīpe sāsanaṃ patiṭṭhahissati. tatrāyaṃ kulaghare nibbattitvā sampatte kāle pabbajitvā tīṇi piṭakāni uggahetvā vipassanaṃ vaḍḍhetvā saha paṭisambhidāhi arahattaṃ patvā, kāḷabuddharakkhito nāma mahākhīṇāsavo bhavissati iti. idaṃ disvā anāgate vāsanatthaya dhammaṃ desesi.」

하지만 이와는 다르게, 만약 누군가가 이 두 개의 법문 내용을 듣고는, 두 번의 법문을 붓다에게 직접 듣고도 붓다에게 귀의하지 않은 자가 있다는 것은, 붓다가 영험이 없어서가 아니다. 불법을 받아들이는 것 또한 인연에 의해서 일어나는 것이니, 인연 없는 중생은 아무리 붓다가 두 번 아니라 이십 번을 거듭해서 법을 설해도 소용이 없구나 라고 아는 자도 있었고, 그런 사람들이 많았다면, 굳이 주석가들이 고민할 필요도 없었을 것이고 이런 해명의 글을 남길 이유도 없었을 것이다.

어쨌든 삿짜까에게는 삿짜까의 길이 있다면, 붓다에게는 또 붓다만의 길이 있으니, 삿짜까가 궁금하지도 않은 질문을 했든지 어쨌든지, 법에 대해 물었으니 또 정성껏 법에 대해 답할 수밖에 없으셨을 것이다. 그럼으로 삿짜까가 어떤 마음으로 이 질문을 한 것이든, 그런 것은 우리에게 중요치 않다. 우리는 오직 붓다의 이 법문 내용에 집중하면 될 것이다. 질문의 요지는 이렇다. 붓다께서 도대체 무엇을, 그리고 어떻게 가르치기에, 수많은 제자들이 붓다의 가르침에 대해 의심함이나 망설임 없이, 다른 자나, 다른 것에 의지하지도 않고, 오직 붓다의 가르침만을 따라 수행하게 되는 것입니까? 라고 물은 것이다.

"악기웨사나여! 여기서 나의 제자는 색色이라는 것은 수 · 상 · 행들 · 식은 그 어떤 것이든, 그것이 과거의 것이든, 미래의 것이든, 현재의 것이든, 안의 것이든 밖의 것이든, 거대한 것이든 미세한 것이든, 저열한 것이든 수승한 것이든, 멀리 있는 것이든 가까이 있는 것이든, 그 모든 색 · 수 · 상 · 행들 · 식에 대해 '이것은 내 것이 아니다', '이것은 내가 아니다', '이것은 나의 자아가 아니다'라고, 이렇게 이것을 있는 그대로, 바른 통찰지로써 본다."

이에 대한 붓다의 답변은, 자기 자신에 대한 집착을 떨쳐버리는 수행 이외에는 다른 것이 없다는 것이다. 나의 몸이나, 나의 느낌이나, 나의 생각이나, 나의 판단이나, 나에게서 일어나는 그 모든 현상들은 모두 연기적 구조 속에서 일어나고 사라지는 것임으로, 그 어떤 것이라도 그것은 나일 수 없고, 내 것일 수 없고, 나의 자아일 수 없다는 것을 스스로 설득하고, 또 설득하는 것뿐이다.

그러면 왜 '설득'해야 하는가? 조건에 의지해서 일어나는 모든 것들은 변하기 마련이고, 실체가 없다는 현상으로서의 모든 것들의 이런 속성이, '있는 그대로yathābhūtaṃ'의 모습이, 우리 스스로에게는 저절로 보이지 않기 때문이다. 그러면 왜 보이지 않는가? 보통의 우리에겐 나라는 생각이 여전히 작동하고 있기 때문이다. 나라는 생각은 하루아침에 생긴 것이 아니기 때문에 하루아침에 없어지지도 않는다. 그 나라는 생각이 잘 작동해서 수억 년의 세월동안 끊어지지 않고 지금까지 살아남은 유전자가 바로 우리들이지만, 다시 그 나라는 생각 때문에 우리는 자신에게서 일어나는 모든 현상들의 '있는 그대로'의 모습을 바르게 보지 못하고 왜곡되게 해석해 오고 있는 것이다.

우리에게 남아있는 '나라는 생각'은 좋은 것이냐 나쁜 것이냐의 문제가 아니라 이미 우리에겐 태생적인 것이다. 그럼으로 나라는 생각 때문에 존재의 속성을 스스로 왜곡할 수밖에 없는 이런 태생적 한계를 가진 우리가, 존재의 있는 그대로의 모습을 바르게 알아차릴 수 있는 유일한 방법은 바로 내가 나를 '설득'하는 것밖에는 없다는 것이고, 그렇게 설득해 나아가는 것이 바로 본문에 나와 있는 "색은… 수는… 식은 내가 아니다, 나의 것이 아니다. 나의 자아가 아니다 라고 통찰지로써 보는 것이다" 라는 내용이다.

스스로 동원할 수 있는 모든 것을 다 동원해서 자신을 납득시켜야 한다. 경전도 좋고, 과학적 지식도 좋고, 명상을 통해 쉬어진 마음도 좋다. 그 모든 것들을 통해, 자신의 몸과 자신의 느낌, 자신의 생각, 자신의 판단 등 자신에게서 일어나는 이 모든 현상들은 그 무엇이건 조건에 의지해서 일어나는 것임으로 나일 수 없고, 내 것일 수 없고, 나의 자아일 수 없다고, 그렇게 자신이 자신을 설득해 나아가는 것, 이것이 바로 당시의 붓다의 제자들이 아무런 의심 없이, 아무런 망설임 없이, 어떤 두려움도 없이, 오직 붓다의 가르침에 따라 수행하던 모습인 것이다.

본문의 내용 중에서 다른 것들은 이미 앞에서 살펴봤던 것임으로, 여기서는 '이것은 내 것이 아니다 라고, 이렇게 이것을, 있는 그대로, 통찰지로써 본다'는 대목만 한 번 더 살펴보자.

우선 이 대목은 '통찰지를 통해서 보면, 이것이 내 것이 아님을 안다'는 뜻이 아니다. 어떤 차이가 있는가? 후자는 통찰지라는 것이 있어서 그것을 통해서 보면 색이든, 수든, 상이든 그것들이 내 것이 아니라는 사실을 저절로 보게 된다는 것이고, 전자는 '이것은 내 것이 아니다' 라고, 왜 이것이 내 것이 아닌지를 스스로에게 설득하여 스스로 납득하게 되는 그 과정이 바로 '통찰지sammappañña'라는 뜻이다. 비록 문장의 표현은 '통찰지로써sammappaññāya 본다passati' 라고, 통찰지라는 단어에 도구격 조사인 '로써'를 붙여서 표현했지만, 그렇게 보아감이 곧 통찰지인 것이지, 통찰지가 그렇게 보아감 이전에 따로 있다는 뜻은 아니다. 그런데 후자의 해석에서는 '통찰지'라는 것이 이것이 내 것이 아니다 라고 그렇게 살피는 행위 너머에 따로 미리 준비되어져 있는 어떤 것이 되고 만다. 이렇게 행위 너머에 이미 따로 준비되어져 있는 어떤 능력이나 존재를 전제하게 되면 이것이 곧 자아론이니, 우리가 잠시라도 치밀하지 못하여 붓다의 가르침을 놓치게 되면, 곧바로 저 삿짜까가 주장하던 자아론이나 영혼론에 떨어지게 되는 것이다.

044

삿짜까, 비구들의 수행의 완성에 대해 묻고, 붓다 답하시다

"고따마 존자시여, 그러면 다시, 어떻게 해서 비구가 번뇌가 소멸되고, 삶이 완성되고, 해야 할 일이 다해 마쳐지고, 짐이 내려놓아지고, 참된 목표에 도달되고, 삶의 족쇄가 부서지고, 바르고 완벽한 지혜로써 해탈된 '존경받아 마땅한 자'가 됩니까?"

"악기웻사나여, 여기 비구는, 색色이라고 하는 것은 그 어떤 것이든 그것이 과거의 것이든, 미래의 것이든, 현재의 것이든, 안의 것이든 밖의 것이든 거대한 것이든 미세한 것이든, 저열한 것이든 수승한 것이든, 멀리 있는 것이든 가까이 있는 것이든, 그 모든 색에 대해 '이것은 내 것이 아니다, 이것은 내가 아니다. 이것은 나의 자아가 아니다'라고, 이렇게 이것을, 있는 그대로, 바른 통찰지로써 보면서, 취착 없이 해탈한다. 수受라고 하는 것은 그 어떤 것이든… 상想이라고 하는 것은 그 어떤 것이든, … 행行들이라고 하는 것은 그 어떤 것이든 … 식識이라고 하는 것은 그 어떤 것이든, 그것이 과거의 것이든, 미래의 것이든, 현재의 것이든, 안의 것이든 밖의 것이든, 거대한 것이든 미세한 것이든, 저열한 것이든 수승한 것이든, 멀리 있는 것이든 가까이 있는 것이든, 그 모든 식에 대해 '이것은 내 것이 아니다, 이것은 내가 아니다, 이것은 나의 자아가 아니다'라고 이렇게, 있는 그대로, 바른 통찰지로써 보아 취착함이 없이 해탈한다. 악기웻사나여! 이렇게 해서 비구가 번뇌가 소멸되고, 삶이 완성되고, 해야 할 일이 다해 마쳐지고, 짐이 내려놓아지고, 최종적인 목표에 도달되고, 삶의 족쇄가 부서지고, 바르고 완벽한 지혜로써 해탈된 자인 '존경받아 마땅한 자'가 된다. 이와 같이 마음이 해탈된 비구는 세 가지 더할 것 없음인, 더할 것 없는 통찰, 더할 것 없는 수행, 더할 것 없는 해탈을 바르게 갖추게 된다. 악기웻사나여! 그렇게 마음이 해탈된 비구는 (이와 같이) 여래를 존경하고, 존중하고, 공경하고, 받든다. '깨달으신 자인 저 세존께서는 깨달음을 위해 법을 설하시고, 다스려지신 자인 저 세존께서는 다스림을 위해 법을 설하시고, 고요해진 자인 저 세존께서는 고요함을 위해 법을 설하시고, 건너신 자인 저 세존께서는 건넘을 위해 법을 설하시고, 완전한 열반을 성취하신 자인 저 세존께서는 완전한 열반의 성취를 위해 법을 설하신다.'라고."

"고따마 존자시여! 그러면 다시 어떻게 해서 비구가, 번뇌가 소멸되고, 삶이 완성되고, 해야 할 일이 다해 마쳐지고, 짐이 내려놓아지고, 참된 목표에 도달되고, 삶의 족쇄가 부서지고, 바르고 완벽한 지혜로써 해탈된 '존경받아 마땅한 자'가 됩니까?"

샷짜까에 의해 제기된 두 번째 질문이다. 이것은 수행의 완성에 대한 질문이고, 질문의 내용 가운데 필자가 '존경받아 마땅한 자'라고 번역한 것은 '아라한arahant'이라는 호칭이다. 이 호칭은 원래 붓다 이전부터 당시의 일반인들이 사회적으로 높은 지위의 사람들, 혹은 덕 높은 수행자들에게 사용하던 것인데, 이것을 그대로 불교에서도 받아들여 사용하게 된 경우다. 불교에서 사용하는 용어들 가운데는, 이처럼 사회일반에서 사용되던 용어를 그대로 사용함으로써, 출가수행자 집단인 승가 내에서의 기준이 승가 밖으로까지 확장되는 긍정적인 효과를 얻는 경우가 많다. 이 '아라한'이라는 용어를 예로 들어서 보자면, 붓다의 가르침을 최종적으로 완성하여 승가로부터 존경을 받는 자들이 승가 밖의 사람들에게까지 '존경받아 마땅한 사람'으로 불리게 됨으로써, 그들이 수행한 법이 단지 출가수행자들에게만 적용되는 법이 아니라 모든 사람들에게 적용되는 법임을 간접적으로나마 입증하게 되기 때문이다. 하지만 '아라한'이라는 용어는 처음부터 외부로부터 차용된 것이기 때문에, 사실 용어 자체에 어떤 특별한 불교적 정의定意가 담겨 있지는 않다. 단지 "존경받아 마땅한 상태를 유지하고 있는 자"라는 의미만이 있을 뿐이다.

그렇게 이 '아라한'이라는 용어 자체에는 어떤 불교적 정의가 담겨 있지 않은 것이지만, 붓다께서 경전에서 이 '아라한'에 대해 언급하신 내용에 의해서, 수행을 완성한 자로서의 아라한에 대한 정의가 갖추어지게 된 것인데, 본문에서처럼 "번뇌가 소멸되고, 해야 할 일이 다 해 마쳐지고, 짐이 내려놓여지고, 참된 목표에 도달되고, 삶의 족쇄가 부서지고, 바르고 완전한 지혜로 해탈된 자" 혹은, <디가니까야> 제9경에서의

> 번뇌와 번뇌의 소멸을, 마음의 청정한 해탈과 지혜의 청정한 해탈을, 현생에서의 완전한 지혜로써 이루고, 그곳에 도달하여 머무는 자.[190]

라고 한 것들이나 <맛지마니까야>의 제22경에서의

> 비구들이여! 이 비구는 빗장이 들어 올려진 자라고, 수로를 터버린 자라고, 기둥을 뽑아버린 자라고, 걸쇠를 푼 자라고 일컬어지며, 또한 깃발을 거두었고, 짐을 내려놓았고, 족쇄에서 벗어난 성자라고도 일컬어진다.[191]

라고 설명한 대목들이 모두 붓다의 언급에 의해서 새로 성립된 아라한의 정의가 되는 것이다. 이렇게 불교에는 아라한에 대한 여러 가지 정의가 있기는 하지만, 그 가운데 가장 핵심적인 부분은 결국 '내가 있다 라는 사량asmimāna'[192]이 최종적으로 소멸되었느냐, 그리고 그

190 DN1/P.198. 제9경, 『뽀타빠다숫따』, 「āsavānañ ca khayā anāsavaṃ cetovimuttiṃ paññāvimuttiṃ diṭṭhe va dhamme sayaṃ abhiññā sacchikatvā, upasampajja viharati.」

191 MN1/P.141. 제22경, 『알라갓뚜빠마숫따』, 「ayaṃ vuccati bhikkhave! bhikkhu ukkhittapaligho iti pi, saṅkiṇṇaparikho iti pi, abbūḷhesiko iti pi, niraggaḷo iti pi, ariyo pannaddhajo pannabhāro visaṃyutto iti pi.」

192 "내가 있다 라는 사량"이라고 것은 '욕계의 다섯 가지 족쇄' 다음에 이어지는 '이후의 세계에 대한 족쇄uddhambagiya-saṃyojana' 가운데 세 번째 항목에 들어가는 것으로, 그 항목들은 다음과 같다. 첫째는 색계에 대한 집착이고, 두 번째는 무색계에 대한 집착이고, 세 번째는 내가 있다는 사량思量이고, 네 번째는 심리적으로 들뜸이고, 다섯 번째는 무명無明이다. 이 중에서 필자가 언급한 '내가 있다는 사량'은 빠알리어의 '아스미 마나asmi māna'라는 단어를 번역한 것으로, 앞의 '아스마'는 '존재한다atthi'라는 동사의 1인칭 현재형으로, 오온에 대해서 이것

에 따라 비로소 '무아'라는 법이 그에게서 확실하게 확립되었느냐 라는 것이 수행의 마지막 단계인 '아라한'을 규정짓는 핵심적인 기준이라고 할 수 있다. 그렇게 '무아의 확립'이라는 기준으로 봤을 때, 아라한에 대한 정의 가운데 다른 것들, 예를 들어서 위에서 예로 든 '마음의 해탈'과 '지혜의 해탈' 같은 것들도, 무아라는 법이 자신에게 확립되는 두 개의 서로 다른 경로에 대한 설명으로 이해할 수 있다. 즉 '마음의 해탈'은 사마디(止)라는 방법을 통해서 무아라는 법이 확립되는 것이고, '지혜의 해탈'이란 위빳사나(觀)라는 방법을 통해서 무아라는 법이 확립되는 것이다.

본문에서 내가 아니다, 나의 것이 아니다, 나의 자아가 아니다 라고 표현되어진 것들, 그것이 바로 붓다께서 설하신 '무아'를 자신에게 확립시키기 위한 실천 과정이고 방법이니, 그 무아의 법은 수행자 자신에게 완전히 확립되도록 수행자 스스로가 끊임없이, 이것은 내 것이 아니다, 이것은 내가 아니다, 이것은 나의 자아가 아니다 라고 자신에게 타이르고, 설득하여야 하는 것이고, 그렇게 타이르고 설득한 노력의 결과로써 무아가 완전하게 자신에게 확립되는 순간과 노력의 주체였던 그 '나'라는 생각이 자신의 역할을 끝내고 소멸되는 순간은 서로 겹친다는 것이다. 그렇게 해서 '내가 있다 라는 사량'이 작동하지 않는 상황이 지속되면, 그에게서 그만큼 무아가 확립된 것이고,

은 나의 것이다. 이것이 나다, 이것은 나의 자아다 라는 식으로, 자아를 전제하는 것을 말하는 것이고, 뒤의 '마나māna'는 그렇게 자아가 있다고 측정하고 계측하고 짐작하는 사량思量을 말하는 것으로 필자는 이해한다. 흔히 한역에서는 '아만我慢'이라고 번역되나 '아만'이라는 단어에는 뭔가 우쭐댄다거나 하는 뜻이 담겨있지만 '마나'라는 단어는, PED에서 이 단어가 mināti(to measure: 계량하다. 측량하다)라는 동사에서 연원했을 것이라고 추측하는 것에 따른다면, 이것은 '내가 존재한다asmi라는 (잘못된) 추측 혹은 계측'이라는 뜻으로 해석됨으로, 이를 '자만'이라고 번역할 이유는 없을 것 같다. 그래서 필자는 이것을 '내가 있다 라는 사량'으로 번역한 것이다.

우리는 그를 '존경받아 마땅한 자, 공양 받아 마땅한 자'의 지위에 올랐다고 말할 수 있을 것이다. 그렇다고 이것이 어떤 결승점과 같은 것으로 이해해서는 안 될 것이다. 거기까지만 가고 나면 무아의 상태가 저절로 지속되는, 그래서 더 이상 무아를 실천하려고 노력하지 않아도 되는 어떤 경지 같은 것이 있다고는 생각되지 않는다. 이것은 앞에서의 '통찰지'라는 단어와도 같은 경우가 될 것이다. 통찰지가, 통찰하는 행위 너머에 따로 있는 것이 아니라고 했듯이, 수행의 완성으로 불리는 아라한이라는 경지도, 통찰지로써 무아를 확립시켜 나가는 그 행위 너머에 따로 있는 어떤 경지도 아닐 것이다. 올바른 지혜로써 통찰함이 없다면 더 이상 그는 아라한도 뭐도 아닌 것이기 때문이다. 죽을 때까지, 그렇게 노력하는 사람, 그래서 늘 무아가 스스로에게 확립되어져 있는 사람, 그를 일러 '존경받아 마땅한 자'라고 할 뿐이다.

필자가 예전에 시골에서 농사를 짓고 살 때, 윗집 영감님한테서, 호미에 녹이 안 생기게 하는 방법은, 녹이 안 생기도록 호미를 계속 쓰는 것이라는 말을 들을 적이 있는데, 아마 그것과 비슷한 경우가 아닐까 싶다.

"여기 비구는, 색이라고 하는 것은 그 어떤 것이든 그것이 과거의 것이든, 미래의 것이든, 현재의 것이든, 안의 것이든 밖의 것이든 거대한 것이든 미세한 것이든, 저열한 것이든 수승한 것이든, 멀리 있는 것이든 가까이 있는 것이든, 그 모든 색에 대해 '이것은 내 것이 아니다, 이것은 내가 아니다, 이것은 나의 자아가 아니다'라고, 이렇게 이것을, 있는 그대로, 바른 통찰지로써 보면서, 취착 없이 해탈한다."

앞의 4-3장에서의 질문은 비구들이 어떻게 해서 붓다의 가르침에 대해 의심하지 않고, 망설이지도 않고 다른 것에 의지하지도 않고 오직 붓다의 가르침만을 따라 수행할 수 있는가? 라고 물었고, 그에 대해 붓다께서는 오온이 내 것이 아님을 통찰하는 수행이기에 아무도 이 가르침에 대해 의심하거나 망설이지 않고 이 가르침에 따라 수행을 하게 된다고 답하셨다. 그런데 여기서는 다시, 어떻게 해서 그렇게 수행하는 비구들이 수행을 완성하게 되느냐고 물은 것이다. 그런데 이에 대한 붓다의 답변은 오직 마지막 문장만 앞의 내용과 다르고 나머지는 앞의 내용 그대로다.

> 이렇게 이것을, 있는 그대로, 통찰지로써 본다.
>
> evametaṃ yathabhūtaṃ sammappaññaya passati,

> 이렇게 이것을, 있는 그대로, 통찰지로 보면서, 취착 없이 해탈한다.
>
> evaṃetaṃ yathabhūtaṃ sammappaññāya disvā, anupadā vimutto hoti

필자는 이것을 수행의 완성, 즉 아라한에 이르는 길은, 시작과 끝이 다르지 않다는 것을 뜻하는 문장으로 이해하고 있다. 빠알리어의 문법상에서, 두 번째 내용 가운데 '보면서disvā'라는 단어는, 첫 번째 문장에서의 '본다passati'의 연속체라는 것인데, 이것은 '그 행위나 상태가 지속되는 한'이라는 뜻으로 사용된다. 그러니까 나에게서 일어나는 모든 현상들이 내가 아니고, 나의 것이 아니고, 나의 자아가 아님을 내 스스로 통찰하는 그 과정이 진행되고 있는 동안이라는 뜻이다. 그런 과정이 진행되는 동안, 그로 인하여, 그 결과로써 '취착 없이 해탈'되고 있다는 것이다. '통찰되고 나서, 그 다음에 해탈된다'가 아니라 '통찰되는 동안은, 해탈된 것이다' 라는 뜻이다. 그러니까 수행이 시작될 때도 '내 것이 아님을 통찰'하는 것이고, 수행의 완성될 때도 '내 것이 아님을 통찰'하는 것인 셈이다. 해탈은 그런 과정이 지속되면서 저절로 얻어지는 것일 뿐이다. 물론 마지막 문장에서 '취착 없이anupāda'라는 대목은, 그렇게 내 것이 아님을 통찰해 가는 과정에서 자신이 하고 있는 통찰의 과정에 대해 어떤 형태든 취착함이 일어날 가능성이 있다는 것이지만, 온전히 바르게 통찰해 나가고 있다면 그런 취착이 일어나지 않을 것임으로 '취착 없이'라는 표현은, 올바른 통찰에 대한 다른 표현일 뿐이지, 수행의 완성 단계인 아라한에 이르기 위해서는 특별한 다른 과정이 필요해서 이것이 언급된 것은 아니라고 생각한다. 그럼으로 수행의 시작과 수행의 끝은 모두 동일한 것이고, 끝까지 나에게서 일어나는 모든 현상들은 그 어느 것이든 내가 아니고, 나의 것이 아니고, 나의 자아가 아니라는 것을 선택하고 설득하여 완성해 나가는 것일 뿐이다.

"이와 같이 마음이 해탈된 비구는 세 가지 더할 것 없음인, 더할 것 없는 통찰, 더할 것 없는 수행, 더할 것 없는 해탈을 바르게 갖추게 된다."

마음이 해탈된 비구가 갖추게 되는 세 가지 '더할 것 없음'이란 즉 이런 것이다. 붓다의 가르침에 따라 '두려움 없음을 얻고, 다른 것에 의지하지 않고 스승의 가르침에 머물러 있는' 모든 불법의 수행자들은 자신들이 수행을 완성해 나아가는 데 필요한 세 가지가 있었고, 그 세 가지를 모두 잘 갖추었기 때문에 결국 수행을 완성하여 해탈된 자가 되었다. 그러면 그 세 가지가 무엇인가? 첫째는 수행자 자신이 도달해야 할 목표인 무아가 확립되고, 모든 괴로움으로부터 해탈된 아라한의 경지임을 분명히 이해하고 있고, 또한 그렇게 해탈된 아라한이 되기 위한 올바른 수행 방법에 대해서도 분명하게 이해하고 있는 것이다. 이것을 '더할 것 없는 통찰'이라고 한다. 이것을 '더할 것 없는 통찰'이라고 부르는 이유는, 해탈을 목표로 수행하는 자에게 목표와 방법에 대한 분명한 통찰보다 더 중요한 것이 없기 때문이다. 두 번째는 그렇게 통찰한 목표와 수행 방법에 의해서 올바른 수행의 길을 정확하게 잘 따라가는 것, 이것이 '더할 것 없는 수행'이다. 목표와 방법을 알았다고 해도 실제로 행하지 않으면 도달되지 못하는 것이니, 그래서 이것을 '더할 것 없는 수행'이라고 한 것이다. 세 번째는 그렇게 바르게 수행한 결과로써 도달되어지는 해탈은 세상의 무엇과도 비교할 수 없는 최고의 목표이니, 이것이 '더할 것 없는 해탈'이라고 한 것이다. 주석서에서는 이 세 가지 더할 것 없음을 '번뇌의 소멸과 열반에 대한 통찰'이 바로 이 더할 것 없는 통찰이며 '올바른 수행의 길에 대한 것'이 더할 것 없는 수행이고 '최고의 수행의 결과'가 더할 것 없는 해탈이라고 설명하고 있으니, 앞의 내용과 견주어 보면 이해하기가 쉬울 것이다.[193]

또한 한역 <잡아함>에서는 이것을 '三種無上(삼종무상)'이라고 하여, 첫째는 '智無上(지무상)', 둘째는 '解脫無上(해탈무상)', 셋째는 '解脫知見無上(해탈지견무상)'이라고 번역하고 있다.[194] 의미상으로 보자면

193 MA2/P.281. 「위없는 통찰이라는 것은 아라한의 길에 대한 바른 통찰이다. 위없는 수행이라는 것은 나머지들 올바른 길의 항목들이요, 위없는 해탈은 최고의 결과로써의 해탈이다. 번뇌의 소멸과 열반에 대한 견해를 위없는 통찰이라고 이름한다. 올바른 길의 항목들은 위없는 수행이라고 이름한다. 최고의 결과를 위없는 해탈이라고 이름한다. dassanānuttariyanti arahattamaggasammādiṭṭhi. paṭipadanuttariyanti sesani maggañgani vimuttanuttariyanti aggaphalavimutti. khīṇāsavassa vā nibbanadassanaṃ dassanānuttariyaṃ nāma. maggañgāni paṭipadanuttariyaṃ. aggaphalaṃ vimuttanuttariyanti.」

194 T2/P.37. 「彼於爾時成就三種無上. 智無上. 解脫無上. 解脫知見無上. 成就三種無上已. 於大師所恭敬. 尊重. 供養如佛.」 하지만 宋 · 元 · 明본에서는 이것이 빠알

<잡아함>의 번역 역시 수행이 완성되어가는 과정에서 필요한 것들을 순서적으로 표현한 것이다. 위없는 궁극의 지혜를 갖춤으로써(智無上) 궁극의 목표인 해탈을 이루고(解脫無上), 해탈되었을 때 스스로 해탈되었음을 안다(解脫知見無上)[195]는 것이니, 앞의 빠알리 경전의 내용과 서로 통하지 못할 것은 아니지만, 빠알리 경전에서는 지혜→ 수행→ 해탈의 이 세 가지 과정을 중요한 것으로 꼽은 것에 반해, 한역에서는 지혜→ 해탈→ 해탈지견을 중요한 세 가지로 꼽은 것을 보면, 관점의 차이 같은 것이 있는 것 같다.

"그렇게 마음이 해탈된 비구는 (이와 같이)여래를 존경하고, 존중하고, 공경하고, 받든다."

마음이 해탈된 비구는 해탈된 자를 존경한다. 그것이 얼마나 희유한 일인지를 스스로 알기 때문일 것이다. 그가 얼마나 애를 썼고, 그가 얼마나 용감했었는지를 알기 때문에 해탈된 자를 존중하지 않을 수 없을 것이다. 만약 여래가 처음부터 여래로 정해진 것이었다면, 아마 그렇게 받들지는 않았을 것이다. 자신과 똑같은 지점에서 시작하신 분이기에 그리고 자신이 이룬 것을 그대로 드러내 보여주는 분이기에 그를 공경하고 받들지 않을 수 없을 것이다. 그런데 본문에 대한 <잡아함>의 번역을 보면 잠시 뭔가 감동적이었던 자신이 머쓱해지는 기분이다.

"세 가지의 위없음을 성취하고 나면, (사람들은 그를) 큰 스승으로 공경

리본과 마찬가지로 「智無上, 道無上. 解脫無上」으로 되어 있다.

195 조석 예불시에 암송하는 '오분향례'의 내용에도 등장하는 이 '解脫知見'은 빠알리어의 'vimuttiñāṇadassana'를 번역한 것으로 해탈되었을 때, 해탈되었다는 사실을 자각하게 된다 라는 뜻이다.

하게 되고, 존중하게 되고, 붓다처럼 공양하게 된다. 成就三種無上已, 於大師所恭敬, 尊重, 供養如佛."[196]

빠알리 경전과는 사뭇 관점이 다르다. 세 가지 더할 것 없는 것들을 얻은, 마음이 해탈된 비구는 오히려 그로부터 해탈된 자를 더욱 존경하게 된다는 빠알리 경전의 내용과, 세 가지 더할 것 없는 것들을 다 성취하고 나면, 그는 스승이 되어 존중받고 공경 받으며 저 부처와 같이 공양을 받게 된다는 한역 경전 내용과의 이런 관점 차이는, 이미 앞에서의 삼종무상 중에서 빠알리 경전과는 다르게 수행(paṭipadā)의 과정이 빠진 것과도 연관이 있지 않을까 싶다.

'깨달으신 자인 저 세존께서는 깨달음을 위해 법을 설하시고, 다스려지신 자인 저 세존께서는 다스림을 위해 법을 설하시고, 고요해진 자인 저 세존께서는 고요함을 위해 법을 설하시고, 건너신 자인 저 세존께서는 건넘을 위해 법을 설하시고, 완전한 열반을 성취한 자인 저 세존께서는 완전한 열반을 위해 법을 설하신다' 라고.

이것은 마음이 해탈된 비구가 여래를 존경하고 존중하고 공경하고 받들게 되는 이유를 언급해 놓은 것이다. 여기서 '깨달으신 자'라고 한 이유는 네 가지 성스런 진리(四聖諦)를 깨달으셨기 때문에 깨달으신 자라고 한 것이라고 주석서는 설명하고 있다.[197] 이를 풀어서 말하

196 영역은 다음과 같다. *Saccaka's challenge*, Chung-Hwa Buddhist Journal vol 23 by Ven. Analayo/P.54. 「Having accomplished these three unsurpassable qualities, they honour the great teacher, esteem and worship him as a Buddha」

197 MA2/P.282. 「'깨달으신 분인 저 세존께서는'이란, 저 세존께서 스스로 네 가지 진리들을 깨달으신 분이라는 뜻이다. '깨달음을 위해'란, 네 가지 진리의 깨달음을 위해 법을 설하신다는 뜻이다. '다스려진'이란, 방종하지 않는다는 것이다. '다스림을 위해서'란, 방종하지 않음을 위해서라는 뜻이다. '고요해진'이란, 모

자면, 인간에게 일어나는 괴로운 현실들이 분명하고 바르게 이해되어지고(苦聖諦), 그 괴로움의 형성 과정을 바르게 알아 그것들이 바르게 단념되어지고(苦集聖諦), 그 괴로움도 모두 조건에 의지해서 일어나는 것인 만큼, 다시 조건에 의지해서 소멸될 수 있는 것임이 바르게 체험되고(苦滅諦), 괴로움에서 벗어나는 길로 이끄는 바른 길을 찾아 그 길이 바르게 실천된(苦滅道諦), 그래서 마침내 괴로움으로부터의 해탈된 분이기에 그를 '깨달으신 자'라고 한다는 것이다. 그렇게 깨달으신 분인 저 세존께서는 다시 자신이 걸어온 그 길을, 이전의 자신처럼 괴로움에서 벗어나는 길을 찾아 헤매는 자들에게 고스란히 드러내 보여주시기 때문에 이를 '깨달음을 위해 법을 설하신다' 라고 한 것이다.

세존은 또한 욕망을 다스린 분이시다. 욕망의 속성을 꿰뚫어 보시었기에 욕망을 통제하고 제어하고 다스릴 수 있었던 분이시다. 우리에게 익숙한 『법구경』의 이 대목은 다스림에 대한 붓다의 생각을 잘 전해준다.

> 백만 명과의 전투에서 승리한 사람보다 단 한 명, 자신을 이긴 자가 최고의 승리자다.[198]

든 오염원의 억제에 의해 고요해진 자라는 뜻이다. '고요함을 위해'란, 오염원을 가라앉히기 위해라는 뜻이다. '건너신'이란, 네 가지 (번뇌의) 흐름을 건넌 자요 '건넘을 위해'란, 네 가지 흐름을 건너기 위해라는 뜻이다. '완전한 열반이 성취되신'이란, 오염원이 완전히 소멸됨에 의해 완전한 열반이 성취된 자이고 '완전한 열반을 위해'란, 오염원의 완전한 소멸을 위해라는 뜻이다. buddho so bhagavati so bhagava sayampi cattāri saccāni buddho. bodhayati paresampi catusaccabodhaya dhammaṃ deseti. dantotiādīsu dantoti nibbisevano. damathāyati nibbisevanatthāya. santoti sabbakilesavūpasamena santo. samathāyāti kilesavūpasamāya. tiṇṇoti caturoghatiṇṇo, taraṇayāti caturoghataraṇaya. parinibbutoti, kilesaparinibbanena parinibbuto. parinibbānayāti kilesaparinibbanatthāya.」

198 DP/P.29. 103송, 「yo sahassaṃ sahassena saṅgāme mānuse jine, ekañca jeyyamattanaṃ sa've saṅgāmajuttamo」

세상과의 모든 싸움에서 승리하는 자보다, 세상과의 모든 싸움에서 승리하고 싶어 하는 자신의 욕망을 다스릴 수 있게 된 자가 참으로 승리자라고 말씀하는 것이다. 혹자는 이런 말을 들으면 '능력이 안 돼서 포기하는 것과 다른 것이 무엇이냐?'고 묻기도 한다. 마치, 높이 달려있어서 따 먹을 수 없는 포도를 보고 '저 포도는 분명 시어터졌을 거야!' 라고 자기 위안을 하는 여우의 비유처럼 말이다. 하지만 여기서 '다스려진danta'이라는 것은 욕망을 억누른 이라는 뜻이 아니라 조건에 의지해서 일어나는 욕망의 속성을 이해하고, 이해함으로부터 욕망에 끌려가지 않고 욕망을 다스릴 수 있게 된 이라는 뜻이다. 그래서 주석서에서도 이것을 "방종하지 않는다" 라는 뜻으로 설명하고 있다.

붓다는 또한 '고요함'이 실현된 자다. 고요함은 오염의 근원들에 의해 오염되지 않음을 뜻하고, 불교의 전통에서는 이 오염원으로는 보통 10가지를 들고 있지만 기본적으로는 이들은 탐욕과 성냄과 어리석음의 이른바 '삼독심三毒心'으로부터 발원된 것들임으로, 이 세 가지가 오염원의 근본이라고 할 수 있다. 이 세 가지는 자아라는 망념이 전제되고, 그렇게 전제된 자아가 작동하면서 대상에 대해 일으키는 마음의 현상들이다. 자아의 탐욕적인 면은 대상에 대해 '이것은 나의 것이다' 라는 집착을 일으키고, 자아의 이기심, 그 이기심으로부터 발생하는 분노는 대상에 대해 '이것은 나다' 라는 집착을 일으키고, 자아의 어리석은 면은 대상에 대해 '이것은 나의 자아다' 라는 집착을 일으킨다고 분석하는 것은, 이미 2-3장에서 살펴본 바와 같다. 그럼으로 '고요해진 자' 라는 것은 마음으로부터 어떻게 삼독심이 일어나는지를 잘 살피어 삼독심을 무력하게 만든 자이다.

'건너신 자' 라는 것은 네 가지 거친 물살을 건너신 자 라는 뜻으로 네 가지 거친 물살이란 감각적 욕망의 물살, 존재의 물살, 견해의 물살, 무명無明의 물살이다. 이 가운데 감각적 욕망과 존재에 대한 물살은 삼독심에서의 탐욕과 엮을 수 있고, 견해의 물살은 성냄과 그리고 무명의 물살은 어리석음과 각각 엮을 수 있을 것이니, 내용상으로는 위의 고요해진 자의 경우와 크게 다르지 않다.

마지막으로 '완전한 열반parinibbāna'이란 한역에서 '반열반般涅槃' 혹은 '원적圓寂'으로 번역되는 것으로, 앞의 '빠리pari'라는 단어는 부사적으로 '완전한'이라는 뜻으로 사용되는 것이고, 뒤의 '닙바나nibbana'는 문자적으로 '욕망vāna의 소멸ni'로 분석된다. 불교의 전통에서는 열반이라는 용어에 대한 수많은 정의가 있고 또 수많은 의미 부여가 있지만, 필자는 개인적으로 웨살리에서 비구들과 마지막 안거를 보내시는 중에 비구들에게 자신의 열반을 예고하시면서 하신 말씀과 쭌다의 공양을 잡수시고 크게 앓고 나신 후에, 쭌다를 비난하지 말라고 아난다에게 당부하시면서 하신 말씀,

> "지금부터 멀지 않아 여래의 열반이 있을 것이다. 지금부터 3개월 후에 여래는 열반에 들 것이다."[199]

> "(혹시 누군가가 쭌다를 비난하여 말하기를) 친구, 쭌다여! 그대에게 (공덕을 지은 기회를) 얻음이 없네, 그대에게는 손실이 있네. 여래께서 그대에 의한 마지막 음식을 잡수시고 열반에 드셨기 때문이네."[200]

199 DN2/P.120. 『마하빠리닛빤나숫따』, 「ciraṃ tathāgatassa parinibbānaṃ bhavissati/ ito tiṇṇaṃ māsānaṃ accayena tathāgato parinibbāyissatīti.」
200 DN2/P.136. 『마하빠리닛빤나숫따』, 「tassa te āvuso! cunda! alābhā, tassa te dulladdhaṃ. yassa te tathāgato pacchimaṃ piṇḍapātaṃ bhuñjitvā parinibbuto.'」

이곳에서 사용하신 '열반'이라는 단어가 붓다께서 사용하신 가장 기본적인 의미에서의 열반의 용례일 것이라고 생각한다. 즉 '죽는 것'이다. 그럼으로 '열반'이라 하면 기본적으로 그것은 '죽는 것'을 뜻한다고 봐도 좋을 것이지만 단, 인간이 그렇게 죽는다는 것, 그렇게 '죽을 수 있다는 것'이 뜻하는 바는 그리 간단하지는 않을 것이다. 필자는 아래의 『마하빠리닛빤나숫따』에서의 붓다의 말씀이 단순히 자신의 공양을 받고 붓다께서 돌아가시게 되었다고 죄책감에 괴로워할 쭌다를 위로하고, 그의 죄책감을 씻어주기 위해서 쭌다가 듣기 좋으라고 하신 말씀만은 아니라고 생각한다.

> (아난다 그대는 쭌다에게 이렇게 말하라.) "그대, 쭌다여! 그대에게는 저 것을 얻음이 있다. 그대에게는 저 좋은 공덕이 있다. 여래께서 그대에 의한 마지막 음식을 잡수시고 열반에 드셨기 때문이다. 친구, 쭌다여! 직접 내가 세존으로부터 들었고 받아들여진 말씀이 있다. '똑같은 결실들과 이익들을 가진 두 번의 공양은, 다른 공양보다도 더 많은 결실과 더 많은 이익이 있다. 무엇들이 그 둘인가? 그 공양을 드시고 여래께서 위없는 등정각을 이루시는 것이고, 그 공양을 드시고 여래께서 남김 없는 완전한 열반에 드시는 것이다' 라고."[201]

"어차피 살아있는 것은 이래도 죽고, 저래도 죽는다" 라는 부정할 수 없는 만고불변의 이 사실에 대해, 사람들이 보여주는 반응은 극과 극이다. 한 쪽에서는 어차피 죽을 거, 하고 싶은 대로 하며 살겠다는

201 DN2/P.136. 『마하빠리닛빤나숫따』, 「tassa te āvuso! lābhā tassa te suladdhaṃ. yassa te tathāgato pacchimaṃ piṇḍapātaṃ bhuñjitvā parinibbuto, sammukhā me taṃ āvuso! cunda, bhagavato sutaṃ sammukhā paṭiggahītaṃ. dvemepiṇḍapātā samasamaphalā samasamavipākā ativiya aññehi piṇḍapātehi mahapphalatarā ca mahānisaṃsatarā ca. katame dve? yañ ca piṇḍapātaṃ bhuñjitvā tathāgato anuttaraṃ sammāsambodhiṃ abhisambujjhati yañ ca piṇḍapātaṃ bhuñjitvā tathāgato anupādisesāya nibbānadhātuyā parinibbāyati.」

사람들이 있을 것이고, 오히려 어차피 죽을 거, 남에게 민폐는 끼치지 말고 살자는 사람들도 있을 것이다. 이렇게 죽음에 대한 각기 다른 반응은 각 개인의 삶이 죽음에 의해 영향을 받는 게 아니라, 거꾸로 삶이 죽음에 영향을 주는 것이기 때문이다 라는 것이 필자의 생각이다. 즉, 죽음은 누구라도 살아있는 동안에 당사자에게 무언가로서 의미가 있는 것이고, 그 의미는 평소의 삶 안에 있다는 것이다.

죽음은 삶의 끝이지만, 그렇다고 죽음을 경계로 해서, 죽음 이후의 삶이 다시 시작되는 것이라고는 생각되지 않는다. 죽음은 '나의' 죽음이고, 그 나의 죽음 이후에 되풀이 되는 그 '나'는 없다는 것이 붓다의 가르침이기 때문이다. 여기에 '죽음'을 '열반'으로 정의하는 의도가 있을 것이다. 그것은 '나'의 죽음이기 때문이다. 그 나의 죽음이 육체적 죽음 이전에 이미 갖추어진 자라면, 그는 육체적으로는 비록 살아있지만 '내가' 죽은 자, 더 이상 '나'라는 것에 이끌려 다니지 않는 자가 될 것이니, 그를 일러 '열반을 이룬 자'라고 불러 마땅할 것이다. 위에서 "완전한 열반을 성취한 자인 저 세존께서는 완전한 열반을 위해 법을 설하신다" 라는 것은 그런 의미에의 말씀일 것이다. 그리고 붓다께서는 스스로 자신의 죽음을 '완전한 열반parinibbāna'이라고 지칭하셨는데, 이것은 이제 더 이상 자신이 평소에 제자들에게 당부하신 대로 "쉬지 않고 노력"하지 않아도, 육체적 죽음으로 인해 그 '나의 죽음'이 자연히 완성되기에, 붓다께서는 자신의 육체적 죽음을 '완전한 열반'이라고 부르셨던 것이 아닐까 라고 생각하면 왠지 울컥하는 느낌마저 든다. 하지만 우리가 모든 생명 있는 것들의 죽음을 다 '완전한 열반'이라고 부르지 않는 것은, 그 열반이 육체적 죽음으로 인해 얻어지는 것이 아니라 평생을 '쉬지 않고 노력한' 자신의 삶으로 인해 얻어지는 것이기 때문일 것이다. 죽음은 단지 그것의 끝이라는 것 이외는 다른 의미가 없다고 본다.

붓다께서는 이렇게 자신의 '죽음'이라는 현상을 통해서 '완전한 열반'의 의미를 드러내 보이신 것이니, 참으로 붓다의 삶은 삶 그 자체가 그대로 늘 법문이다. 그럼으로 마음이 해탈된 비구들은 누구라도, 이러한 이유로 인해, 붓다를 더욱 더 존경하고 공경하고 받들게 된다는 것이다.

045

삿짜까, 자신의 잘못을 인정하고 승가에 공양을 올리다

이렇게 말씀하시자, 니간타의 후손 삿짜까는 세존께 이와 같이 말씀드렸다.

"고따마 존자시여! 제가 고따마 존자를 논쟁으로 대적할 수 있다고 생각한 것은, 참으로 무례했습니다. 제가 무모했습니다. 고따마 존자시여! 발정난 코끼리를 공격해서 안전할 수 있는 사람은 있을지 몰라도, 세존을 공격해서 안전할 수 있는 사람은 참으로 없습니다. 고따마 존자시여! 타오르는 불덩이를 공격해서 안전할 수 있는 사람은 있을지 몰라도, 고따마 존자를 공격해서 안전할 수 있는 사람은 참으로 없습니다. 고따마 존자시여! 맹독을 가진 독사를 공격해서 안전할 수 있는 사람은 있을지 몰라도, 고따마 존자를 공격해서 안전할 수 있는 사람은 참으로 없습니다. 고따마 존자시여! 제가 고따마 존자를 논쟁으로 대적할 수 있다고 생각한 것은, 참으로 무례했습니다. 제가 무모했습니다. 고따마 존자께서는 비구 승가와 함께 내일 저의 공양을 허락하여 주십시오."

이에 세존께서는 침묵으로 허락하셨다.

니간타의 후손 삿짜까는 세존께서 허락하신 것을 알고

서 그들 릿차위들에게 말했다.
"존경하는 릿차위들이여! 나의 말을 들으시오. 사문 고따마께서 내일 비구승가와 함께 저에 의해 초대되었습니다. 그러니 그대들은 무엇이든 그분께 적당하다고 생각되는 것들을 내게 가져오십시오."
릿차위족들은 그 밤이 지나자 니간타의 후손 삿짜까에게 오백 접시의 우유죽을 가져왔다. 그때 니간타의 후손 삿짜까는 자신의 승원僧園에서 좋은 작식嚼食과 연식軟食을 준비시키고는 세존께 시간을 알려 드렸다.
"고따마 존자시여! 시간이 되었습니다. 공양이 다 준비되었습니다."

그때 세존께서는 아침시간에, 가사를 고쳐입으시고, 발우와 (겉)가사를 들고는, 비구 승가와 함께 니간타의 후손 삿짜까의 승원으로 가셨다. 가셔서는 비구 승가와 함께 준비된 자리에 앉으셨다. 그러자 니간타의 후손 삿짜까는 붓다를 비롯한 비구 승가에게 좋은 작식과 연식을 만족하실 때까지 손수 충분히 대접하였다. 그때 니간타의 후손 삿짜까는 세존께서 공양을 마치시고 발우에서 손을 떼시자, 다른 낮은 자리를 잡고서 한 쪽에 앉았다. 한 쪽에 앉은 니간타의 후손 삿짜까는 세존께 이렇게 말씀드렸다.

"고따마 존자시여, 이 보시의 공덕과 보시의 큰 과보가 보시한 자들의 행복을 위해 있기 바랍니다."
"악기웻사나여! 무엇이라도, 그대처럼 탐욕을 여의지

못하고 성냄을 여의지 못하고 어리석음을 여의지 못한 자를 보시를 받을 만한 자라고 한 과보는, 그것이 보시한 자에게 있을 것이다. 악기웻사나여! 무엇이라도, 나같이 탐욕을 여의고 성냄을 여의고 어리석음을 여읜 자를 보시를 받을 만한 자라고 한 과보는, 그대에게 있을 것이다."

(마하야마까 품 가운데) 다섯 번째인 삿짜까 작은 경이 끝났다.

"고따마 존자시여! 제가 논쟁에서 고따마 존자와 맞설 수 있다고 생각했으니, 참으로 무례했습니다. 제가 무모했습니다."

삿짜까의 이러한 패배 선언에 대해 붓다께서는 과연 어떻게 생각하셨을까? 흡족해 하셨을까? 결코 아니었을 것이다. 왜냐하면 붓다께서는 처음부터 삿짜까에게 이기려고 하지 않으셨기 때문에 삿짜까의 이런 패배 선언이 삿짜까 스스로가 생각한 것만큼 그렇게 무겁게 여기지는 않으셨을 것이다. 붓다를 지지하는 입장에서 이 토론을 지켜본 릿차위 사람들이나, 아니면 나중에 이 이야기를 다른 누군가에게 전해들은 비구들이라면 붓다께서 이교도와의 논쟁에서 승리하셨고 결국 콧대 높은 이교도인 삿짜까가 패배를 시인했다는 사실에 기뻐했을지도 모르지만, 붓다께서는 결코 기뻐하지 않으셨을 것이라고 필자는 생각한다.

본 경전에는 나타나고 있지 않지만[202] 대부분의 빠알리 경전 끝에는 항상 "세존의 말씀에 비구들은 기뻐하고 만족했다"[203]라는 문장이 등장한다. 그런데 정작 이렇게 매번 비구들을 기쁘게 해주셨던 붓다께서 정작 당신이 기뻐하고 만족하신 적은 없으셨을까? 물론 있다. 경전에서 붓다께서 "옳다, 옳다!"[204]라고 말씀하셨을 때가 바로 붓다께서는 기쁨과 만족을 느끼셨을 때다. 그러면 붓다께서 "옳다, 옳다!"

202 본 경전은 사실 앞의 서두에서도 말한 바와 같이, 이 경전 하나로 이야기가 완결되는 것이 아니라, 본경과 짝을 이루고 있는 제36경인 『마하삿짜가숫따』와 하나로 연결된 이야기라고 필자는 생각한다. 그럼으로 경전의 끝이 여느 경전과는 다르게 마무리 된 것도 그런 이유에서 일 것이다.

203 「저들 비구들은 세존의 말씀에 만족하고 기뻐하였다. manā te bhikkhū bhagavato bhāsitaṃ abhinandunti」.

204 MN1/P.133. 『알라갓뚜빠마숫따』, 「비구들이여! 옳다, 옳다! 그대들은 나에게 의해서 그와 같이 법이 설해졌다고 알아야 한다. sādhu! bhikkhave! sādhu! kho me tumhe bhikkhave! evaṃ dhammaṃ desitaṃ」

라고 말씀하신 경우는 어떤 경우였을까? 이교도들과의 토론에서 승리했을 때였을까? 아니다. 누구라도 법을 바르게 이해하는 자가 있을 때, 그때는 붓다께서도 "옳다, 옳다!" 라고 하시면서 기뻐하시고 만족해 하셨다. 앞의 44장에서 "건너신 자인 저 세존께서는 건넘을 위해 법을 설하신다" 라고 밝혀놓았듯이 붓다에게는 해탈의 법을 전하시는 분이시고 또 그것을 기쁨으로 삼으셨던 분이시다. 그럼으로 삿짜까의 항복 선언은 붓다가 바라던 바도 아니었고, 따라서 기뻐할 사항도 아니었을 것이다. 삿짜까가 만약 붓다께서 일러주신 바대로 따랐다면, 그래서 삿짜까가 사과발언 대신에 붓다께서 전하신 법을 알아들었노라고 선언했다면, 붓다께서는 필시 '옳다! 옳다!' 라고 하시면서 함께 크게 기뻐하시고 만족해 하셨을 것이다.(재미있게도, 이런 필자의 바람이 실제로 반영된 듯한 내용이, 뒤에 설명할 본경의 한문 대역경 가운데 하나인 <증일아함>의 『살차경』에 들어있다.)

우리가 참으로 법을 구하는 수행자라면 우리는 다음과 같은 일화를 결코 가볍게 받아들여서는 안 될 것이다. 이것은 붓다께서 쿠시나라에서 두 그루의 살라 나무 사이에, 늙고 병들어 지친 몸을 모로 눕히시고 제자들을 지그시 바라보고 계실 때의 일어난 일이다. 경전의 화자話者는 당시의 상황을 다음과 같이 묘사하고 있었다.

"그때 쌍으로 된 살라 나무에는 때 아닌 때에 꽃들이 만발하였다. 그것들은 여래의 몸에 떨어지고, 흩뿌려지고, 덮여졌다. 여래에 대한 존경의 뜻으로. 또한 하늘의 만다라 꽃들은 허공에서 떨어지며, 그것들은 여래의 몸에 떨어지고, 흩뿌려지고, 덮여졌다. 여래에 대한 존경의 뜻으로. 또한 하늘의 전단향 가루들이 허공 중에 떨어지고, 그것들은 여래의 몸에 떨어지고 흩뿌려지고, 덮여졌다. 여래에 대한 존경의 뜻으로. 또한 천상의 악기들은 허공중에서 연주되었다. 여래에 대한 존경의 뜻으로. 또한 천상의 노래들이 허공중에서 퍼졌다. 여래에 대한 존경의 뜻으로."[205]

그림 9) 쿠시나라의 살라 나무 아래 눈을 감고 누우신 붓다와, 붓다의 몸에 떨어지는 천상의 꽃과 붓다를 위해 연주되는 천상의 음악을 묘사한 그림이다. 그림 출전 - 『*THE ILLUSTRATED HISTORY OF BUDDHISM*』 by ASHIN JANAKA BHIVAMSA, Artist U Ba Kyi

이런 상황은 당시 사람이 아닌 현재를 살고 있는 필자에게도 전혀 낯선 것이 아니다. '오! 때 아닌 때에 꽃이 피다니, 붓다께서 기적

205 DN1/P.137~138. 『마하빠리닛빤나숫따』. 경전에는 위와 같은 내용이 먼저 제3자의 입장에서 서술되고, 다시 똑같은 내용을 붓다께서 아난다를 불러서 말씀하신 것으로 편집되어져 있다. 하지만 이것은 단지 편집자가, 정말로 때 아닌 때에 살라 나무에서 꽃이 피고 전단향 냄새가 나고 천상의 음악이 울렸다는 것을 붓다의 발언을 통해서 입증하려는 의도에서 비롯된 편집일 것으로 필자는 생각한다. 필자가 짐작하는 당시의 상황은 이렇다. 마침 그때, 만발한 살라 나무에서 꽃이 떨어지고 있었을 수도 있다. 기후 변화에 따라서 가끔 살라 나무는 때 아닌 때에도 꽃이 피는 수종이라고 하니까 말이다. 그러면 제자들은 여기저기서 웅성거리기 시작했을 것이다. 여래를 존경한 나머지 꽃마저 때 아닌 때에 피어서 떨어진다고 말이다. 그러다보면 누군가는 한술 더 떠서, 어디선가 전단향 냄새도 나는 것 같다고 했을 것이고, 천상의 음악소리가 들리는 것 같다고 했을지도 모른다. 그렇게 제자들이 자신들의 지레짐작으로 만들어낸 기이한 형상에 대해서 웅성거리고 있을 때, 붓다께서 그런 그들의 대화 내용을 들으시고 말씀하신 것이 그 다음에 있는 붓다의 말씀이었을 것이다. 이것이 필자는 짐작하는 당시의 상황이다.

을 보이셨다!'고 외치는 자가 필시 있었을 것이고, 누군가의 그런 한 마디는 무리 가운데 퍼져서 결국 여기저기서 감격에 겨워 무릎을 꿇고는 눈물 콧물 흘리면서 끝없이 붓다를 향해서 절을 하는 자들이 있었을 것이다. 그렇게 집단적으로 점점 흥분된 감정이 증폭되어져 갈 때, 붓다께서는 그들의 그런 웅성거림을 끊으시고 단호하게 그리고 분명하게, 이렇게 말씀하셨다.

"아난다여! 이것은 여래가 존경받고, 존중받고, 공경받고, 영예롭게 하고, 예를 받는 것이 아니다. 아난다여! 어떤 비구든지 혹은 비구니든지 혹은 선남자이든지 선여인이든지 모두 크든 작든 법을 바르게 실천하여 머물고, 법답게 올바르게 살고, 법을 따라가는 자라면, 그것이 여래를 존경하는 자이고, 존중하는 자이고, 공경하는 자이고, 최상의 공경을 하는 자이다. 그러니 아난다여! 법을 바르게 실천하여 머물러야 하고, 법답게 올바르게 살아야 하고, 법을 따라가는 자이어야 한다. 아난다여! 이것을 그대들은 잘 배워야만 한다."[206]

살아생전에 이런 스승을 알게 해준 시방삼세의 모든 인연들에게 엎드려 감사드린다. 이런 스승의 말씀을 읽고, 듣고, 생각할 수 있게 해준 내 눈과 내 귀에게조차 감사하고 싶을 지경이다.

삿짜까는 세존께서 공양을 마치시고 발우에서 손을 떼시자, 다른 낮은 자리를 잡고서 한 쪽에 앉았다. 한 쪽에 앉은 니간

206 DN1/P.138. 『마하빠리닛빤나숫따』, 「na kho ānanda! ettāvatā tathāgato sakkato vā hoti garukato vā mānito vā pūjito vā apacito vā. yo kho ānanda! bhikkhu vā bhikkhunī vā upāsako vā upāsikā vā dhammānudhammapaṭipanno viharati samīcipaṭipanno anudhammacārī so tathāgataṃ sakkaroti garukaroti māneti pūjeti paramāya pūjāya. tasmāt ihānanda dham ājānātha.mānudhammapaṭipannā viharissāma samīcipaṭipannā anudhammacārino ti, evaṃ hi vo ānanda! sikkhitabban!" ti.」

타의 후손 삿짜까는 세존께 이렇게 말씀드렸다. "고따마 존자시여, 보시한 자들의 행복을 위해, 이 보시의 공덕과 보시의 큰 과보가 있기를 바랍니다."

이전에 앗사지 존자에게는, 선 채로 "당신의 스승은 무엇을 가르치는가?" 라고 사뭇 건방진 태도로 물었던 삿짜까였지만, 여기서는 붓다보다 낮은 곳에 자리를 잡고 앉았다. 이것은 자신은 붓다에게 법을 들을 준비가 되었음을 알리는 표시이기도 하다. 그렇게 앉아서는 먼저, 자신은 공양을 준비한 사람들에게 공양의 공덕과 큰 과보[207]가 있기를 바란다는 뜻을 붓다 앞에서 표명했다. 사실 이 정도의 발언은 이미 대중석상에서 공식적으로 자신의 잘못을 인정했고, 또 사과의 뜻으로, 비록 그 음식들을 자신이 직접 준비한 것이 아니지만, 정성껏 붓다와 비구승가에 공양을 올린 사람이라면 얼마든지 할 수 있는 발언일 것이다. 하지만 상좌부 주석가들의 견해는 달랐던 것 같다. 공양을 준비한 릿차위 사람들에게 공양의 공덕과 큰 과보가 있기를 바란다는 삿짜까의 이 발언을, 자신도 붓다처럼 출가자임으로, 출가자가 공양의 공덕을 받는 것은 적당하지 않다고 생각해서 한 것이라고 주석가들은 설명하고 있다.[208] 이런 주석서의 설명을 따라가면,

207 MA2/P.283. 주석서에서 설명하는 '뿐냐마히'에 대해서는 필자도 의미를 잘 모르겠다. 단지 큰(mahi) 과보(vipāka)라고 짐작되어 '큰 과보'라고만 번역했다. 「뿐냐라는 것은 저것은 여기 보시하는 자들에게 공덕이 미래에, 과보의 무더기가 라는 뜻이다. 뿐냐마히라는 것은 과보의 무더기에 둘러싸인이라는 뜻이다. puññañcāti yaṃ imasmiṃ dāne puññaṃ, āyatiṃ vipākakkhandhāti attho. puññamahīti vipākakkhandhanaṃyeva parivaro.」

208 「'공덕과'라는 것은 무엇이라도 저 보시에서 공덕이, 미래에 과보의 무더기라는 뜻이다. '큰 과보'라는 것은 과보의 무더기들에 의해 둘러싸인 것이다. '저 시주자들에게 행복을 위해 있기를'이라는 것은, 저들 릿차위들에게 행복을 위해서 있기를. 이것은 그가 '나는 출가자임으로, 출가자로서 (공양의 공덕을 받는 것은) 적당하지 않다. (그러니) 내 자신이 공양(의 공덕을)을 (저들에게)돌려야겠다' 라고, 저들에게 (내가 공양의 공덕을)돌리겠다는 것이다. 그래서 이와 같이 말한 것이다. puññañcāti yaṃ imasmiṃ dāne puññaṃ āyatiṃ vipākakkhandhāti attho. puññamahīti vipakakkhandhānaṃy eva parivāro. taṃ dāyakanaṃ sukhaya hotūti, taṃ imesaṃ

삿짜까는 현명하지도 않고 논쟁에서조차 붓다에게 패한 주제에, 스승이랍시고 사람들에게 공양을 명령하고 남들이 가져온 공양을 자기가 다시 붓다와 승가에 공양을 올렸으면서도, 자신은 이미 붓다처럼 출가한 사람이니 자신에게는 공덕 같은 것은 필요 없고, 다만 저들 시주자들에게 공덕이 돌아가서 저들이 행복해지길 바랄 뿐이라고 했다는, 다분히 가식적이고 기만적인 사람이 되고 만다. 그런데 이것보다 더 심한 것은, 이런 삿짜까의 발언 이후에 곧바로 붓다의 다음 발언이 이어짐으로써 누구라도 붓다의 다음 발언이 삿짜까의 면전에서 행해진 발언이라고 믿게끔 문장이 구성되어져 있다는 것이다.

"악기웻사나여! 무엇이라도 그대처럼, 탐욕을 여의지 못하고 성냄을 여의지 못하고 어리석음을 여의지 못한 자를 보시를 받을만한 자라고 한 과보는, 그것이 보시한 자에게 있을 것이요, 악기웻사나여! 무엇이라도 나같이, 탐욕을 여의고 성냄을 여의고 어리석음을 여윈 자를 보시를 받을 만한 자라고 한 과보는 그것이 그대에게 있을 것이다."

이것은 '아날나요'라는 스님의 지적인데,[209] 삿짜까는 어쨌든 이미 대중들 앞에서 공식적으로 자신의 잘못을 인정했고, 또 붓다와 승가

licchavīnaṃ sukhatthāya hotu. idaṃ kira so ahaṃ pabbajito nāma, pabbajitena ca na yuttaṃ attano dānaṃ niyyātetunti, tesaṃ niyyātento, evaṃāha.」

209 아날나요(ānalayo, 無着, 1962~) 스님은, 스리랑카에서 출가한 독일출신으로, 『*A Comparative Study of the majjima nikāya*』와 같은 빠알리 경전과 한역경전의 비교연구로 잘 알려져 있다. 스리랑카 빼라데니야 대학에서 사띠빠따나숫따에 관한 학위 논문을 썼고, 빅쿠보디스님에게서 공부했는데, 비교적 젊은 나이임에도 불구하고, 수행과 학문의 영역에서 많은 사람들에게 그 실력을 높이 평가받고 있다. 개인적으로는, 불교계에서의 독일출신스님들의 이런, 대를 이은 활약이 한편으로는 존경스럽기도 하고, 한편으로는 부럽기도 하고, 그렇다. 현재 독일 함부르크대학과 臺灣의 法鼓大學에 출강하고 있다고 한다. 필자가 참고한 논문은「*Saccaka's Challenge*」, Chung-Hwa Buddhisat Journal(2010)이라는 소논문이다.

를 위해 사과의 뜻으로 공양을 올렸던 자다. 그런데 500명의 릿차위들이 쳐다보고 있는 자리에서 삿짜까의 면전에다 대고 "그대처럼 탐욕을 여의지 못한 자…" 운운했다는 것이 영 붓다답지 않다는 것이다. 필자도 그 부분에 대해서는 동의한다. 아무리 진실되고 유익한 말이라도 상대방이 싫어할 만한 경우에는 말해야 할 때를 잘 고려해서 말씀하신다는[210] 분이 붓다이신데, 삿짜까의 면전에 대고 이와 같이, 삿짜까의 입장에서 보자면 심히 굴욕적인 이런 말을 붓다께서 하셨다고는 잘 믿어지지 않는다.

하지만 두 개의 한역 경전에 기술된 상황은, 마치 빠알리본의 구성을 통해서 느껴지는 이런 거부감을 사전에 반영이라도 한듯이, 전혀 다른 구성을 보여주고 있다. <잡아함>에서는, 삿짜까와 릿차위들이 다 돌아가고 난 뒤에, 비구들끼리 모여서 붓다에게 공양을 올린 릿차위들과 삿짜까가 각각 받을 공덕에는 어떠한 것이 있겠느냐고 조용히 물었고, 이에 대해 본문에 나와 있는 것과 같은 내용의 법문이 붓다에 의해 비구들에게 말씀되어진 것으로 구성되어 있다. <증일아함>의 경우는 구성상의 차이가 더 심한데, 여기서는 이미 삿짜까가 공양 후에 붓다에게 법을 청하고 법을 듣는 과정에서, 법을 제대로 이해함으로써 결국 붓다에게 귀의하게 되었다는 내용으로 되어 있고, 붓다께서 말씀하셨다는 빠알리본의 위와 같은 내용은 언급되지 않았다. 우선 <잡아함>의 내용은 보자.

이때, 여러 비구들은 본래의 자기 자리로 돌아가서 의발을 거두고, 발을

210 MN1/P.395. 『압하야라자꾸마라숫따』, 「무엇이라도 여래는 사실이고, 진실되고, 유익한 말을 아는데, 그것이 다른 자에게 사랑스럽지 않고, 마음에 들어 하지 않을 때, 그때 여래는 그 말을 해줘야 할 적당한 때를 생각해서 한다. yañca kho tathāgato vācaṃ janāti bhūtaṃ tacchaṃ atthasaṃhitaṃ sā ca paresaṃ appiyā amanāpā, tatra kālaññū tathāgato hoti tassa vācāya veyyākaraṇāya.」

씻고 나서 세존의 처소에 모였다. 머리를 붓다의 발에 대고 예배한 후에 한 쪽에 앉았다. 그리고 붓다께 여쭈었다. "세존이시여! 우리들은 돌아오는 중에 함께 이야기 했습니다. 500명의 릿차위 사람들이 니간타 삿짜까를 위해서 음식을 준비하여 세존과 대중들에게 공양 올렸습니다. 저 모든 릿차위 사람들이 어떤 복을 받을 것이고, 니간타 삿짜까는 어떤 복을 받게 될런지요?"

이에 붓다께서 여러 비구들에게 말씀하시기를 "저들 릿차위들은 음식을 준비하여, 니간타 삿짜까에게 주었으니 니간타 삿짜까에게 인연된 바의 복을 얻을 것이고, 니간타 삿짜까는 붓다의 공덕을 얻을 것이다. 저들 모든 릿차위들은 탐욕과 분노와 어리석음이 있는 자에게 보시한 인연의 과보를 받을 것이고, 니간타 삿짜까는 탐욕과 분노와 어리석음이 없는 자에게 보시한 인연의 과보를 얻을 것이다."[211]

빠알리본에는 삿짜까가 붓다 앞에서, 보시자들에게 보시의 '공덕과puññañca 큰 과보puññamahīca'가 있기를 바란다고 말한 것으로 나오지만, 두 곳의 한역 경전에는 삿짜까가 한 이 발언 자체가 없다. 오히려 두 곳 모두에서는, 붓다께서 삿짜까에게 여러 가지 법을 설하셨고, 그에 대해 삿짜까는 크게 기뻐하며 돌아간 것으로만 되어 있다. 어쨌든 빠알리본에서는 삿짜까의 그와 같은 발언으로 인해, 그 다음에 이어지는 붓다의 "악기웻사나여! 무엇이라도 그대처럼 탐욕을 여의지 못하고 …" 라는 발언의 내용이 더욱 부각되어 드러난 것은 사실임으로, 어쩌면 문맥상의 그런 역할 때문에 빠알리본의 편집자들에게 삿짜까의 저 발언이 필요했던 것인지도 모르겠다.

211 T2/P.37.「爾時. 諸比丘還自住處. 舉衣鉢. 洗足已. 至世尊所. 頭面禮足. 退坐一面. 白佛言. 世尊. 我等向於路中自共論議. 五百離車為薩遮尼犍子供辦飲食. 供養世尊. 諸大眾. 彼諸離車於何得福. 薩遮尼犍子於何得福 佛告諸比丘. 彼諸離車供辦飲食. 為薩遮尼犍子. 於薩遮尼犍子所因緣得福. 薩遮尼犍子得福佛功德. 彼諸離車得施有貪. 恚. 癡因緣果報. 薩遮尼犍子得施無貪. 恚. 癡因緣果報」

편집자의 의도야 어떻든 간에, 이 대목에서 설해진 붓다의 말씀은 그것 자체만으로도 하나의 완결된 메시지를 가지고 있음으로 그런 메시지 자체를 굳이 편집자의 의도와 연결해서 부정할 필요는 없을 것이다. 그런 의미에서 이 대목을 살펴보자. 우리는 이 빠알리본의 문장을 통해서, 삿짜까는 보시한 자들의 공덕과 큰 과보에 대해 언급했지만, 붓다께서는, 탐욕스런 사람에게 보시를 했으면 탐욕스런 사람에게 보시한 과보를 보시한 사람이 받는 것이고, 붓다에게 보시를 했으면 붓다에게 보시한 과보를 보시한 사람이 받는 것이라고, 공양한 '과보'[212]에 대해서만 말씀하셨음을 알 수 있다. 그리고 이런 내용은 <잡아함>에서도 같은 방식으로 언급되었다. 릿차위들은 삿짜까가 훌륭한 스승이라고 믿고, 훌륭한 스승에게 보시를 한다고 생각하고 보시를 했겠지만, 그 과보는 훌륭한 스승에게 보시를 한 과보가 아니라, 허풍쟁이를 성인이라고 잘못 판단하고 잘못 공양한 것에 대한 과보가 그들에게 있을 것이라는 것이다. 하기야, 모래를 쪄서 밥을 지으려는 어리석은 행위의 과보가 그런 어리석은 행동을 한 당사자에게 돌아가는 것이 이상할 것은 없다. 물론 밥솥을 열어본 당사자는 영문도 모르고, 그저 자기 자신에게 주어진 과보에 대해 황당해하거나, 단순히 재수가 없었다고 생각하거나, 혹은 밥솥의 '영험 없음'을 비난할지도 모르지만 말이다.

한국에서 흔히 기도 끝에 하는 스님들의 축원 내용을 들어보면

212 본문과 같은 한글 해석은 필자가 이 문장을 다음과 같이 분석하여 하게 된 번역이다. "무엇이라도yaṃ 참으로kho, 악기웻사나여aggivessana 그대와 같이tādisaṃ, 탐욕을 여의지 못하고avītarāgaṃ 성냄을 여의지 못하고avitadosaṃ 어리석음을 여의지 못한 자를avitamohaṃ, 공양 받을만한 자dakkhiṇeyyaṃ라고 한 결과는āgamma 그것이tam 시주한 자에게dāyakanaṃ 있을 것이다bhavissati." ※여기서 관계대명사 yaṃ은 지시대명사 taṃ을 동격으로 보았고, āgamma는 āgacchati의 연속체로서, ~한 결과, ~에 의한이라는 뜻이나, 본문에서는 이것을 '~한 과보는'이라고 의역을 했다.

“病苦者卽得快差(병고자즉득쾌차)··· 參禪者疑端獨路(참선자의단독로), 念佛者三昧現前(염불자삼매현전), 看經者慧眼通透(간경자혜안통투)··· 各自隨分成就之大願(각자수분성취지대원)”이라는 내용이 들어 있다. 병든 자는 즉시 쾌차하기를··· 참선하는 자는 의단이 잘 형성되기를, 염불하는 자는 삼매가 드러나기를, 경을 보는 자는 지혜의 눈이 생기기를··· 등등을 바라지만, 결국 마지막에는 ‘各自隨分成就之大願(각자수분성취지대원)’ 즉, 모든 각각의 사람들이 자기가 한 만큼에 따라서 이루어지길 바랍니다 라고 끝맺는 것이다. 이것이 위에서 붓다께서 말씀하신 ‘과보’인 것이다.

다음은 위의 빠알리본 문장에 해당되는 <증일아함>의 『살차경』 내용이다. 내용은 이렇다. 붓다와 비구승가에 여법하게 공양을 올린 삿짜까는 붓다에게 법문을 청했다. 여기까지는 빠알리본이나 <잡아함>의 해당 경전과 내용이 같다. 그런데 여기서는 그렇게 법을 청했던 삿짜까가 진정으로 붓다의 말씀에 깊이 공감하면서 드디어 앉은 자리에서 법의 눈이 맑아졌고, 그래서 결국 삿짜까는 붓다에게 귀의하게 되었다는 것이다. 문제는, 자신의 스승이 붓다에게 귀의했다는 말을 전해들은 삿짜까의 제자들이었다. 그들은 자신의 스승이 붓다에게 귀의했다는 말을 듣고는 크게 화를 내면서, 삿짜까가 돌아오는 길 가운데서 기다렸다가 돌아오던 삿짜까를 돌로 쳐 죽였다는 것이다! 세상에! 이야기가 너무 극단적이라, 좀 어리둥절하지만 어쨌든, 그래서 이를 알게 된 릿차위들이 다시 붓다를 찾아가 삿짜까에 대한 자초지종을 설명하면서, 이렇게 해서 삿짜까가 죽었으니 과연 그는 죽어서 어디에 태어나겠느냐고 물었고, 이에 대해 붓다께서는 이렇게 답하셨다.[213]

213 T2/PP.716~717. 「世尊告曰. 彼是有德之人. 四諦具足. 三結使滅. 成須陀洹. 必盡

> 세존께서 말씀하시기를 "그 자는 덕이 있는 자다. 사성제를 구족하였고, 세 가지 결박을 끊었고, 수다원과를 얻었으니, 반드시 괴로움을 끝낼 것이다. 오늘 목숨이 끝나면서 삼십삼천에 태어날 것이고, 그는 미륵불을 만나게 될 것이고, 그 후에 마땅히 괴로움을 끝낼 것이다. 이것이 그 (질문에 대한) 답이니, 마땅히 수행을 생각하라." 이때에 여러 동자들이 세존에게 말씀드리기를 "심히 기특하고 기특합니다. 이 니건자가 세존의 처소에 와서 논쟁을 벌이다 도리어 자신의 논리에 스스로 얽매였으나, 여래에게 와서는 여래의 교화를 받아들였습니다. 대저 여래를 만난 자로서 허망한 자가 없었나니, 마치 저 바다에 들어가 보물을 찾아내는 자가 반드시 획득하는 바가 있어서 끝내 빈손으로 돌아오지 않는 것처럼, 이것도 또한 그와 같아서 어떤 중생이라도 여래께서 계신 곳에 오는 자로서 법의 보물을 얻고자 할진댄, 끝내 빈손을 돌아가지 않을 것입니다." 이때에 세존께서는 여러 동자들에게 미묘한 법문을 연설하시고 기쁘게 행하도록 하셨다. 이때에 여러 동자들은 붓다로부터 법문 듣기를 마치고는, 자리에서 일어나 붓다의 곁을 세 번 돌고나서, 머리를 붓다의 발에 대고 예를 다하고 돌아갔다. 이때 여러 동자들은 붓다께서 설하신 바의 말씀을 듣고는 기뻐하며 받들어 행하였다.

이 <증일아함>의 『살차경』에서는, 다른 한역경인 <잡아함>의 해당경전이 빠알리 경전과 같은 내용으로 마무리가 되어 있는 것에 반해서, 필자가 이미 위의 4-3장에서 소개한 내용, 즉 왜 두 번이나 붓다의 법문을 직접 들었으면서도 삼보에 귀의하지 않은 삿짜까에게

苦際. 今日命終生三十三天. 彼見彌勒佛已. 當盡苦際. 此是其義. 當念修行. 爾時. 諸童子白世尊言. 甚奇. 甚特. 此尼健子至世尊所. 捔論議. 還以己論而自縛. 來受如來化. 夫見如來者終無虛妄. 猶如有人入海取寶. 必有所剋獲. 終不空還. 此亦如是. 其有衆生至如來所者. 要得法寶. 終不空還 爾時. 世尊與諸童子說微妙法. 使令歡喜. 爾時. 諸童子從佛聞法已. 即從坐起. 繞佛三匝. 頭面禮足. 便退而去 爾時. 諸童子聞佛所說. 歡喜奉行.」

붓다께서는 법문을 하셨던 것일까 라는 의문에 대한 주석가들의 해명의 글과, 그 해명의 글이 어떤 배경에 나왔을까 하는 필자의 개인적인 추측이, 마치 『살차경』에 그대로 반영이라도 된 것 같은 내용으로 마무리가 되어 있다. <증일아함>의 이 내용에 따르자면, 붓다에게 법문을 청했던 삿짜까는 정말로 붓다의 법문을 통해서 법의 눈이 맑아졌고 삼보에 귀의하게 되었으니, 이것으로 주석가들을 신경 쓰게 만들었던 붓다의 '영험(?)'도 증명이 된 셈이다.

사실 필자는 위에서 언급한 빠알리 경전의 주석서 내용을 보고 당시의 상황을 가정해 본 내용을 쓰기 전까지는 한역본 『살차경』의 해당 부분을 미처 읽지 않았었다. 그런데 읽어보고는, 정말 필자가 예상했던 상황이 실제로 경전 상에 이미 반영이라도 된 것처럼 드러나 있는 것을 보니, 좀 신기하기는 했다. 거기다가 끝마무리도 빠알리본이나 <잡아함>의 해당 경전의 경우와 같이 어정쩡하게 끝을 맺은 것이 아니라 "환희하며 받들어 행하였다(歡喜奉行)" 라는 정형화된 문장으로 끝났으니, 이 정도면, 민원(?)의 대부분이 처리된 것으로 봐도 좋을 것 같다. 물론 이 마지막 문장은 적합하지 않은 곳에다 억지로 끼워 넣었다는 느낌이 좀 들지만 말이다.[214]

경전을 통해서 붓다의 가르침을 알려고 하는 자에게 있어서 아무리 작은 부분이라도 이처럼 경전을 편집한 사람의 의도나 주석가들의 견해를 의심한다는 것은, 비록 그것이 올바른 붓다의 가르침을 찾으려는 목적에서라고 하더라도, 친부모를 비판하고 의심해야 하는 것처럼 참으로 곤혹스러운 일이다. 하지만 빠알리 경전이 '초기' 경전

214 T2/P.717. 여기서는 「동자(릿차위)들은 부처님 발에 머리를 대고 예를 다한 후에 돌아갔다」고 하고서는, 다시 또 「여러 동자들은 붓다의 설하신 바를 듣고 환희하며 받들어 행했다. 即從坐起. 繞佛三匝. 頭面禮足. 便退而去 爾時. 諸童子聞佛所說. 歡喜奉行」 라는 문장을 집어넣었는데, 문맥상 자연스럽지 않은 구성이다.

으로 분류되긴 해도, 그것은 어디까지나 현존하는 기록으로서, 문헌학적으로 거슬러 올라가서 그 진위나 배경을 조사할 수 있는 가장 오래된 기록이라는 뜻에서 '초기'라는 것이지, 그것이 붓다의 가르침의 '원형元型'임을 정의하는 것은 아니다. 그리고 현재 우리가 접하고 있는 빠알리 경전이 지금처럼 문서화된 형태로 완성된 것이, 각기 다른 경로를 통해 전승되어져 왔던 여러 가지 형태의 필사본들이 근대에 와서야 비로소 취합되고 정리된 것이며, 그 필사본들이 전승의 역사가 결코 순일하지 않았다는 점을 감안한다면, 경전에 대한 이런 의심은 아무리 곤혹스럽더라도 반드시 거쳐야 할 과정인지도 모른다.

그렇다고 해서, 필자가 붓다께서 과연 경전의 이곳에서 이런 말씀을 하신 것이 사실인지 아닌지를 확인하려고 하는 이유가, 사실로서의 말씀 자체를 가려내서 그것만을 '불설佛說'이라 하여 움켜쥐고자 함은 결코 아니다. 붓다의 가르침은 그것이 어떤 것이든, 그것이 불설이냐 아니냐 하는 기준은 그 말 자체에 있는 것이 아니라 그 가르침을 통해서 당사자가 붓다와 똑같은 것을 체험할 수 있느냐 없느냐에 있다는 것은, 붓다 스스로 자신의 가르침을 굳이 표준화하거나 정형화할 필요가 없다고 선언하신[215] 것으로 이미 확인된 것이다. 즉 설법의 '내용'은 늘 설법의 '방식'과 함께 좋은 짝을 이루어야 설법의 내용이 비로소 그 의미를 가지게 된다는 것이니, 여기서 말하는 '방식'이란 결국 상대방과의 '소통'이고, 상대방에 대한 '배려'이니, 그것이 곧 '자비'일 것이다. 그럼으로 이것은 앞의 1-2장에서 필자가 언급했던 '연기법적'이라는 말과도 서로 통할 것이다. 그런 의미에서 본경 4-5장의 이 마지막 장면에 등장하는 붓다의 말씀은 그 말씀의 '내용'인 과보에 대해서야 전혀 문제될 것이 없지만, 상대방이 아무리 형편없는 사람이라고 하더라도 평소에 늘 상대방의 입장과 그에게

215 이에 대해서는 주석 114번을 참조하길 바람.

유익한 때를 고려해서 법문을 설하시는 붓다의 사려깊은 설법 '방식'에 비추어 봤을 때, 삿짜까를 면전에서 비난하면서 설해진 붓다의 이 설법 방식은 개인적으로, 붓다다운 방식이라고는 생각되지 않는다는 것이다.

붓다께서는 어떠한 경우에도 '법'을 위해서 '사람'을 포기하실 분이 아니라고 생각한다. 물론 그렇다고 사람을 위해서 법을 포기하신 적도 없으시다. 법은 그렇게 포기하고 말고의 대상이 아니니까. 단지 그렇게 생각되는 이유는 사람이 법보다 중요해서라 아니라, 행하는 사람 없이는 행해질 법도 없다는 판단 때문이다. 붓다께서도 만약 이렇게 판단하지 않으셨다면, 애시당초 보리수 아래에서 일어나, 세상을 향해 걸어 들어오시지도 않으셨을 것이다.

이것으로 <맛지마니까야> 제35경인 『쭐라삿짜까숫따』 '니간타 삿짜까에게 설하신 붓다의 짧은 법문'의 해설을 모두 마친다. 다음에는 예정대로 <맛지마니까야> 제36경인 『마하삿짜까숫따』를 준비하도록 하겠다.

미얀마 6차 결집본 『쭐라삿짜까숫따』 원문과 독송용 한글 해석본

미얀마 6차 결집본 『쭐라삿짜까숫따』 원문과 독송용 한글 해석본

Cūlasaccakasuttaṃ

쭐라삿짜까숫따

011

Evaṃ me sutaṃ- ekaṃ samayaṃ bhagavā vesāliyaṃ viharati mahāvane kūṭāgārasālāyaṃ. Tena kho pana samayena saccako nigaṇṭhaputto vesāliyaṃ paṭivasati bhassappavādako paṇḍitavādo sādhusammato bahujanassa. So vesāliyaṃ parisati evaṃ vācaṃ bhāsati "nāhaṃ taṃ passāmi samaṇaṃ vā brāhmaṇaṃ vā, saṅghiṃ gaṇiṃ gaṇācariyaṃ, api arahantaṃ sammāsambuddhaṃ paṭijānamānaṃ, yo mayā vādena vādaṃ samāraddho na saṅkampeyya na sampakampeyya na sampavedheyya, yassa na kacchehi sedā mucceyyuṃ. Thūṇaṃ cepāhaṃ acetanaṃ vādena vādaṃ samārabheyyaṃ, sāpi mayā vādena vādaṃ samāraddhā saṅkampeyya sampakampeyya sampavedheyya. Ko pana vādo manussabhūtassā"ti?

이와 같이 나에 의해 들려짐이 있었다. 한때 세존께서 웨살리 큰 숲의 중각강당에 머물고 계셨다. 그때 논객이며, 현자임을 자처하는 자이며, 많은 사람들로부터 스승으로 대접받던 니간타의 후손 삿짜까도 웨살리에 살고 있었다. 그는 웨살리의 한 집회에서 이와 같이 말했다.

"나는 사문이든 바라문이든, 승가를 이끄는 자이든 무리를 이끄는 자이든 무리의 스승이든, 또는 아라한이나 정등각자라고 하는 자이든, 나와 토론을 시작한 자로서 동요하지 않고, 떨지 않고, 전율하지 않고, 겨드랑이에 땀을 흘리지 않을 수 있는 자를 보지 못했다. 내가 만약 감정 없는 기둥과 토론을 시작한다 하더라도 나에 의해 토론이 시작된 그것은 동요할 것이고, 떨 것이고, 전율할 것이거늘, 사람이야 무슨 말이 필요하겠는가?"

012

Atha kho āyasmā assaji pubbaṇhasamayaṃ nivāsetvā pattacīvaram ādāya vesāliṃ piṇḍāya pāvisi. Addasā kho saccako nigaṇṭhaputto vesāliyaṃ jaṅghāvihāraṃ anucaṅkamamāno anuvicaramāno āyasmantaṃ assajiṃ dūratova āgacchantaṃ. Disvāna yenāyasmā assaji tenupasaṅkami; upasaṅkamitvā āyasmatā assajinā saddhiṃ sammodi. Sammodanīyaṃ kathaṃ sāraṇīyaṃ vītisāretvā ekamantaṃ aṭṭhāsi. Ekamantaṃ ṭhito kho saccako nigaṇṭhaputto āyasmantaṃ assajiṃ etadavoca.

"kathaṃ pana, bho assaji, samaṇo gotamo sāvake vineti, kathaṃbhāgā ca pana samaṇassa gotamassa sāvakesu anusāsanī bahulā pavattatī"ti?

"Evaṃ kho, aggivessana, bhagavā sāvake vineti, evaṃbhāgā ca pana bhagavato sāvakesu anusāsanī bahulā pavattati – 'rūpaṃ, bhikkhave, aniccaṃ, vedanā aniccā, saññā aniccā, saṅkhārā aniccā, viññāṇaṃ aniccaṃ. Rūpaṃ, bhikkhave, anattā, vedanā anattā, saññā anattā, saṅkhārā anattā, viññāṇaṃ anattā. Sabbe saṅkhārā aniccā, sabbe dhammā anattā'ti. Evaṃ kho, aggivessana, bhagavā sāvake vineti, evaṃbhāgā ca pana bhagavato sāvakesu anusāsanī bahulā pavattatī"ti.

"Dussutaṃ vata, bho assaji, assumha ye mayaṃ evaṃvādiṃ samaṇaṃ gotamaṃ assumha. Appeva nāma mayaṃ kadāci karahaci tena bhotā gotamena saddhiṃ samāgaccheyyāma, appeva nāma siyā kocideva kathāsallāpo, appeva nāma tasmā pāpakā diṭṭhigatā viveceyyāmā"ti.

그때 앗사지 존자께서 아침시간에 가사를 고쳐 입고, 발우와 (겉)가사를 들고는, 웨살리로 탁발을 위해 들어갔다. 니간타의 후손 삿짜까도 웨살리에서 다리운동 삼아 길을 따라 걷고 길을 따라 산책하다가 앗사지 존자가 멀리서 오는 것을 보았다. 보고서는 앗사지 존자가 있는 곳으로 다가갔다. 다가가서는 앗사지 존자와 더불어 인사를 나누고, 주고받아야 할 말을 공손하게 나누고 나서는 한 쪽에 섰다. 한 쪽에 선 니간타의 후손 삿짜까는 앗사지 존자에게 이것을 말했다.

"존자 앗사지여! 사문 고따마께서는, 어떻게 제자들을 지도합니까? 사문 고따마의 어떤 부분의 가르침들을 제자들에게 자주 말씀하십니까?"

"악기웻사나여! 세존께서는, 이와 같이 제자들을 지도하십니다. 세존의 이와 같은 부분의 가르침들을 제자들에게 자주 말씀하십니다. '비구들이여! 색은 무상하고, 수는 무상하고, 상은 무상하고, 행들은 무상하고, 식은 무상하다. 비구들이여! 색은 무아고, 수는 무아고, 상은 무아고, 행들은 무아고, 식은 무아다. 일체의 행들은 무상하고, 일체의 법들은 무아다' 라고. 악기웻사나여! 세존께서는, 이와 같이 제자들을 지도하십니다. 세존의 이와 같은 부분의 가르침들을 제자들에게 자주 말씀하십니다."

"존자 앗사지여! 참으로 듣기 거북한 것을 들었습니다. 우리는 사문 고따마가 그와 같이 말한다는 것을 들었습니다. 아마 언젠가는 우리가 그 고따마와 함께 만날 수 있을 것이고, 아마 어떤 식으로든 대화할 기회가 있을 것입니다. 그러면 필시 그로부터 사악한 견해는 떨어져 나갈 것입니다."

021

Tena kho pana samayena pañcamattāni licchavisatāni santhāgāre [sandhāgāre (ka.)] sannipatitāni honti kenacideva karaṇīyena. Atha kho saccako nigaṇṭhaputto yena te licchavī tenupasaṅkami; upasaṅkamitvā te licchavī etadavoca.

"abhikkamantu bhonto licchavī, abhikkamantu bhonto licchavī, ajja me samaṇena gotamena saddhiṃ kathāsallāpo bhavissati. Sace me samaṇo gotamo tathā patiṭṭhissati yathā ca me [yathāssa me (sī. pī.)] ñātaññatarena sāvakena assajinā nāma bhikkhunā patiṭṭhitaṃ, seyyathāpi nāma balavā puriso dīghalomikaṃ eḷakaṃ lomesu gahetvā ākaḍḍheyya parikaḍḍheyya samparikaḍḍheyya, evamevāhaṃ samaṇaṃ gotamaṃ vādena vādaṃ ākaḍḍhissāmi parikaḍḍhissāmi samparikaḍḍhissāmi. Seyyathāpi nāma balavā soṇḍikākamm akāro mahantaṃ soṇḍikākiḷañjaṃ gambhīre udakarahade pakkhipitvā kaṇṇe gahetvā ākaḍḍheyya parikaḍḍheyya samparikaḍḍheyya, evamevāhaṃ samaṇaṃ gotamaṃ vādena vādaṃ ākaḍḍhissāmi parikaḍḍhissāmi samparikaḍḍhissāmi. Seyyathāpi nāma balavā soṇḍikādhutto vālaṃ[thālaṃ(ka.)] kaṇṇe gahetvā odhuneyya niddhuneyya nipphoṭeyya [nicchādeyya (sī. pī. ka.), nicchoṭeyya (ka.), nippoṭheyya (syā. kaṃ.)] evamevāhaṃ samaṇaṃ gotamaṃ vādena vādaṃ odhunissāmi niddhunissāmi nipphoṭessāmi. Seyyathāpi nāma kuñjaro saṭṭhihāyano gambhīraṃ pokkharaṇiṃ ogāhetvā sāṇadhovikaṃ nāma kīḷitajātaṃ kīḷati, evamevāhaṃ samaṇaṃ gotamaṃ sāṇadhovikaṃ maññe kīḷitajātaṃ kīḷissāmi. Abhikkamantu bhonto licchavī, abhikkamantu bhonto licchavī, ajja me samaṇena gotamena saddhiṃ kathāsallāpo bhavissatī"ti.

Tatrekacce licchavī evamāhaṃsu.

"kiṃ samaṇo gotamo saccakassa nigaṇṭhaputtassa vādaṃ āropessati, atha kho saccako nigaṇṭhaputto samaṇassa gotamassa vādaṃ āropessatī"ti?

Ekacce licchavī evamāhaṃsu.

"kiṃ so bhavamāno saccako nigaṇṭhaputto yo bhagavato vādaṃ āropessati, atha kho bhagavā saccakassa nigaṇṭhaputtassa vādaṃ āropessatī"ti?

Atha kho saccako nigaṇṭhaputto pañcamattehi licchavisatehi parivuto yena mahāvanaṃ kūṭāgārasālā tenupasaṅkami.

그 당시 어떤 일 때문에 500명의 릿차위족들이 공회당에 모였다. 그때 니간타의 후손 삿짜까가 그들 릿차위족들이 있는 곳으로 다가갔다. 다가가서는 그들 릿차위족들에게 이렇게 말했다.

"존경하는 릿차위들이여, 오십시오. 존경하는 릿차위들이여, 오십시요. 오늘 본인과 사문 고따마 사이에 토론이 있을 것입니다. 만약, 사문 고따마가, 잘 알려져 있는 제자인 앗사지라는 이름의 비구가 나에게 주장한 것처럼 나에게 그렇게 주장한다면, 마치 한 힘센 남자가 털이 긴 숫양을, 그 털을 붙잡고는 앞으로 끌고 뒤로 끌고, 때로는 앞뒤로 끌듯이, 그렇게 본인도 토론에서 사문 고따마를 앞으로 끌고 뒤로 끌고, 때로는 앞뒤로 끌겠습니다. 마치 한 힘센 양조업자가, 거름 채를 깊은 물통에 던져 넣고는 그 끝을 잡고 앞으로 끌고, 뒤로 끌고, 때로는 앞뒤로 끌듯이, 그렇게 본인도 사문 고따마를 앞으로 끌고, 뒤로 끌고, 때로는 앞뒤로 끌겠습니다. 마치 한 힘센 주정 혼합사가 채의 끝을 잡고는 위로 흔들고, 아래로 흔들고, 탈탈 털듯이, 그렇게 본인도 토론에서 사문 고따마를 위로 흔들고, 아래로 흔들고, 탈탈 털겠습니다. 마치 60살 먹은 한 코끼리가 깊은 호수에 들어가서 삼 씻기라는 놀이를 즐기듯이, 그렇게 본인도 사문 고따마를 삼 씻기라는 놀이로 즐기겠습니다. 존경하는 릿차위들이여, 오십시오. 존경하는 릿차위들이여, 오십시오. 오늘 본인과 사문 고따마 사이에 토론이 있을 것입니다."

그러자 일부의 릿차위족들은 이렇게 말했다.

"어떻게 사문 고따마가 니간타의 후손 삿짜까를 논파할 수 있단 말인가? 오히려 니간타의 후손 삿짜까가 사문 고따마를 논파할 것이다" 라고.

그리고 일부의 릿차위족들은 이렇게 말했다.

"어떻게 저 교만한 니간타의 후손 삿짜까가 세존을 논파할 수 있단 말인가? 오히려 세존께서 니간타의 후손 삿짜가를 논파할 것이다." 라고.

그때 니간타의 후손 삿짜까는 500명의 릿차위족들에게 둘러싸여 큰 숲의 중각강당이 있는 곳으로 갔다.

022

Tena kho pana samayena sambahulā bhikkhū abbhokāse caṅkamanti. Atha kho saccako nigaṇṭhaputto yena te bhikkhū tenupasaṅkami; upasaṅkamitvā te bhikkhū etadavoca.

"kahaṃ nu kho, bho, etarahi so bhavaṃ gotamo viharati? Dassanakāmā hi mayaṃ taṃ bhavantaṃ gotama"nti.

"Esa, aggivessana,bhagavā mahāvanaṃ ajjhogāhetvā aññatarasmiṃ rukkhamūle divāvihāraṃ nisinno"ti.

Atha kho saccako nigaṇṭhaputto mahatiyā licchaviparisāya saddhiṃ mahāvanaṃ ajjhogāhetvā yena bhagavātenupasaṅ kami; upasaṅkamitvā bhagavatā saddhiṃ sammodi. Sammod anīyaṃ kathaṃ sāraṇīyaṃ vītisāretvā ekamantaṃ nisīdi. Tepi kho licchavī appekacce bhagavantaṃ abhivādetvā ekamantaṃnisīdiṃsu, appekacce bhagavatā saddhiṃ sammodiṃsu, sammodanīyaṃ kathaṃ sāraṇīyaṃ vītisāretvā ekamantaṃ nisīdiṃsu. Appekacce yena bhagavā tenañjaliṃ paṇāmetvā ekamantaṃ nisīdiṃsu, appekacce bhagavato santike nāmagottaṃ sāvetvā ekamantaṃ nisīdiṃsu, appekacce tuṇhībhūtā ekamantaṃ nisīdiṃsu. Ekamantaṃ nisinno kho saccako nigaṇṭhaputto bhagavantaṃ etadavoca.

"puccheyyāhaṃ bhavantaṃ gotamaṃ kiñcideva desaṃ, sace me bhavaṃ gotamo okāsaṃ karoti pañhassa veyyākaraṇāyā"ti.

"Puccha, aggivessana, yadākaṅkhasī"ti.

"Kathaṃ pana bhavaṃ gotamo sāvake vineti, kathaṃbhāgā ca pana bhoto gotamassa sāvakesu anusāsanī bahulā pavattatī"ti?

"Evaṃ kho ahaṃ, aggivessana, sāvake vinemi, evaṃbhāgā ca pana me sāvakesu anusāsanī bahulā pavattati – 'rūpaṃ, bhikkhave, aniccaṃ, vedanā aniccā, saññā aniccā, saṅkhārā aniccā, viññāṇaṃ aniccaṃ. Rūpaṃ, bhikkhave, anattā, vedanā anattā, saññā anattā, saṅkhārā anattā, viññāṇaṃ anattā. Sabbe saṅkhārā aniccā, sabbe dhammā anattā'ti. Evaṃ kho ahaṃ, aggivessana, sāvake vinemi, evaṃbhāgā ca pana me sāvakesu anusāsanī bahulā pavattatī"ti.

그 당시 많은 비구들이 노지에서 경행을 하고 있었다. 그때 니간타의 후손 삿짜까가 그들 비구들이 있는 곳으로 다가갔다. 다가가서는 이렇게 말했다.

"존자들이여! 지금 고따마 존자께서는 어디에 계십니까? 우리는 그 분 고따마 존자를 뵙고자 합니다."

"악기웻사나여! 세존께서는 큰 숲에 들어가셔서 한 나무 그늘 아래 앉아 오후의 일과를 행하시고 계십니다."

그러자 니간타의 후손 삿짜까는 많은 릿차위 무리들과 함께 큰 숲으로 들어가서는, 세존께서 계신 곳으로 다가갔다. 다가가서는 세존과 더불어 인사를 나누고, 주고받아야 할 말을 공손하게 나누고 나서는, 한 쪽에 앉았다. 릿차위들도 어떤 자들은 세존께 절을 올리고 한 쪽에 앉았고, 어떤 자들은 세존과 더불어 인사를 나누고, 주고받아야 할 말을 공손하게 나누고 나서는 한 쪽에 앉았고, 어떤 자들은 세존께 합장하여 절을 하고는 한 쪽에 앉았고, 어떤 자들은 세존 앞에서 자신의 이름과 성을 말한 뒤 한 쪽에 앉았고, 어떤 자들은 잠자코 한 쪽에 앉았다. 한 쪽에 앉은 니간타의 후손 삿짜까는 세존께 이렇게 말씀드렸다.

"만일 고따마 존자께서 저의 질문을 허락해주신다면 저는 고따마 존자께 이런 것에 대해 묻고자 합니다."

"악기웻사나여! 원하는 것을 물어라."

"고따마 존자께서는 어떻게 제자들을 지도하십니까? 고따마 존자의 어떤 부분의 가르침들을 제자들에게 자주 말씀하십니까?"

"악기웻사나여! 나는 이와 같이 제자들을 지도한다. 나의 이와 같은 부분의 가르침들을 제자들에게 자주 말한다. '비구들이여! 색은 무상하고, 수는 무상하고, 상은 무상하고, 행들은 무상하고, 식은 무상하다. 비구들이여! 색은 무아고, 수는 무아고, 상은 무아고, 행들은 무아고, 식은 무아다. 일체의 행들은 무상하고, 일체의 법들은 무아다' 라고. 악기웻사나여! 나는 이와 같이 제자들을 지도한다. 나의 이와 같은 부분의 가르침들을 제자들에게 자주 말한다."

023

"Upamā maṃ, bho gotama, paṭibhātī"ti.

"Paṭibhātu taṃ, aggivessanā"ti bhagavā avoca.

"Seyyathāpi, bho gotama, ye kecime bījagāmabhūtagāmā vuddhiṃ virūḷhiṃ vepullaṃ āpajjanti, sabbe te pathaviṃ nissāya pathaviyaṃ patiṭṭhāya. Evamete bījagāmabhūtagāmā vuddhiṃ virūḷhiṃ vepullaṃ āpajjanti. Seyyathāpi vā pana, bho gotama, ye kecime balakaraṇīyā kammantā karīyanti, sabbe te pathaviṃ nissāya pathaviyaṃ patiṭṭhāya. Evamete balakaraṇīyā kammantā karīyanti. Evameva kho, bho gotama, rūpattāyaṃ purisapuggalo rūpe patiṭṭhāya puññaṃ vā apuññaṃ vāpasavati, vedanattāyaṃ purisapuggalo vedanāyaṃ patiṭṭhāya puññaṃ vā apuññaṃ vāpasavati, saññattāyaṃ purisapuggalo saññāyaṃ patiṭṭhāya puññaṃ vā apuññaṃ vā pasavati, saṅkhārattāyaṃ purisapuggalo saṅkhāresu patiṭṭhāya puññaṃ vā apuññaṃ vā pasavati, viññāṇattāyaṃ purisapuggalo viññāṇe patiṭṭhāya puññaṃ vā apuññaṃ vā pasavatī"ti.

"Nanu tvaṃ, aggivessana, evaṃ vadesi – 'rūpaṃ me attā, vedanā me attā, saññā me attā, saṅkhārā me attā, viññāṇaṃ me attā'"ti?

"Ahañhi, bho gotama, evaṃ vadāmi – 'rūpaṃ me attā, vedanā me attā, saññā me attā, saṅkhārā me attā, viññāṇaṃ me attā'ti, ayañca mahatī janatā"ti.

"Kiñhi te, aggivessana, mahatī janatā karissati? Iṅgha tvaṃ, aggivessana, sakaññeva vādaṃ nibbeṭhehī"ti.

"Ahañhi, bho gotama, evaṃ vadāmi – 'rūpaṃ me attā, vedanā me attā, saññā me attā, saṅkhārā me attā, viññāṇaṃ me attā'"ti.

"존자 고따마여! 저에게 비유가 떠올랐습니다."

"악기웻사나여! 그것을 말해 보라."

라고 세존께서 말씀하셨다.

"존자 고따마여! 예를 들어서, 어떤 것이든, 자라고, 번창하고, 충실하게 되는 씨앗들이나 식물들은, 저것들 모두는 땅에 의지하고, 땅에 근거하여, 이와 같이 저들 씨앗이나 식물들은 자라고 번창하고 충실하게 됩니다. 존자 고따마여! 다시 예를 들어서, 어떤 것이든 힘을 써서 해야 되는 일들을 행하는 것은 모두 땅을 의지하고, 땅에 근거하여, 이와 같이 힘을 써서 해야 되는 그 일들을 행합니다. 존자 고따마여! 이와 같이, 사람이란 이 色(색)이 곧 자아이니, 색을 근거로 하여 공덕이나 악덕을 짓습니다. 사람이란, 이 受(수)가 곧 자아이니, 수를 근거로 하여 공덕이나 악덕을 짓습니다. 사람이란, 이 想(상)이 곧 자아이니, 상을 근거로 하여, 공덕이나 악덕을 짓습니다. 사람이란, 이 行(행)들이 곧 자아이니, 행들을 근거로 하여 공덕이나 악덕을 짓습니다. 사람이란, 이 識(식)이 곧 자아이니, 식을 근거로 공덕이나 악덕을 짓습니다."

"악기웻사나여! 그대는 참으로 이와 같이 말하고 있는 것인가? '색은 곧 나의 자아다, 수는 곧 나의 자아다, 상은 곧 나의 자아다, 행들은 곧 나의 자아다, 식은 곧 나의 자아다 라고?"

"존자 고따마여! 저는 참으로 이와 같이 말합니다. '색은 곧 나의 자아다, 수는 곧 나의 자아다, 상은 곧 나의 자아다, 행들은 곧 나의 자아다, 식은 곧 나의 자아다 라고' 이것은 대다수가 알고 있습니다."

"악기웻사나여, 왜 저들 대다수가 알고 있다는 것을 말하는가? 악기웻사나여! 그대는 어서 자신의 주장이나 말해보라."

"존자 고따마여, 저는 참으로 이와 같이 말합니다. '색은 곧 나의 자아다, 수는 곧 나의 자아다, 상은 곧 나의 자아다, 행들은 곧 나의 자아다, 식은 곧 나의 자아다' 라고."

031

"Tena hi, aggivessana, taññevettha paṭipucchissāmi, yathā te khameyya tathānaṃ[tathā taṃ(ka.)] byākareyyāsi. Taṃ kiṃ maññasi, aggivessana, vatteyya rañño khattiyassa muddhāvasittassa sakasmiṃ vijite vaso – ghātetāyaṃ vā ghātetuṃ, jāpetāyaṃ vā jāpetuṃ, pabbājetāyaṃ vā pabbājetuṃ, seyyathāpi rañño pasenadissa kosalassa, seyyathāpi vā pana rañño māgadhassa ajātasattussa vedehiputtassā"ti? "Vatteyya, bho gotama, rañño khattiyassa muddhāvasittassa sakasmiṃ vijite vaso – ghātetāyaṃ vā ghātetuṃ, jāpetāyaṃ vā jāpetuṃ, pabbājetāyaṃ vā pabbājetuṃ, seyyathāpi rañño pasenadissa kosalassa, seyyathāpi vā pana rañño māgadhassa ajātasattussa vedehiputtassa. Imesampi hi, bho gotama, saṅghānaṃ gaṇānaṃ - seyyathidaṃ, vajjīnaṃ mallānaṃ- vattati sakasmiṃ vijite vaso - ghātetāyaṃ vā ghātetuṃ, jāpetāyaṃ vā jāpetuṃ, pabbājetāyaṃ vā pabbājetuṃ. Kiṃ pana rañño khattiyassa muddhāvasittassa, seyyathāpi rañño pasenadissa kosalassa, seyyathāpi vā pana rañño māgadhassa ajātasattussa vedehiputtassa? Vatteyya, bho gotama, vattituñca marahatī"ti.

"Taṃ kiṃ maññasi, aggivessana, yaṃ tvaṃ evaṃ vadesi - 'rūpaṃ me attā'ti, vattati te tasmiṃ rūpe vaso - evaṃ me rūpaṃ hotu, evaṃ me rūpaṃ mā ahosī"ti? Evaṃ vutte, saccako nigaṇṭhaputto tuṇhī ahosi. Dutiyampi kho bhagavā saccakaṃ nigaṇṭhaputtaṃ etadavoca.

"taṃ kiṃ maññasi, aggivessana, yaṃ tvaṃ evaṃ vadesi - 'rūpaṃ me attā'ti, vattati te tasmiṃ rūpe vaso - evaṃ me rūpaṃ hotu, evaṃ me rūpaṃ mā ahosī"ti? Dutiyampi kho saccako nigaṇṭhaputto tuṇhīahosi. Atha kho bhagavā saccakaṃ nigaṇṭhaputtaṃ etadavoca.

"byākarohi dāni, aggivessana, na dāni te tuṇhībhāvassa kālo. Yo koci, aggivessana tathāgatena yāvatatiyaṃ sahadhammikaṃ pañhaṃ puṭṭho na byākaroti, etthevassa sattadhā muddhā phalatī"ti.

Tena kho pana samayena vajirapāṇi yakkho āyasaṃ vajiraṃ ādāya ādittaṃ sampajjalitaṃ sajotibhūtaṃ saccakassa nigaṇṭhaputtassa uparivehāsaṃ ṭhito hoti - 'sacāyaṃ saccako nigaṇṭhaputto bhagavatā yāvatatiyaṃ sahadhammikaṃ pañhaṃ puṭṭho na byākarissati etthevassa sattadhā muddhaṃ phālessāmī'ti. Taṃ kho pana vajirapāṇiṃ yakkhaṃ bhagavā ceva passati saccako ca nigaṇṭhaputto. Atha kho saccako nigaṇṭhaputto bhīto saṃviggo

lomahaṭṭhajāto bhagavantaṃyeva tāṇaṃgavesī bhagavantaṃyeva leṇaṃ gavesī bhagavantaṃyeva saraṇaṃ gavesī bhagavantaṃ etadavoca.
"pucchatu maṃ bhavaṃ gotamo, byākarissāmī"ti.

"악기웻사나여! 그렇다면 이것을 그대에게 물어보리니 그대가 원하는 대로 대답하라. 악기웻사나여! 이것을 어떻게 생각하는가? 예를 들어서 꼬살라의 빠세나디 같은 왕이나 웨데히 부인의 아들인 아자따삿뚜 마가다의 왕처럼, 관정식을 거친 끄샤뜨리야 왕은, 자신의 영토에서 사형에 처해야 할 자를 사형시키고, 벌금을 물려야 할 자는 벌금을 물리고 추방시켜야 할 자는 추방시키는 권력을 행사하는가?"

"고따마 존자시여! 예를 들어서 꼬살라의 빠세나디 같은 왕이나, 웨데히 부인의 아들인 아자따삿뚜 마가다의 왕처럼, 관정식을 거친 끄샤뜨리야 왕은, 자신의 영토에서 사형에 처해야 할 자를 사형시키고, 벌금을 물려야 할 자는 벌금을 물리고, 추방시켜야 할 자는 추방시키는 권력을 행사합니다. 고따마 존자시여! 예를 들자면 공화정제나 연맹제로 운영되는 왓지국 사람들이나 말라국 사람들도 자신들의 영토에서 사형에 처해야 할 자를 사형시키고, 벌금을 물려야 할 자는 벌금을 물리고, 추방시켜야 할 자는 추방시키는 권력을 행사하는데, 하물며 꼬살라의 빠세나디 같은 왕이나 웨데히 부인의 아들인 마가다의 왕 아자따삿뚜처럼, 관정식을 거친 끄샤뜨리야 왕에 대해서야 말해 무엇 하겠습니까? 그는 그렇게 행하고 있고, 또 충분히 그렇게 행할 만합니다."

"악기웻사나여! 그렇다면 이것은 어떻게 생각하는가? 그대는 색色은 나의 자아다 라고 주장하는데, 그대는 나의 색은 이렇게 되라든지, 혹은 이렇게 되지 마라든지, 라고, 그 색을 지배할 수 있는가?"

이렇게 말씀하실 때 니간타의 후손 삿짜까는 침묵했다. 세존께서는 두 번째에도 니간타의 후손 삿짜까에게 이렇게 말씀하셨다.

"악기웻사나여! 이것을 어떻게 생각하는가? 그대는 색은 나의 자아다, 라고 주장하는데, 그대는 나의 색은 이렇게 되라든지, 이렇게 되지 마라든지, 라고 그 색을 지배할 수 있는가?"

이렇게 말씀하셨을 때 니간타의 후손 삿짜까는 역시 침묵했다. 그러자 세존께서는 니간타의 후손 삿짜까에게 이렇게 말씀하셨다.

"이제 대답을 하라, 악기웻사나여! 지금은 그대가 침묵하고 있을 때가 아니다. 악기웻사나여! 여래가 세 번이나 여법한 질문을 해도 대답하지 않는 자는 그 자리에서 그의 머리가 일곱 조각 날 것이다."

그때에 '금강저를 쥔 야차'가 달구어지고, 이글거리며, 불타고 있는 쇠로된 금강저를 들고 '만일 니간타의 후손 삿짜까가 세존께서 세 번이나 여법한 질문을 했는데도 대답하지 않으면 이 자리에서 당장 그의 머리를 일곱 조각 내어버리리라' 라고 생각하면서 니간타의 후손 삿짜까의 바로 윗쪽 허공에 나타났다. 세존께서도 그 '금강저를 쥔 야차'를 보셨고, 니간타의 후손 삿짜까도 그를 보았다. 그러자 니간타의 후손 삿짜까는 무섭고, 떨리고, 털이 곤두서서, 세존께 피난할 곳을 찾고, 세존께 도망갈 곳을 찾고, 세존께 숨을 곳을 찾더니, 세존께 이렇게 말씀드렸다.

"고따마 존자시여, 질문해 주십시오, 대답하겠습니다."

032

"Taṃ kiṃ maññasi, aggivessana, yaṃ tvaṃ evaṃ vadesi – 'rūpaṃ me attā'ti, vattati te tasmiṃ rūpe vaso – evaṃ me rūpaṃ hotu, evaṃ me rūpaṃ mā ahosī"ti? "No hidaṃ, bho gotama".

"Manasi karohi, aggivessana; manasi karitvā kho, aggivessana, byākarohi. Na kho te sandhiyati purimena vā pacchimaṃ pacchimena vā purimaṃ. Taṃ kiṃ maññasi, aggivessana, yaṃ tvaṃ evaṃ vadesi – 'vedanā me attā'ti, vattati te tissaṃ vedanāyaṃ [tāyaṃ vedanāyaṃ (sī. syā.)] vaso – evaṃ me vedanā hotu, evaṃ me vedanā mā ahosī"ti?

"No hidaṃ, bho gotama."

"Manasi karohi, aggivessana; manasi karitvā kho, aggivessana, byākarohi. Na kho te sandhiyati purimena vā pacchimaṃ, pacchimena vā purimaṃ. Taṃ kiṃ maññasi, aggivessana, yaṃ tvaṃ evaṃ vadesi – 'saññā me attā'ti, vattati te tissaṃ saññāyaṃ vaso – evaṃ me saññā hotu, evaṃ me saññā mā ahosī"ti?

"No hidaṃ, bho gotama."

"Manasi karohi, aggivessana; manasi karitvā kho, aggivessana, byākarohi. Na kho te sandhiyati purimena vā pacchimaṃ, pacchimena vā purimaṃ. Taṃ kiṃ maññasi, aggivessana, yaṃ tvaṃ evaṃ vadesi – 'saṅkhārā me attā'ti, vattati te tesu saṅkhāresu vaso – evaṃ me saṅkhārā hontu, evaṃ me saṅkhārā mā ahesu"nti?

"No hidaṃ, bho gotama."

"Manasi karohi, aggivessana; manasi karitvā kho, aggivessana, byākarohi. Na kho te sandhiyati purimena vā pacchimaṃ, pacchimena vā purimaṃ. Taṃ kiṃ maññasi, aggivessana, yaṃ tvaṃ evaṃ vadesi – 'viññāṇaṃ me attā'ti, vattati te tasmiṃ viññāṇe vaso – evaṃ me viññāṇaṃ hotu, evaṃ me viññāṇaṃ mā ahosī"ti?

"No hidaṃ, bho gotama."

"Manasi karohi, aggivessana; manasi karitvā kho, aggivessana, byākarohi. Na kho te sandhiyati purimena vā pacchimaṃ, pacchimena vā purimaṃ."

"악기웻사나여! 이것을 어떻게 생각하는가? 그대는 색色은 나의 자아다, 라고 주장하는데, 그대는 나의 색은 이렇게 되라든지, 이렇게 되지 마라든지, 라고 그 색을 지배할 수 있는가?"

"그렇지 않습니다. 고따마 존자시여."

"악기웻사나여! 잘 생각해 봐라. 악기웻사나여! 잘 생각해 보고나서 대답하라. 그대의 말은 먼저 한 말이 뒤에 한 말과 일치하지 않고 뒤에 한 말이 먼저 한 말과 일치하지 않는다. 악기 사나여! 이것을 어떻게 생각하는가? 그대는 수受는 나의 자아다, 라고 주장하는데, 그대는 나의 수는 이렇게 되라든지, 이렇게 되지 마라든지 라고 그 수를 지배할 수 있는가?"

"그렇지 않습니다. 고따마 존자시여."

"악기웻사나여! 잘 생각해 봐라. 악기웻사나여! 잘 생각해 보고나서 대답하라, 그대의 말은 먼저 한 말이 뒤에 한 말과 일치하지 않고 뒤에 한 말이 먼저 한 말과 일치하지 않는다. 악기웻사나여! 이것을 어떻게 생각하는가? 그대는 상想은 나의 자아다, 라고 주장하는데, 그대는 나의 상은 이렇게 되라든지, 이렇게 되지 마라든지, 라고 그 상을 지배할 수 있는가?"

"그렇지 않습니다. 고따마 존자시여."

"악기웻사나여! 잘 생각해 봐라. 악기웻사나여! 잘 생각해 보고나서 대답하라. 그대의 말은 먼저 한 말이 뒤에 한 말과 일치하지 않고 뒤에 한 말이 먼저 한 말과 일치하지 않는다. 악기웻사나여! 이것을 어떻게 생각하는가? 그대는 행行들은 나의 자아다 라고 주장하는데, 그대는 너 행들은 이렇게 되라든가 이렇게 되지 마라든지 라고 그 행들을 지배할 수 있는가?"

"그렇지 않습니다. 고따마 존자시여."

"악기웻사나여! 잘 생각해 봐라. 악기웻사나여! 잘 생각해 보고나서 대답하라. 그대의 말은 먼저 한 말이 뒤에 한 말과 일치하지 않고 뒤에 한 말이 먼저 한 말과 일치하지 않는다. 악기웻사나여! 이것을 어떻게 생각하는가? 그대는 식識은 나의 자아다 라고 주장하는데, 그대는 나의 식은 이렇게 되라든지 이렇게 되지 마라든지 라고 그 식을 지배할 수 있는가?"

"그렇지 않습니다. 고따마 존자시여."

"악기웻사나여! 잘 생각해 봐라. 악기웻사나여! 잘 생각해 보고나서 대답하라. 그대의 말은 먼저 한 말이 뒤에 한 말과 일치하지 않고 뒤에 한 말이 먼저 한 말과 일치하지 않는다."

033

Taṃ kiṃ maññasi, aggivessana, rūpaṃ niccaṃ vā aniccaṃ vā"ti?

"Aniccaṃ, bho gotama."

"Yaṃ panāniccaṃ dukkhaṃ vā taṃ sukhaṃ vā"ti?

"Dukkhaṃ, bho gotama."

"Yaṃ panāniccaṃ dukkhaṃ vipariṇāmadhammaṃ, kallaṃ nu taṃ samanupassituṃ- 'etaṃ mama, esohamasmi, eso me attā'"ti?

"No hidaṃ, bho gotama."

"Taṃ kiṃ maññasi, aggivessana, vedanā··· pe··· saññā··· pe··· saṅkhārā··· pe··· taṃ kiṃ maññasi, aggivessana, viññāṇaṃ niccaṃ vā aniccaṃ vā"ti?

"Aniccaṃ, bho gotama."

"Yaṃ panāniccaṃ dukkhaṃ vā taṃ sukhaṃ vā"ti?

"Dukkhaṃ, bho gotama."

"Yaṃ panāniccaṃ dukkhaṃ vipariṇāmadhammaṃ, kallaṃ nu taṃ samanupassituṃ- 'etaṃ mama, esohamasmi, eso me attā'"ti?

"No hidaṃ, bho gotama."

"Taṃ kiṃ maññasi, aggivessana, yo nu kho dukkhaṃ allīno dukkhaṃ upagato dukkhaṃ ajjhosito, dukkhaṃ'etaṃ mama, esohamasmi, eso me attā'ti samanupassati, api nu kho so sāmaṃ vā dukkhaṃ parijāneyya, dukkhaṃ vā parikkhepetvā vihareyyā"ti?

"Kiñhi siyā, bho gotama? No hidaṃ, bho gotamā"ti.

"Taṃ kiṃ maññasi, aggivessana, nanu tvaṃ evaṃ sante dukkhaṃ allīno dukkhaṃ upagato dukkhaṃ ajjhosito, dukkhaṃ- 'etaṃ mama, esohamasmi, eso me attā'ti samanupassasī"ti?

"Kiñhi no siyā, bho gotama? Evametaṃ bho gotamā"ti.

"악기웻사나여! 이것을 어떻게 생각하는가? 색色은 항상한가 무상한가?"

"무상합니다. 고따마 존자시여."

"그러면 무상한 것은 괴로움인가, 즐거움인가?"

"괴로움입니다. 고따마 존자시여."

"그러면 무상하고 괴로움이고 변하기 마련인 것을 두고 이것은 내 것이다, 이것은 나다, 이것은 나의 자아다, 라고 보는 것이 현명한 것이겠는가?"

"그렇지 않습니다. 고따마 존자시여."

"악기웻사나여! 이것을 어떻게 생각하는가? 수受는 항상한가 무상한가? …"

"악기웻사나여! 이것을 어떻게 생각하는가? 상想은 항상한가, 무상한가? …"

"악기웻사나여! 이것을 어떻게 생각하는가? 행行들은 항상한가, 무상한가? …"

"악기웻사나여! 이것을 어떻게 생각하는가? 식識은 항상한가, 무상한가?"

"무상합니다, 고따마 존자시여."

"그러면 무상한 것은 괴로움인가 즐거움인가?"

"괴로움입니다. 고따마 존자시여."

"그러면 무상하고 괴로움이고 변하기 마련인 것을 두고 이것은 내 것이다, 이것은 나다, 이것은 나의 자아다, 라고 보는 것이 현명한 것이겠는가?"

"그렇지 않습니다, 고따마 존자시여."

"악기웻사나여! 이것을 어떻게 생각하는가? 괴로움에 집착된 자가, 괴로움에 의지된 자가, 괴로움에 탐닉된 자가, 괴로움을 두고 '이것은 나의 것이다, 이것은 나다, 이것은 나의 자아다' 라고 여기는 자가, 그 스스로 괴로움을 완전히 이해하거나 혹은 괴로움을 완전히 소멸시킨 채로 머물 수 있겠는가?"

"어찌 그럴 수 있겠습니까, 고따마 존자시여, 참으로 그렇지 않습니다. 고따마 존자시여."

041

"Seyyathāpi, aggivessana, puriso sāratthiko sāragavesīsārapariyes

anaṃ caramāno tiṇhaṃ kuṭhāriṃ [kudhāriṃ(syā. kaṃ. ka.)] ādāya vanaṃ paviseyya. So tattha passeyya mahantaṃ kadalikkhandhaṃ ujuṃ navaṃ akukkukajātaṃ[akukkuṭajātaṃ(syā. kaṃ.)]. Tamenaṃ mūle chindeyya, mūle chetvā agge chindeyya, agge chetvā pattavaṭṭiṃ vinibbhujeyya [vinibbhujjeyya (ka.)]. So tattha pattavaṭṭiṃ vinibbhujanto pheggumpi nādhigaccheyya, kuto sāraṃ? Evameva kho tvaṃ, aggivessana, mayā sakasmiṃ vāde samanuyuñjiyamāno samanugāhiyamāno samanubhāsiyamāno ritto tuccho aparaddho. Bhāsitā kho pana te esā, aggivessana, vesāliyaṃ parisati vācā- 'nāhaṃ taṃpassāmi samaṇaṃ vā brāhmaṇaṃ vā, saṅghiṃ gaṇiṃ gaṇācariyaṃ, api arahantaṃ sammāsambuddhaṃ paṭijānamānaṃ, yo mayā vādena vādaṃ samāraddho na saṅkampeyya na sampakampeyya na sampavedheyya, yassa na kacchehi sedā mucceyyuṃ. Thūṇaṃ cepāhaṃ acetanaṃ vādena vādaṃ samārabhe yyaṃ sāpi mayā vādena vādaṃ samāraddhā saṅkampeyya sampakampeyya sampavedheyya. Ko pana vādo manussabhūtassā'ti? Tuyhaṃ kho pana, aggivessana, appekaccāni sedaphusitāni nalāṭā muttāni, uttarāsaṅgaṃ vinibhinditvā bhūmiyaṃ patiṭṭhitāni. Mayhaṃ kho pana, aggivessana, natthi etarahi kāyasmiṃ sedo"ti.
Iti bhagavā tasmiṃ [tassaṃ(?)] parisati suvaṇṇavaṇṇaṃ kāyaṃ vivari. Evaṃ vutte, saccako nigaṇṭhaputto tuṇhībhūto maṅkubhūto pattakkhandho adhomukho pajjhāyanto appaṭibhāno nisīdi.

"악기웻사나여, 예를 들어서, 나무의 심재가 필요해서, 심재를 찾아서, 이리저리 돌아다니는 사람이, 예리한 도끼를 들고 숲으로 들어가서는 크고, 곧고, 싱싱하고, 열매의 봉오리도 아직 없는 바나나 줄기를 봤다고 하자. 그것을 보고는, 곧바로 뿌리를 자르고, 뿌리를 자르고 나서는 윗부분을 자르고, 윗부분을 자르고 나서는 겹쳐진 껍질을 벗겨낼 것이지만, 그곳에서 겹쳐진 껍질을 벗겨낸 그는 나무의 변재도 얻지 못할 것이거늘 어찌 나무의 심재이겠는가? 악기웻사나여! 그와 같이 나에 의해서 확인되어지고, 물어지고, 배경에 대해 추궁을 받으면서도 그대는, 스스로 공허하고, 내용도 없고, 잘못된 말만 하고 있다. 그런데도 그대는 웨살리의 집회에서 이런 말을 했다고 들었다. '나는 사문이든 바라문이든, 승가를 이끄는 자이든 무리를 이끄는 자이든 무리의 스승이든, 또는 아라한이나 정등각자라고 하는 자이든, 나와 토론을 시작한 자로서 동요하지 않고, 떨지 않고, 전율하지 않고, 겨드랑이에 땀을 흘리지 않을 수 있는 자를 보지 못했다. 내가 만약 감정 없는 기둥과 토론을 시작한다 하더라도 나에 의해 토론이 시작된 그것은 동요할 것이고, 떨 것이고, 전율할 것이거늘, 사람이야 무슨 말이 필요하겠는가?' 라고. 악기웻사나여! 그런데 정작 그대의 이마에서 흐른 땀방울은 윗옷을 적시고 땅바닥에까지 떨어져 있고, 지금 나의 몸에서는 땀이 나지 않는다. 악기웻사나여!"

이렇게 말씀하시고 세존께서는 사람들에게 황금색 몸을 드러내 보이셨다. 이렇게 말씀하실 적에, 삿짜까는 묵묵히, 당황해서, 어깨를 늘어뜨리고, 고개를 숙이고, 힘없이, 아무런 대답도 못하고 앉아있었다.

042

Atha kho dummukho licchaviputto saccakaṃ nigaṇṭhaputtaṃ tuṇhībhūtaṃ maṅkubhūtaṃ pattakkhandhaṃ adhomukhaṃ pajjhāyantaṃ appaṭibhānaṃ viditvā bhagavantaṃ etadavoca "upamā maṃ, bhagavā, paṭibhātī"ti.

"Paṭibhātu taṃ, dummukhā"ti bhagavā avoca.

"Seyyathāpi, bhante, gāmassa vā nigamassa vā avidūre pokkharaṇī. Tatrāssa kakkaṭako. Atha kho, bhante, sambahulā kumārakā vā kumārikā vā tamhā gāmā vā nigamā vā nikkhamitvā yena sā pokkharaṇī tenupasaṅkameyyuṃ; upasaṅkamitvā taṃ pokkharaṇiṃ ogāhetvā taṃ kakkaṭakaṃ udakā uddharitvā thale patiṭṭhāpeyyuṃ. Yaññadeva hi so, bhante, kakkaṭako aḷaṃ abhininnāmeyya taṃ tadeva te kumārakā vā kumārikā vā kaṭṭhena vā kathalena vā sañchindeyyuṃ sambhañjeyyuṃ sampalibhañjeyyuṃ. Evañhi so, bhante, kakkaṭako sabbehi aḷehi sañchinnehi sambhaggehi sampalibhaggehi abhabbo taṃ pokkharaṇiṃ puna otarituṃ, seyyathāpi pubbe. Evameva kho, bhante, yāni saccakassa nigaṇṭhaputtassa visūkāyitāni visevitāni vipphanditāni tānipi sabbāni [vipphanditāni kānici kānici tāni (sī. syā. kaṃ. pī.)] bhagavatā sañchinnāni sambhaggāni sampalibhaggāni; abhabbo ca dāni, bhante, saccako nigaṇṭhaputto puna bhagavantaṃ upasaṅkamituṃ yadidaṃ vādādhippāyo"ti.

Evaṃ vutte, saccako nigaṇṭhaputto dummukhaṃ licchaviputtaṃ etadavoca

"āgamehi tvaṃ, dummukha, āgamehi tvaṃ, dummukha [(mukharosi tvaṃ dummukha) (syā. kaṃ.)] na mayaṃ tayā saddhiṃ mantema, idha mayaṃ bhotā gotamena saddhiṃ mantema. Tiṭṭhatesā, bho gotama, amhākañceva aññesañca puthusamaṇabrāhmaṇānaṃ vācā. Vilāpaṃ vilapitaṃ maññe."

그때에 릿차위의 후손인 둠무카라는 자가 묵묵히, 당황해서, 어깨를 늘어뜨리고, 고개를 숙이고, 힘없이, 아무런 대답도 못하고 앉아있는 니간타의 후손 삿짜까를 보고는 세존께 이렇게 말씀드렸다.

"세존이시여! 저에게 한 비유가 떠올랐습니다."

"둠무카여! 그것을 말해보라"라고 세존께서 말씀하셨다.

"세존이시여, 예를 들어 마을이나 동네로부터 멀지 않은 곳에 연못이 있는데, 그곳에 게가 있다고 합시다. 세존이시여! 그리고 많은 소년들이나 소녀들이 그 마을이나 동네에서 나와 그 연못이 있는 곳으로 갑니다. 가서는 그 연못으로 들어가 그 게를 물 밖으로 끄집어내어 땅바닥에 던져 놓을 것입니다. 세존이시여! 그리고 그 게가 집게발을 내어 놓을 때마다 저들 소년들이나 소녀들은 그것을 막대기나 돌로 잘라버리고 끊어버리고 부서버릴 것입니다. 세존이시여! 이렇게 해서 그 게는 모든 집게발들이 잘리고 끊어지고 부서져서 다시는 전처럼 그 연못으로 내려갈 수 없을 것입니다. 그와 같이 니간타의 후손 삿짜까의 견해의 일관되지 못함, 견해의 혼란스러움, 견해의 비틀림, 이 모든 것이 세존에 의해 잘리고 끊어지고 부서졌습니다. 세존이시여! 그럼으로 니간타의 후손 삿짜까는 다시 세존과의 논쟁을 목적으로 찾아오는 것은 불가능하게 되었습니다." 이렇게 말할 적에, 니간타의 후손 삿짜까는 릿차위의 후손인 둠무카에게 이렇게 말했다.

"그대 둠무카여! 그만하시오. 그대 둠무카여! 그만하시오. 우리는 그대와 더불어 이야기 하는 것이 아니라, 지금 우리는 고따마 존자와 더불어 이야기 하고 있습니다. 고따마 존자시여! 우리들의 말과, 다른 평범한 사문과 바라문들의 이런 말들은, 그냥 놔두십시다. 쓸데없이 한 이야기라고 생각합니다."

043

"Kittāvatā ca nu kho bhoto gotamassa sāvako sāsanakaro hoti ovādapatikaro tiṇṇavicikiccho vigatakathaṃkatho vesārajjappatto aparappaccayo satthusāsane viharatī"ti?

"Idha, aggivessana, mama sāvako yaṃ kiñci rūpaṃ atītānāgatapaccuppannaṃ ajjhattaṃ vā bahiddhā vā oḷārikaṃ vā sukhumaṃ vā hīnaṃ vā paṇītaṃ vā yaṃ dūre santike vā, sabbaṃ rūpaṃ 'netaṃ mama, nesohamasmi, na meso attā'ti evametaṃ yathābhūtaṃ sammappaññāya passati; yā kāci vedanā… pe… yā kāci saññā… pe… ye keci saṅkhārā… pe… yaṃ kiñci viññāṇaṃ atītānāgatapaccuppannaṃ ajjhattaṃ vā bahiddhā vā oḷārikaṃ vā sukhumaṃ vā hīnaṃ vā paṇītaṃ vā, yaṃ dūre santike vā, sabbaṃ viññāṇaṃ 'netaṃ mama, nesohamasmi, na meso attā'ti evametaṃ yathābhūtaṃ sammappaññāya passati. Ettāvatā kho, aggivessana, mama sāvako sāsanakaro hoti ovādapatikaro tiṇṇavicikiccho vigatakathaṃkatho vesārajjappatto aparappaccayo satthusāsane viharatī"ti.

"그런데, 어떻게 해서 고따마 존자의 제자는 가르침을 실천하고, 훈계를 받들어 행하고, 의심을 극복하고, 망설임으로부터 벗어나고, 두려움 없음을 얻고, 다른 것에 의지하지 않고, 스승의 가르침에 머뭅니까?"

"악기웻사나여! 여기서 나의 제자는 색色이라는 것은 그 어떤 것이든, 그것이 과거의 것이든, 미래의 것이든, 현재의 것이든, 안의 것이든 밖의 것이든, 거대한 것이든 미세한 것이든, 저열한 것이든 수승한 것이든, 멀리 있는 것이든 가까이 있는 것이든, 그 모든 색에 대해 '이것은 내 것이 아니다', '이것은 내가 아니다', '이것은 나의 자아가 아니다' 라고, 이렇게 이것을, 있는 그대로, 바른 통찰지로써 본다. 악기웻사나여, 여기서 나의 제자는 수受라는 것은 그것이 어떤 것이든 … 상想이라는 것은 그것이 어떤 것이든 … 행行들이라는 것은 그것이 어떤 것이든 … 식識이라는 것은 그것이 어떤 것이든, 그것이 과거의 것이든, 미래의 것이든 현재의 것이든, 안의 것이든 밖의 것이든, 거대한 것이든 미세한 것이든, 저열한 것이든 수승한 것이든, 멀리 있는 것이든 가까이 있는 것이든, 그 모든 식에 대해 '이것은 내 것이 아니다', '이것은 내가 아니다', '이것은 나의 자아가 아니다' 라고, 이렇게 이것을, 있는 그대로, 바른 통찰지로써 본다. 악기웻사나여, 이렇게 해서 나의 제자는 가르침을 실천하고 훈계를 받들어 행하고 의심을 극복하고 망설임으로부터 벗어나고, 두려움 없음을 얻고, 다른 것에 의지하지 않고 스승의 가르침에 머문다."

044

"Kittāvatā pana, bho gotama, bhikkhu arahaṃ hoti khīṇāsavo vusitavā katakaraṇīyo ohitabhāro anuppattasadattho parikkhīṇabhavasaṃyojano sammadaññāvimutto"ti?

"Idha, aggivessana, bhikkhu yaṃ kiñci rūpaṃ atītānāgatapaccuppannaṃ ajjhattaṃ vā bahiddhā vā oḷārikaṃ vā sukhumaṃ vā hīnaṃ vā paṇītaṃ vā yaṃ dūre santike vāsabbaṃ rūpaṃ 'netaṃ mama, nesohamasmi, na meso attā'ti evametaṃ yathābhūtaṃ sammapp aññāya disvā anupādā vimutto hoti; yā kāci vedanā… pe… yākāci saññā… pe… ye keci saṅkhārā… pe… yaṃ kiñci viññāṇaṃ atītānāgatapaccuppannaṃ ajjhattaṃ vā bahiddhā vā oḷārikaṃ vā sukhumaṃ vā hīnaṃ vā paṇītaṃ vā yaṃ dūre santike vā sabbaṃ viññāṇaṃ 'netaṃ mama, nesohamasmi, na meso attā'ti evametaṃ yathābhūtaṃ sammappaññāya disvāanupādā vimutto hoti. Ettāvatā kho, aggivessana, bhikkhu arahaṃ hoti khīṇāsavo vusitavā katakaraṇīyo ohitabhāro anuppattasadattho parikkhīṇabhavasaṃyojano sammadaññā vimutto. Evaṃ vimuttacitto kho, aggivessana, bhikkhu tīhi anuttariyehi samannāgato hoti – dassanānuttariyena, paṭipadānuttariyena, vimuttānuttariyena. Evaṃ vimuttacitto kho, aggivessana, bhikkhu tathāgataññeva sakkaroti garuṃ karoti māneti pūjeti – buddho so bhagavā bodhāya dhammaṃ deseti, danto so bhagavā damathāya dhammaṃ deseti, santo so bhagavā samathāya dhammaṃ deseti, tiṇṇo so bhagavā taraṇāya dhammaṃ deseti, parinibbuto so bhagavā parinibbānāya dhammaṃ desetī"ti.

"고따마 존자시여, 그러면 다시, 어떻게 해서 비구가, 번뇌가 소멸되고, 삶이 완성되고, 해야 할 일이 다해 마쳐지고, 짐이 내려놓아지고, 참된 목표에 도달되고, 삶의 족쇄가 부서지고, 바르고 완벽한 지혜로써 해탈된 '존경받아 마땅한 자'가 됩니까?"

"악기웻사나여, 여기 비구는, 색이라고 하는 것은 그 어떤 것이든 그것이 과거의 것이든, 미래의 것이든, 현재의 것이든, 안의 것이든 밖의 것이든 거대한 것이든 미세한 것이든, 저열한 것이든 수승한 것이든, 멀리 있는 것이든 가까이 있는 것이든, 그 모든 색에 대해 '이것은 내 것이 아니다, 이것은 내가 아니다. 이것은 나의 자아가 아니다' 라고, 이렇게 이것을, 있는 그대로, 바른 통찰지로써 보면서, 취착 없이 해탈한다. 수受라고 하는 것은 그 어떤 것이든 … 상想이라고 하는 것은 그 어떤 것이든, … 행行들이라고 하는 것은 그 어떤 것이든 … 식識이라고 하는 것은 그 어떤 것이든, 그것이 과거의 것이든, 미래의 것이든, 현재의 것이든, 안의 것이든 밖의 것이든, 거대한 것이든 미세한 것이든, 저열한 것이든 수승한 것이든, 멀리 있는 것이든 가까이 있는 것이든, 그 모든 식에 대해 '이것은 내 것이 아니다, 이것은 내가 아니다. 이것은 나의 자아가 아니다' 라고 이렇게, 있는 그대로, 바른 통찰지로써 보아 취착함이 없이 해탈한다. 악기웻사나여! 이렇게 해서 비구가, 번뇌가 소멸되고, 삶이 완성되고, 해야 할 일이 다 해 마쳐지고, 짐이 내려놓아지고, 최종적인 목표에 도달되고, 삶의 족쇄가 부서지고, 바르고 완벽한 지혜로써 해탈된 자인 '존경받아 마땅한 자'가 된다. 이와 같이 마음이 해탈된 비구는 세 가지 더할 것 없음인, 더할 것 없는 통찰, 더할 것 없는 수행, 더할 것 없는 해탈을 바르게 갖추게 된다. 악기웻사나여! 그렇게 마음이 해탈된 비구는 (이와 같이) 여래를 존경하고, 존중하고, 공경하고, 받든다. '깨달으신 자인 저 세존께서는 깨달음을 위해 법을 설하시고, 다스려지신 자인 저 세존께서는 다스림을 위해 법을 설하시고, 고요해진 자인 저 세존께서는 고요함을 위해 법을 설하시고, 건너신 자인 저 세존께서는 건넘을 위해 법을 설하시고, 완전한 열반을 성취하신 자인 저 세존께서는 완전한 열반의 성취를 위해 법을 설하신다' 라고."

045

Evaṃ vutte, saccako nigaṇṭhaputto bhagavantaṃ etadavoca

"mayameva, bho gotama, dhaṃsī, mayaṃ pagabbā, ye mayaṃ bhavantaṃ gotamaṃ vādena vādaṃ āsādetabbaṃ amaññimha. Siyā hi, bho gotama, hatthiṃ pabhinnaṃ āsajja purisassa sotthibhāvo, na tveva bhavantaṃ gotamaṃ āsajja siyā purisassa sotthibhāvo. Siyā hi, bho gotama, pajjalitaṃ [jaaṃlant(sī. pī.)] aggikkhandhaṃ āsajja purisassa sotthibhāvo, na tveva bhavantaṃ gotamaṃ āsajja siyā purisassa sotthibhāvo. Siyā hi, bho gotama, āsīvisaṃ ghoravisaṃ āsajja purisassa sotthibhāvo, na tveva bhavantaṃ gotamaṃ āsajja siyā purisassa sotthibhāvo. Mayameva, bho gotama, dhaṃsī, mayaṃ pagabbā, ye mayaṃ bhavantaṃ gotamaṃ vādena vādaṃ āsādetabbaṃ amaññimha. Adhivāsetu [adhivāsetu ca (pī. ka.)] me bhavaṃ gotamo svātanāya bhattaṃ saddhiṃ bhikkhusaṅghenā"ti.

Adhivāsesi bhagavā tuṇhībhāvena. Atha kho saccako nigaṇṭhaputto bhagavato adhivāsanaṃ viditvā te licchavī āmantesi

"suṇantu me bhonto licchavī, samaṇo me gotamo nimantito svātanā ya saddhiṃ bhikkhusaṅghena. Tena me abhihareyyātha yamassa patirūpaṃ maññeyyāthā"ti.

Atha kho te licchavī tassā rattiyā accayena saccakassa nigaṇṭhaputta ssa pañcamattāni thālipākasatāni bhattābhihāraṃabhiharimsu. Atha kho nigaṇṭhaputto sake ārāme paṇītaṃ khādanīyaṃbhojanīyaṃ paṭiyādāpetvā bhagavato kālaṃārocāpesi.

"kālo, bho gotama, niṭṭhitaṃ bhatta"nti.

Atha kho bhagavā pubbaṇhasamayaṃ nivāsetvā pattacīvaramādāya yena saccakassa nigaṇṭhaputtassa ārāmo tenupasaṅkami; upasaṅkamitvā paññatte āsane nisīdi saddhiṃ bhikkhusaṅghena. Atha kho saccako nigaṇṭhaputto buddhappamukhaṃ bhikkhusaṅghaṃ paṇītena khādanīyena bhojanīyena sahatthā santappesi sampavāresi. Atha kho saccako nigaṇṭhaputto bhagavantaṃ bhuttāviṃ onītapattapāṇiṃ aññataraṃ nīcaṃ āsanaṃ gahetvā ekamantaṃ nisīdi. Ekamantaṃ nisinno kho saccako nigaṇṭhaputto bhagavantaṃ etadavoca.

"yamidaṃ, bho gotama, dāne puññañca puññamahī ca taṃ dāyakānaṃ sukhāya hotū"ti.

"Yaṃ kho, aggivessana, tādisaṃ dakkhiṇeyyaṃ āgamma avītarāgaṃ avītadosaṃ avītamohaṃ, taṃ dāyakānaṃ bhavissati. Yaṃ kho, aggivessana, mādisaṃ dakkhiṇeyyaṃ āgamma vītarāgaṃ vītadosaṃ vītamohaṃ, taṃ tuyhaṃ bhavissatī"ti.

Cūḷasaccakasuttaṃ niṭṭhitaṃ pañcamaṃ.

이렇게 말씀하시자, 니간타의 후손 삿짜까는 세존께 이와 같이 말씀드렸다.

"고따마 존자시여! 제가 고따마 존자를 논쟁으로 대적할 수 있다고 생각한 것은, 참으로 무례했습니다. 제가 무모했습니다. 고따마 존자시여! 발정 난 코끼리를 공격해서 안전할 수 있는 사람은 있을지 몰라도, 세존을 공격해서 안전할 수 있는 사람은 참으로 없습니다. 고따마 존자시여, 타오르는 불덩이를 공격해서 안전할 수 있는 사람은 있을지 몰라도, 고따마 존자를 공격해서 안전할 수 있는 사람은 참으로 없습니다. 고따마 존자시여! 맹독을 가진 독사를 공격해서 안전할 수 있는 사람은 있을지 몰라도, 고따마 존자를 공격해서 안전할 수 있는 사람은 참으로 없습니다. 고따마 존자시여! 제가 고따마 존자를 논쟁으로 대적할 수 있다고 생각한 것은, 참으로 무례했습니다. 제가 무모했습니다. 고따마 존자께서는 비구 승가와 함께 내일 저의 공양을 허락하여 주십시오."

이에 세존께서는 침묵으로 허락하셨다. 니간타의 후손 삿짜까는 세존께서 허락하신 것을 알고서 그들 릿차위들에게 말했다.

"존경하는 릿차위들이여! 나의 말을 들으시오, 사문 고따마께서 내일 비구승가와 함께 저에 의해 초대되었습니다. 그러니 그대들은 무엇이든 그분께 적당하다고 생각되는 것들을 내게 가져오십시오."

릿차위족들은 그 밤이 지나자 니간타의 후손 삿짜까에게 오백 접시의 우유죽을 가져왔다. 그때 니간타의 후손 삿짜까는 자신의 승원僧園에서 좋은 작식嚼食과 연식軟食을 준비시키고는 세존께 시간을 알려 드렸다.

"고따마 존자시여! 시간이 되었습니다, 공양이 다 준비되었습니다."

그때 세존께서는 아침시간에 가사를 고쳐입으시고 발우와 (겉)가사를 들고는, 비구 승가와 함께 니간타의 후손 삿짜까의 승원으로 가셨다. 가셔서는 비구 승가와 함께 준비된 자리에 앉으셨다. 그러자 니간타의 후손 삿짜까는 붓다를 비롯한 비구 승가에게 좋은 작식과 연식을 만족하실 때까지 손수 충분히 대접하였다. 그때 니간타의 후손 삿짜까는 세존께서 공양을 마치시고 발우에서 손을 떼시자, 다른 낮은 자리를 잡고서 한 쪽에 앉았다. 한 쪽에 앉은 니간타의 후손 삿짜까는 세존께 이렇게 말씀드렸다.

"고따마 존자시여, 이 보시의 공덕과 보시의 큰 과보가 보시한 자들의 행복을 위해 있기 바랍니다."

"악기웻사나여! 무엇이라도, 그대처럼 탐욕을 여의지 못하고 성냄을 여의지 못하고 어리석음을 여의지 못한 자를 보시를 받을 만한 자라고 한 과보는, 그것이 보시한 자에게 있을 것이다. 악기웻사나여! 무엇이라도, 나같이 탐욕을 여의고 성냄을 여의고 어리석음을 여읜 자를 보시를 받을 만한 자라고 한 과보는, 그대에게 있을 것이다."

(마하야마까 품 가운데) 다섯 번째인 쭐라삿짜까 숫따가 끝났다.

쭐라삿짜까숫따

2016년 2월 20일 초판 1쇄 인쇄
2016년 3월 10일 초판 1쇄 발행

옮긴이 범진스님
펴낸이 정창진
펴낸곳 도서출판 여래
출판등록 제2011-81호
주소 서울시 관악구 행운2길 52 칠성빌딩 5층
전화번호 (02)871-0213
전송 (02)885-6803

ISBN 979-11-86189-49-8 03220
Email yoerai@hanmail.net
blog naver.com/yoerai

값은 뒤표지에 있습니다.

※ 이 도서의 국립중앙도서관 출판예정도서목록(CIP)은 서지정보유통지원시스템 홈페이지(http://seoji.nl.go.kr)와 국가자료공동목록시스템(http://www.nl.go.kr/kolisnet)에서 이용하실 수 있습니다. (CIP제어번호 : CIP2016001407)